STUTTGARTER ARBEITEN ZUR GERMANISTIK

herausgegeben von

Ulrich Müller, Franz Hundsnurscher und Cornelius Sommer

Nr. 95

GUSTAV MEYRINK

Eine monographische Untersuchung

von

Mohammad Qasim

AKADEMISCHER VERLAG HANS-DIETER HEINZ

Stuttgart 1981

Die Reihe „STUTTGARTER ARBEITEN ZUR GERMANISTIK"
ist die **neugermanistische** Fortsetzung der Reihe
„GÖPPINGER ARBEITEN ZUR GERMANISTIK".
Verlag Alfred Kümmerle, Göppingen.
In den „GÖPPINGER ARBEITEN ZUR GERMANISTIK"
erscheinen ab Band 160 ausschließlich Veröffentlichungen aus
dem Gebiet der Altgermanistik und der Sprachwissenschaft.

Verlag Hans-Dieter Heinz, Stuttgart 1981
Druck: Sprint-Druck GmbH, Stuttgart 30
ISBN 3-88099-099-9
Printed in Germany

Ich danke

meinem Doktorvater Professor Dr. Walter
Müller-Seidel, der die Arbeit angeregt
und betreut hat,

Frl. Dr. Marianne Wünsch, die mir in
Diskussionen manche wichtige Hinweise
geben konnte,

meinem Freund Dr. Hans Manfred Roth für
die geduldige Korrekturarbeit,

dem Personal der Bayerischen Staatsbibliothek, wo sich der Nachlaß Meyrinks
befindet,

sowie allen anderen Personen, die durch
Rat und Tat zur Fertigstellung dieser
Arbeit beigetragen haben.

                 Mohammad Qasim

Inhalt

Einleitung

Der langjährige Simplicissimus-Mitarbeiter
und Autor gespenstisch-mystischer Romane Gustav
Meyrink zählte eine Zeit lang zu den bedeutendsten
Prager Schriftstellern der deutschen Literatur nach
der Jahrhundertwende. Gestützt auf die Bemühungen
seines Verlags (Kurt Wolff) konnte er in den ersten
Kriegsjahren - 1915/1916 - einen ungewöhnlichen Erfolg verzeichnen, und dies zu einer Zeit, als man
von den beim gleichen Verlag herausgegebenen kleinen
Schriften Kafkas fast keine Notiz nahm. Nicht allein
dieser Erfolg jedoch wurde Meyrink zum Verhängnis,
sondern auch seine verstärkte Zuwendung zur okkultistischen Phantastik, die den Vermittlungscharak-
ter seines Werkes erheblich einschränkte. Für die
Literaturwissenschaft ist er von da an trotz einiger
spezieller Untersuchungen eine Randfigur, auf die
man gelegentlich im Zusammenhang mit der um diese
Zeit weitverbreiteten Gattung der 'Schauerliteratur'
hinzuweisen pflegt.

In der vorliegenden Monographie wird der Versuch unternommen, zur Revision dieses Standpunktes
beizutragen. Dazu ist es notwendig, über die Kontroversen seiner Rezeption genauso zu berichten wie
über seine Lebensumstände. Sein Verhältnis zu Prag
ist wie bei den meisten Prager Schriftstellern dieser Zeit nicht nur eine Frage biographischer Natur.
Ihre Untersuchung trägt vielmehr wesentlich zur Er-
hellung der geistigen Voraussetzungen seines Werkes
bei. Deshalb wurde seine Beziehung zu der Stadt Prag
im Zusammenhang mit seinen Romanen 'Der Golem' und

'Walpurgisnacht' erörtert. Vor allem wird jedoch
versucht, die satirischen sowie die kultur- und
zeitkritischen Aspekte seines Werkes, denen gewiß
eine zentrale Bedeutung zukommt, wieder ins rechte
Licht zu rücken. Die stark divergierenden Meinungen
über Meyrinks Werk zwingen, jeden Interpretations-
versuch durch die entsprechenden Belege zu unter-
stützen, um die Gefahr der Textferne zu umgehen,
die bei Meyrink in besonders hohem Maße vorhanden
ist, weil er innerhalb der Kunst über die Kunst
hinauswill.

Die in Rezensionen, Aufsätzen, kritischen Würdigungen sowie in literaturwissenschaftlichen Arbeiten festgehaltenen Aussagen über Meyrink spiegeln alle die Ratlosigkeit wider, die jeden Leser befällt, der sich mit ihm näher befaßt. Es ist schwer, wenn nicht unmöglich, ihn einer bestimmten Stilrichtung oder Epochenbezeichnung zuzuordnen. Immer war er eine umstrittene Figur. Neben zutreffenden Urteilen finden sich sinnentstellende Vorurteile. Zwischen der verehrungsvollen Würdigung Meyrinks als 'Seher' und der Einschätzung als Verfasser von 'Schundliteratur' besteht in der Tat ein großer Unterschied. Die Zusammenstellung und Referierung früherer Äußerungen hat den Zweck, sachliche Urteile von Vorurteilen zu trennen. Bei der Wiedergabe der Vorurteile - auf sie kann nicht verzichtet werden - stellt sich heraus, daß ihre spezifische Natur von den Kriterien abhängt, mit denen der Leser und Rezensent an die Werke herangegangen war. Daß solche extremen Positionen, gerade was die Wertung anbelangt, überhaupt möglich waren, gibt dem Verfolgen des Rezeptionsvorganges von Meyrinks Werk seine Berechtigung. Die mit aller Polemik des Gefechtes geführte publizistische Debatte mit dem bezeichnenden Titel 'Der Fall Meyrink' fand schon vor mehr als 60 Jahren statt und liegt zeitlich somit weit zurück. Es lohnt sich dennoch, den 'Fall' nochmals aufzurollen, um die zeitgeschichtlichen Faktoren im literarischen Werke Meyrinks und mit ihnen auch die kritischen oder unkritischen Positionen seiner Zeitgenossen aufzudecken.

Der erste Ruhm als Simplicissimus-Mitarbeiter

Meyrink verdankt seinen ersten Ruhm als Schriftsteller zweifelsohne der von dem jungen Verleger Albert Langen gegründeten satirischen Wochenzeitschrift 'Sim-

plicissimus'. Das Erscheinen des gut illustrierten
und ganz spezifische Gesellschaftsschichten des wilhelminischen Deutschlands karikierenden Blattes war
für viele das aufregende Ereignis der Woche. Während
es dem größten Teil seiner Leserschaft Stoff zum La-
chen oder zumindest Schmunzeln bot, war es für manchen
Betroffenen ein ständiges Ärgernis. Verbote und An-
klagen sowie Aktionen der Staatsanwälte machten
aber die Zeitschrift erst recht beliebt, so daß man
fast von einer kalkulierten Provokation sprechen könnte. Die steigende Beliebtheit läßt sich anhand der
Absatzzahlen belegen. Das Blatt hatte seine Auflage
von 15 000 Exemplaren im Jahre 1898 auf 86 000 im
Jahre 1908 erhöht. Die Auflage mancher Nummer mit kon-
troversem Inhalt stieg auf fast das Doppelte dieser
Zahl.[1] "Für die Jugend um die Jahrhundertwende" so
erinnerte sich Hermann Sinsheimer, nach dem ersten
Weltkrieg lange Zeit selbst ein Simplicissimus-Redak-
teur, in seinen Memoiren, "wehte um den Simpl hero-
ische Luft. Alles, was antiwilhelminisch, kämpferisch,
liberal und sozial gesinnt war, bekannte sich zu ihm.
Er war keine 'Bayernverschwörung' gegen Preußen, sondern eine menschlich-europäische Auflehnung gegen Obrigkeitsstaat, Militarismus und Imperialismus, gegen
Bürokratie und Klassenherrschaft, gegen Standesdünkel
und Orthodoxie kirchlicher oder sonstiger Observanz.
Er war in seiner Blütezeit nicht nur das amüsanteste,
sondern auch das nützlichste Blatt Deutschlands, wenn
nicht Europas."[2] Die Stärke des Simplicissimus lag
gewiss auf dem zeichnerischen Gebiet, womit das Blatt
in Plakatform seine auflehnende Haltung verkündete;
dennoch ist der Textanteil nicht minder wichtig gewesen. Literarische Größen wie Wedekind oder Mann haben zeitweilig den Simplicissimus mitgestaltet. Es
ist durchaus kein Zufall, daß Meyrink seinen ersten
schriftstellerischen Versuch gerade an den Simplicissimus schickt und dort, allerdings erst nach Inter-
vention Ludwig Thomas, der mit richtigem Blick den

satirischen Hintergrund seiner Groteske vom 'heißen
Soldaten' erkannte, trotz seiner eigenartigen Phantastik als ständiger Mitarbeiter aufgenommen wird.
Von da (1901) an bis zum Jahre 1908 erscheinen fast
regelmäßig Beiträge von Meyrink im 'Simplicissimus',
über die noch ausführlich zu sprechen sein wird. Es
gilt hier, zunächst zu belegen, wie diese geheimnisvollen, gruseligen und satirischen Skizzen vom Publikum aufgenommen wurden.

Das Echo auf diese Skizzen war, wie wir aus verschiedenen Erinnerungsberichten entnehmen können, stets
positiv. So schreibt Erich Mühsam in seinen 'Unpolitischen Erinnerungen': "Meyrinks Geschichten im 'Simplicissimus', geheimnisvoll, grotesk, gespenstisch, bos-
haft, witzig und funkelnd, regten zu jener Zeit die
Phantasie der geistig bewegten Jugend mächtig an. Man
stürzte sich über jede neue Nummer des Münchner Blattes
und, stand ein neuer Meyrink drin, so war für etliche
Abende Diskussionsstoff vorhanden."[3] Ähnlich äußert
sich Karl Wolfskehl in seinem Nachruf auf Gustav Meyrink: "Vielleicht gedenken auch in unserer Zeit ...
doch noch viele der meisterlichen kleinen Skizzen,
Geschichten, Berichte, Anekdoten Meyrinks, und wie
sie damals davon gepackt wurden, belustigt, verführt,
manchmal geradezu entrückt wurden. Jahre durch waren
Worte, Wendungen, Vergleiche aus Meyrinks Simplicissimus-Beiträgen geradezu in aller Mund und Gedächtnis.
Als geflügelte und gestachelte Sentenzen durchschwirr-
ten sie nicht bloß Schwabing (mit dem Meyrink übrigens
bloß topographisch, und auch dies nur eine Zeitlang,
zu tun hatte)."[3a] Max Brod, bei dessen Debüt als
Schriftsteller Meyrink Pate gestanden hat, widmet ihm
in seiner Autobiographie ein eigenes Kapitel. Für ihn
stellten Meyrinks Simplicissimus-Beiträge "eine Zeitlang ... das Nonplusultra aller modernen Dichtung dar.
Ihre Farbenpracht, ihre schaurig abenteuerliche Er-
findungslust, ihr Angriffsgeist, die Knappheit ihres

Stils, die überströmende Originalität der Einfälle,
die sich in jedem Satz, in jeder Wortverbindung so
dicht geltend machte, ...: Das alles entzückte mich
..."[4]. Die Bewunderung seiner Skizzen findet sich
nicht allein in solchen Erinnerungsberichten von Freunden, vielmehr läßt auch der Ton der zeitgenössischen
Rezensionen, die erst dem Erscheinen einiger Sammel-
bändchen folgten, auf eine ähnliche Einstellung der
Literaturkritik schließen. So stellt Otto Julius Bierbaum in einer Rezension zu 'Orchideen' von Meyrink
fest: "Meyrink ist auf dem Gebiete der Prosa die beste
Beute des Langenschen Blattes und überhaupt das in-
teressanteste Stück der 'Simplicissimus'-Menagerie
(denn, und das darf auch nicht verschwiegen werden,
noch immer ist für nicht wenige aus der großen Familie
Spießer der 'Simplicissimus' eine Art Barnum-Bude, in
der man die gefährlichsten Bestien der modernen Kunst
in allen ihren Prächten und Ungetühmlichkeiten ...
sehen kann."[5] Meyrink gehörte somit für ihn zu den
Avantgardisten der modernen Prosa. Als ein hintergrün-
diger Satiriker ist er mit Gewißheit der bedeutenden
Gattung 'Literatur als Provokation' zuzurechnen.

Zu den prominentesten Bewunderern Meyrinks zählt
Hermann Hesse, der Meyrinks Schaffen in allen seinen
Phasen, und zwar auch in der Zeit, als Meyrink den
aggressiven Attacken ausgesetzt war, mit beharrender
Zuneigung verfolgt hat[6]. Über Meyrinks erste Sammlung
'Der heiße Soldat und andere Geschichten' schreibt
Hesse: "Das Wesen dieser phantastischen Geschichtchen
war eine etwas blasierte, aber zugleich profunde und
elegante Skepsis, die sich über manche Erscheinungen
des heutigen Kulturlebens mit Grazie und raffiniert
boshaftem Lächeln lustig machte. Dazu eine höchst pi-
kante Form: ein exaktes, kühles, knappes Deutsch voll
ironischer Anklänge an die Sprache der modernen Wissen-
schaftler, denen Meyrinck (sic) gern und scharf zuleibe
rückt."[7]

Für das fast ausschließlich positive Echo seiner
Simplicissimus-Zeit ließen sich noch weitere Belege
anführen. Meyrink hatte mit seinen Skizzen, wie er
sie nennt, eine neue Art der satirischen Gattung entdeckt. Er schwelgt nicht wie Paul Scheerbart in kos-
mischen Phantasien, er trägt aber sein Anliegen auch
nicht so direkt vor wie Karl Kraus. Es ist vielmehr
immer ein sonderbarer Einfall, den Meyrink mit allen
seinen geheimnisvollen Wendungen in sachlicher Prosa
darstellt, um zum Schluß bei einer vollkommen uner-
warteten satirischen Zuspitzung zu enden. Die Bewunderung galt daher ihrer Kunstform genauso wie der
beabsichtigten Satire, die in manchen ihrer Angriffsziele wie z.B. dem Militär-Popanz mit der programmatischen Richtung des 'Simplicissimus' im Einklang
stand.

Meyrinks intensive Mitarbeit beim'Simplicissimus'dauerte bis zum Jahre 1908. Auch wenn er danach nur
mehr einige wenige Beiträge im 'Simplicissimus' publi-
zieren ließ, so war doch der Anfang bei der wohl bedeutendsten satirischen Zeitschrift der damaligen
Zeit für seinen Werdegang als Schriftsteller eminent
wichtig. In der Antwort auf eine Anfrage zum 25jäh-
rigen Bestehen des 'Simplicissimus' steht der bekennt-
nishafte Satz:"... denn alles, was ich literarisch
geworden bin, danke ich allein dem 'Simplicissimus'".[8]
Man wird, abgesehen von den späteren, chauvinistischen
Attacken der deutschnationalen Presse, kaum ein abfälliges Urteil über das Schaffen seiner Simplicissimus-Zeit finden können. Als Simplicissimus-Autor hatte
er Anerkennung und viel Beachtung gefunden.

Daß er fest zu der Gemeinschaft der anerkannten
Autoren zu zählen war, beweist auch eine scherzhafte
Idee des Verlegers Conrad W. Mecklenburg, der im Jahre
1909 den "Roman der Zwölf" herausgab. Zwölf Autoren
sollten gemeinsam einen Roman schreiben und zwar in
der Weise, daß jeder Autor jeweils die bisher geschrie-

benen Kapitel erhielt und sie um ein weiteres ergänzte. Meyrink hat das zwölfte und somit das letzte Kapitel des Romans geschrieben. Da die einzelnen Kapitel anonym blieben, war es für den Leser eine Art
Quizfrage, welcher Mitautor dieses sehr modern erscheinenden Experiments, das durchaus als Grundlage
für eine vergleichende Textanalyse geeignet ist, welches Kapitel verfaßt haben könnte. Liest man die Liste
der Autoren, so merkt man, daß es keineswegs obskure
Namen sind. Andere Kapitel des Romans wurden z.B. von
Hermann Bahr, Otto Julius Bierbaum, Herbert Eulenberg,
Hanns Heinz Ewers und Georg Hirschfeld geschrieben.

Trotz seiner Stellung als beachteter Autor hatte
Meyrink zeit seines Lebens um seine finanzielle Existenz zu kämpfen. Meyrink, der vom Langen-Verlag bis
1908 immer ein monatliches Fixum bezog, hatte bei der
Lieferung seines Beitrags fast immer Schwierigkeiten.[9]
Ein rettender Anker wurde daher für ihn der Auftrag
des Langen-Verlages, das umfangreiche Werk des englischen Romanciers Charles Dickens zu übersetzen.
Meyrink übersetzte sechzehn Bände Dickens in der verhältnismäßig kurzen Zeit von etwa vier Jahren. Der einzige Mangel der sprachlich und stilistisch guten Übersetzung liegt in der starken Raffung des englischen
Originaltextes. Für den Verlag war die Übersetzung
daher ein Mißerfolg. Im Grunde als Fehlschlag müssen
auch die Versuche Meyrinks bewertet werden, als Thea-
terschriftsteller Fuß zu fassen. In den Jahren 1912
und 1913 verfaßte er gemeinsam mit dem Simplicissimus-
Autor Roda-Roda vier Komödien, die im Geist der Simplicissimus-Satiren geschrieben sind. Daß sie keinen
durchschlagenden Erfolg erzielen konnten, lag nicht
an der Satire, sondern an der Gesamtkomposition der
Stücke, die es an theaterwirksamer Dramatik erheblich fehlen ließ.

Der forcierte Erfolg von 'Golem' und die darauf-
folgenden Kontroversen

Der Durchbruch gelang Meyrink erst mit seinem
Roman 'Der Golem', an dem er fast sieben Jahre gearbeitet hatte, bevor er das Manuskript im September
1913 zum Druck abgeben konnte. Innerhalb kurzer Zeit
erreichte der Roman die Auflagenhöhe von Hunderttau-
send, nachdem er in Buchform erschienen war.[10] An
dem Erfolg entzündeten sich aber auch erst manche Kontroversen um den Schriftsteller Meyrink. Bis dahin
hatte es nur wenigen Eingeweihten bekannte Gerüchte
um den Prager Bankier Meyer gegeben. Manch abfälliges
Urteil über Meyrink verdankt seinen Ursprung dem in
gewisser Weise manipulierten Erfolg, und es ist wohl
angebracht, die Ursachen und Folgen dieses Erfolges
etwas genauer zu untersuchen. Die primäre Rezeption
des 'Golem' ist auch ein Teil deutscher Verlagsge-
schichte.

Meyrink hatte aus der bei ihm fast chronischen
finanziellen Not sämtliche Rechte an seinem ersten
Roman an den Kurt-Wolff Verlag abgetreten, nachdem
er Kurt Wolff nur die ersten zwei Kapitel des Romans
vorgelegt hatte.[11] Der diesbezügliche Vertrag ist
mit dem 14. März 1912 datiert.[12] Der Roman wurde
aber nach mehrmaliger Mahnung erst im September 1913
fertig und erschien zunächst als Serienabdruck in
'Die weißen Blätter', wie das auch bei manchen anderen
Publikationen des Wolff-Verlags der Fall war. In Buchform kam der Roman erst im Jahre 1915 auf den Markt.
Für den großen Reklameaufwand ist nicht so sehr Kurt
Wolff selbst verantwortlich zu machen als vielmehr
der Lektor des Verlages, Georg Heinrich Meyer, den
Bernhard Zeller als "Propogandagenie" und "Erfinder
schlagkräftigster Werbemethoden"[13] charakterisiert,
und der den Verleger ständig mit seiner Idee verfolgte: "Inserieren, inserieren, inserieren - nur so
können wir Bücher verkaufen".[14] Zeller stellt mit

Recht fest: "Wolff, der Meyer voll vertraute, ließ
ihm freie Hand, und so wurde in den Tageszeitungen
inseriert in einem Umfang, wie es im deutschen Ver-
lagswesen noch nie zuvor geschehen war. Selbst vor
knallroten, an alle Litfaßsäulen geklebten Plakaten
schreckte Meyer nicht zurück ... "[15] Die intensive
Reklame des Wolff-Verlags für seine Bücher, allen
voran aber für den 'Golem', ist den zeitgenössischen
Schriftstellern nicht entgangen. So schreibt Franz
Werfel, dessen Werke im gleichen Verlag erschienen,
in einem Brief vom 2. März 1916: "Ich bin sehr glücklich, daß durch Ihre Wirksamkeit der Verlag noch
während des Krieges so gewachsen ist. Man hört und
liest jetzt überall nur Kurt Wolff Verlag... Den
Golem hat der Verlag mehr als der Autor gemacht."[16]
Kasimir Edschmid dagegen erinnert sich später der
Zeitungsannoncen von Herrn Meyer als einer "Neuerung,
die durchaus als gegen den soliden literarischen Ge-
schmack empfunden wurde."[17]

Meyrink selbst schien der Erfolg des Verlegers
nicht zu stören. Er kam ihm vielmehr sehr gelegen,
wie man aus einer Briefstelle entnehmen kann:"Ich
habe leider, aus Not gezwungen, meinen Tantiemenan-
teil daran - und zwar recht billig - verkaufen müssen
(bitte, unter uns), aber mein Interesse am Einschla-
gen des Buches ist deshalb ungeschmälert; - jetzt,
wo der gesamte Gewinn dem Verleger allein zufließt,
wird dieser natürlich Himmel und Hölle zu Reclame-
zwecken in Bewegung setzen und wenn dann die Auflageziffer recht hoch wird, steigt auch mein nächster
Roman im Marktwert."[18] Abgesehen davon, daß sich
diese Hoffung Meyrinks als trügerisch erwies, denn
die anderen Romane blieben weit hinter den Auflage-
zahlen[19] des Golem zurück, so muß doch auch erwähnt
werden, daß Kurt Wolff seinerseits den in diesem
Brief vertraulich ausgesprochenen Vorwurf, der Verlag habe den Gesamtgewinn für sich allein behalten,

in einem Aufsatz bestritten hat. Nach seiner Aussage
hat Meyrink "weitgehend am Gewinn partizipert."[20]
Die Konto-Auszüge Meyrinks aus dem Kurt-Wolff-Achriv
enthalten allerdings keine Belege dafür.[21] Der eben
erwähnte Aufsatz[22] von Kurt Wolff ist eines der auf-
schlußreichsten Dokumente über die Beziehung Verleger
- Autor in dem Jahrzehnt des Expressionismus, und
Kurt Wolff ist zweifelsohne einer der bedeutendsten
Verleger des Expressionismus, eine Bezeichnung, gegen
die Wolff vergeblich zu protestieren versuchte. Denn
für ihn war die Aufnahme neuer Autoren nicht durch
ihre Zugehörigkeit zum Expressionismus motiviert,
sondern weil sie zum größten Teil einer neueren,
jüngeren Generation angehörten. In seiner Rolle als
Vermittler zwischen Autor und Leser hat er sich auch
Gedanken über das Problem des Erfolges gemacht, und
aus seiner Sicht stellt sich die Lage so dar: "Der
Golem ist guter Anlaß zu bemerken: wenn ein Verlag
das Glück hat, mit einem Buch ganz großen Erfolg zu
haben, obwohl es nicht schlecht ist, so hat das eine
erfreuliche Folge: es zieht Autoren an. In erfolgs-
armen Jahren war der Zustrom neuer Autoren spärlich,
in erfolgreichen übergroß. Das haben wir damals beim
Golem erlebt, wenig später bei Heinrich Mann und
Tagore. (Nein, Tagore ist anders zu werten, als Sie
denken: André Gide, William Butler Yeats, Rilke, Ezra
Pound und mehr Dichter von Rang haben es besser gewußt als die deutschen Literaten der zwanziger Jahre,
für die Erfolg und Unwert immer identisch waren -
dieser traditionelle Snobismus im deutschen Literatur-
betrieb ist ein weites Feld ...)"[23] Man sieht also,
daß sich der Verleger von seinem Metier her in einem
gewissen Erfolgszwang befindet, auch wenn er andererseits es nicht mit der Vermarktung von Waren im üblichen Sinne zu tun hat. Die Verträglichkeit von
Geist und Geschäft hat ihre Grenzen.

Stellvertretend für viele andere darf hier
Herwarth Walden erwähnt werden, der diese gewisse
Unverträglichkeit zum Anlaß nahm, mit einer Reihe
von Glossen in der Zeitschrift 'Der Sturm'[24] den
Verleger, und mit ihm auch den Autor anzugreifen.
So spottet er: "Naturgeschichtlich merkwürdig bleibt
nur, daß vertriebene Autoren besser gehen als trei-
bende."[25] Er stellt auch die Folgen des forcierten
Vertriebs fest: "Das hat mit seinem Singen hoch-
achtungsvoll Kurt Wolff-Verlag getan. Er hat den
Golem, der einst sagenhaft war, zu dem Leben eines
Geschäftsreisenden erweckt."[26] Man merkt bei Walden,
wie stark auch der Autor bei einer Polemik gegen den
Verleger in Mitleidenschaft gerät. Schon allein die
Bezugnahme auf Hoffmann und Poe in den Besprechungen
von Meyrinks Roman, die nicht unberechtigt war, schien
ihn sehr zu verstimmen. Rückblickend kann man also
mit Sicherheit feststellen, daß der forciert schnelle
Erfolg Meyrink mehr geschadet als genützt hat. Das
Buch weist von seinem Grundgehalt her auf eine selbst-
reflektierende Haltung des Menschen, die in krassem
Widerspruch zum Geist des Merkantilismus steht. Dieser Widerspruch wird mit dem Erscheinen seiner weiteren Werke noch offenkundiger. 'Der Golem' enthält
nun keinesfalls nur die Wiedergabe einer unheimlich
gewordenen Sage, auf die die Reklame vordergründig
abzielte, um das hauptsächlich stoffliche Interesse
der meisten Leser auszubeuten. Daß das Buch aber
auch ohne große Reklame zwar keinen schnellen, dafür
dauerhaften Erfolg erzielen kann, beweisen die min-
destens acht verschiedenen Auflagen des 'Golem' seit
1945.

Man muß zur Entlastung des Verlegers anführen,
daß Kurt Wolff, wie die oben zitierte Stelle zeigt,
überzeugt war, daß das Buch gut sei und es verdiene,
einem größeren Leserkreis bekannt gemacht zu werden.
Schließlich hat der Krieg diesen Erfolg wesentlich

begünstigt. Ein Zeitgenosse hat rückblickend im Nachruf auf Meyrink zutreffend festgestellt: "Man hatte
damals das höchst gesteigerte Bedürfnis nach einer
dem Realen entrückten, geistigen Unterhaltung, der
Sinn für das Übernatürliche war durch die unnatürli-
che Anspannung, durch die unaufhörliche Bedrohung des
leiblichen und geistigen Seins geweckt worden; viele
Menschen, die nie über die nächstliegenden Dinge
hinausgelangt waren, entdeckten plötzlich die Welt
des Okkulten. Ihnen allen bedeutet der 'Golem' eine
Erlösung; es war eine Flucht vom Grauen des Diesseits
ins Grauen des Jenseits..."[27] Der Autor dieses Nachrufes mit den Initialen L.W. hat mit Recht eine Beziehung hergestellt zwischen dem Grauen des Krieges
und dem wachsenden Interesse für Okkultismus. Der
starke Hang zu den inneren Vorgängen als soziales
Phänomen ist nur denkbar vor dem Hintergrund der zeitgeschichtlichen Ereignisse. Damit ist man aber bereits
bei der zweiten Kontroverse um Meyrink.

Die erste Kontroverse stand unter dem Vorzeichen
des 'Erfolges', der als Gradmesser für den literarischen Wert oder Unwert des Romans zu stehen hatte.
Bei der zweiten hat man nun über die Verträglichkeit von Kunst und okkultistischen Lehren zu entscheiden - also über ein immer vorhandenes Problem von
Ästhetik und Didaktik. Hinzu kommt noch die Frage der
Echtheit entweder der okkulten Lehren oder des dargestellten Grauens, die je nach Interessenlage des Lesers gestellt wurde. Es muß jedoch erwähnt werden,
daß diese Vorwürfe, und um solche handelt es sich in
der Tat, erst nach dem Erscheinen von Meyrinks zwei-
tem Roman 'Das grüne Gesicht' laut wurden. Der Golem
enthält zwar auch bestimmte Hinweise auf die Mystik
der Kabbala - nach Gerschom Scholem haben sie allerdings mit Kabbala sehr wenig zu tun -[28] sie sind jedoch marginaler Art und sprengen den literarischen
Rahmen des Romans nicht. In dem Roman 'Das grüne Ge-

sicht' findet der Ich-Erzähler des Romans eine Art
Tagebuchnotizen, die als Anleitung zu okkultischen
Übungen verstanden werden können. Der Erzähler er-
gänzt diese Notizen gegen Ende des Romans noch durch
einen eigenen Erfahrungsbericht. Die Lehrsätze nehmen
dadurch im Roman einen größeren Raum ein, als es ihm
gut tut. In dieser Frage, ob es ein 'okkultistischer'
Roman oder 'literarischer' Roman sei, konnte selbst
Hermann Hesse, der immer auf der Seite Meyrinks stand,
mit einem vorsichtig ausgesprochenen Tadel nicht zu-
rückhalten. In seiner Rezension dieses Romans schreibt
er: "Merkwürdig ist mir bei Meyrink, hier wie im Golem, ein Zwiespalt zwischen seinem Eigentlichsten und
dessen Ausdruck, ein grelles Hin und Her zwischen
zartestem Tasten auf lebendigen Seelenspuren und groben, oft raffinierten Effekten. Oft singt er, wie die
Leute von der Heilsarmee, ein Glaubenslied zum Tamtam
und auf schlimme Melodien. - Allein daran liegt wenig,
wenn diese Bücher wirklich etwas enthalten, was alles
Literarische überdauert und sich als wesentlich und
lebend erweist".[29] Rilke geht aber einen Schritt
weiter und nimmt eine noch kritischere Haltung als
Hesse ein. In einem Brief vom 8.1.1918 an Marie von
Thurn und Taxis schreibt Rilke: "Meyrink ist ein Zeichen dafür, wie der neugierig ausbeuterische Zeitgeist penetrant genug geworden ist, um selbst das Im-
ponderable nach Gewicht abzusetzen und zur gangbaren
Marktware zu machen".[30] Auf den Einwand der adligen
Dame, die zwischen einer 'x-beliebigen ganz gleich-
gültigen Hülle' und den 'ganz tiefen Worten für die
Eingeweihten'[31] unterscheiden möchte, geht Rilke nicht
ein und versucht, eine solche Trennung als Intention
des Autors zu entlarven. Rilke findet es schade, "daß
diese 'beliebige Form' gerade so reklamefähig ist und
zu jenen gehört, die sich ohne viel Unterschied x-
beliebig beliebt machen möchten. Was bei Golem gelun-
gen ist, bei den späteren Bänden aber immer weniger

gelingt".[32] Damit ist man bereits wieder bei dem Anlaß der ersten Kontroverse, nämlich bei dem materiellen Erfolg, was in mancher Hinsicht auch zu der dritten Kontroverse um Meyrink geführt hat, denn die
deutschnationale Attacke von Zimmermann gegen Meyrink
beginnt mit den Sätzen: "Wenn nicht alle Anzeichen
trügen, so ist Gustav Meyrink der Mann, der da kommen
soll. In allen Schaufenstern liegt das 'Grüne Gesicht'
neben dem 'Golem'. Das Börsenblatt für den deutschen
Buchhandel kann immer wieder neue Auflagen beider
Bücher ankündigen".[33]

Die Hetzkampagne der deutsch-nationalen Presse

Die beiden oben beschriebenen Kontroversen hätte Meyrink gut überstanden, wenn die deutschnationale
Presse seine angefochtene Stellung nicht dazu ausge-
nützt hätte, nun ihrerseits mit massiven Attacken
gegen ihn aufzutreten. Im dritten Kriegsjahr, als
sich die Niederlage bereits abzuzeichnen begann,
fühlten sich die deutschnationalen Kreise in ihrem
Unmut dazu verpflichtet, mit allen denen abzurechnen,
die dem Nationalen gegenüber eine sichtbare Distanz
wahrten. Meyrink gehörte zweifelsohne zu dieser Gruppe
von Schriftstellern. Es muß hier erwähnt werden, daß
es bei dieser Auseinandersetzung nicht um den Roman-
autor Meyrink ging, wie bisher, da die Romane wegen
ihres diskret ausgesprochenen, ideologiekritischen
Inhalts keine direkte Angriffsfläche boten. Vielmehr
lag hier ein Rückgriff auf den Simplicissimus-Autor
Meyrink vor. Die Simplicissimus-Beiträge, darunter
einige der schärfsten Satiren, wurden in den Jahren
1901 bis 1908 verfaßt. Ihre vollständige Sammlung
kam aber erst 1913 unter dem Titel "Des Deutschen
Spießers Wunderhorn" auf den Büchermarkt. Ende 1916
wurde dieses Werk Meyrinks in Österreich verboten.[34]

Initiator des Angriffs in Deutschland war Albert Zimmermann, der in der von der Deutschnationalen-Verlagsanstalt in Hamburg herausgegebenen Zeitschrift 'Bühne und Welt' (später 'Deutsches Volkstum') einen Aufsatz über Meyrink schrieb, der als Pamphlet auch gesondert erschien. Für seine Polemik wählte Zimmermann aus den 50 Skizzen gerade die schärfsten wie 'Schöpsoglobin','Die schwarze Kugel' und dann vor allem 'Der Saturnring' aus, um Gefühle der nationalen Entrüstung aufzuwiegeln. Er setzte Meyrink nicht, wie das bisher geschah, mit E.T.A. Hoffmann, sondern mit Heinrich Heine in Beziehung, und versuchte das Gespenst eines berühmt und damit mächtig gewordenen Autors im voraus zu beschwören, der erst nach dem Krieg "Tausende und Abertausende so beeinflussen und verderben (wird) - wie es Heine getan hat".[35] Es ist sicherlich richtig, wenn Zimmermann über Meyrink folgendes feststellt: "Meyrink denkt nicht nur international sondern a n t i n a t i o n a l . Ihm ist alles Nationale ein Greuel. Er verfolgt alle nationalen Bestrebungen mit der ihm eigenen Rücksichtslosigkeit und er gießt seinen Spott am liebsten über die gegebenen Vertreter von Staat und Volk. Fast jede seiner zahlreichen Novellen hat den Neben- oder Hauptzweck, die Monarchie, die Offiziere, Vertreter des deutschen Volkes im Auslande, kurz irgend etwas deutsches lächerlich zu machen."[36] Obwohl sich hier die Frage stellt, ob Meyrink die Vertreter von Staat und Volk, gemeint sind damit die Offiziere und Diplomaten, verspottet, weil sie Vertreter des deutschen Volkes sind, oder ob sein Spott nicht vielmehr auf allgemein menschliche Unzulänglichkeiten zielt, z.B. die Überheblichkeit, die gerade bei solchen Vertretern verheerende Folgen zeigen kann. Die Bemerkungen Zimmermanns waren jedenfalls dazu geeignet, von Lesern unterschiedlicher Schichten auch entsprechend unterschiedlich aufgenommen zu werden. Für manche, allen

voran die deutschnationalen Kreise, waren sie ein
berechtigter Grund der Entrüstung. Für andere zeug-
ten solche Feststellungen von Meyrinks Tugend, von
der Einstellung des heutigen Lesers ganz abgesehen,
der im Zuge der Ideologiekritik auf der Seite Meyrinks stehen würde.

Um fast die gleiche Zeit schrieb Thomas Mann
in seinen 'Betrachtungen eines Unpolitischen': "Dennoch vergesse ich auch nicht ganz, daß es beinahe
zur deutschen Humanität gehört, sich undeutsch, und
selbst antideutsch aufzuführen; daß eine den Nationalismus zersetzende Neigung zum Kosmopolitischen
nach maßgeblichem Urteil vom Wesen der deutschen Humanität untrennbar ist; daß man seine Deutschheit
möglicherweise verlieren muß, um sie zu finden; daß
ohne einen Zusatz von Fremdem vielleicht kein höheres
Deutschtum möglich ist; daß gerade die exemplarischen
Deutschen Europäer waren und jede Einschränkung in
nichts als Deutsche als barbarisch empfunden hätten."[37]
Solche Warnungen waren aber anscheinend vergeblich.
Seit dem Ausbruch des Krieges waren Politik und Ästhetik in gefährliche Nähe geraten. Bekenntnis zum Nationalen oder seine Ablehnung wurde zum entscheidenden
Problem für den Schriftsteller der Zeit. Der Krieg
wirkte hier wie ein Katalysator, der die Trennung
in klare Fronten beschleunigte. Die Zeiten der gegenseitigen Duldung waren jetzt vorbei. Die Kehrtwendung
des 'Simplicissimus' oder der 'Bruderzwist Mann' sind
ein klares Zeichen der veränderten Zeitlage. Man muß
die jetzige Debatte um Meyrink als Beweis für die zunehmende Verschärfung sowohl der Literaturkritik als
auch der öffentlichen Meinung ansehen.

Hätte es Zimmermann in seiner Attacke gegen
Meyrink nur bei der Erörterung der antinationalen
Grundposition Meyrinks belassen, so wäre das ganze
ziemlich glimpflich ausgegangen. Er begann jedoch
nach einem altbekannten rhetorischen Prinzip mit dem

Bedenklichen und endete mit dem Gefährlichsten. Dieses Gefährliche fand er dann auch in einer nicht gerade von Zartgefühl getragenen Stelle[38] aus der Novelle 'Der Saturnring', in der Meyrink einen Forscher nach dem nutzlosesten Menschen suchen läßt, dessen Seele er auf den Saturn hinaufschicken kann. Mit einer Anspielung auf den viel belächelten, sprichwörtlichen Kinderreichtum evangelischer Pfarrersfamilien findet der Forscher das gesuchte Objekt im 'Pastorenweib'. Um auf den Saturn hinaufgeschickt werden zu können, darf es allerdings nicht 'gesegneten Leibes' sein, was natürlich selten der Fall ist. Die Schilderung dieser Lage ist zwar grotesk übertrieben aber dennoch ein notwendiger Bestandteil der Gesamtkomposition. Zimmermann zitiert diese Stelle in extenso und fügt hinzu: "Fürwahr, man braucht kein Eiferer zu sein, um eine derartige teuflische Verhöhnung deutscher Frauen als einen Schlag ins Gesicht zu empfinden".[39] Der Redakteur des "Deutschen Volkstums" Wilhelm Kiefer überbot Zimmermann noch: "Es gibt in dem offiziellem (sic) Schrifttum deutscher Sprache Weniges, das an Gemeinheit und sittlicher Niedertracht diesem gleichkäme".[40]

Der Aufsatz gipfelt schließlich in der rhetorischen Frage, ob man sich das von einem 'Fremden' sagen lassen solle. 'Fremd' steht hier für die angeblich jüdische Herkunft Meyrinks, denn in einer Fußnote wird die falsche Information zitiert, Meyrink sei der uneheliche Sohn einer jüdischen Schauspielerin. Der Erfolg Meyrinks wird überhaupt als eine jüdische Verschwörung angesehen. In dem zweiten Aufsatz 'Gustav Meyrink und seine Freunde' spezifiziert er diese Kreise: "Meyrinks Art ist spezifisch jüdisch. Jüdisch ist auch zumeist die Leitung der großen deutschen Presse, jüdisch sind die Kritiker, viele literarische Zeitschriften. Kein Wunder, daß Meyrinks Lob bald von allen Zweigen scholl".[41] Es ist offenkundig, daß das Etikett

'jüdisch' hier etwas anderes meint als die Zugehörigkeit zu einer ethnischen Gruppe. Es kommt dem Angrei-
fer weniger auf die Klärung der Frage an, ob Meyrink
wirklich jüdischer Abstammung ist, als auf die Ver-
dammung einer bestimmten Geisteshaltung. So argumentiert auch Adolf Bartels, ein Verfechter deutschnationalen Gedankenguts, in seinem dreibändigen Werk
über die 'Deutsche Dichtung der Gegenwart': "Meyrink
hat geleugnet Jude zu sein, der literarischen Physio-
gnomie und auch der Tendenz nach ist er es aber zweifellos."[42] Gegen einen solchen Vorwurf des sozusagen
'geistigen' Judentums konnten nicht nur Meyrink sondern
auch eine Reihe von Autoren sich nicht verteidigen,
die die Exzesse eines engstirnigen Nationalismus ab-
lehnten.

Das Echo auf die Attacken Zimmermanns war sehr
groß. Der in Stuttgart erscheinende 'Türmer' verbreite-
te die Angriffe weiter, und selbst das Lokalblatt
'Starnberger Zeitung' bedauerte in einem Aufsatz unter
dem Titel 'Modergestank' die angebliche Tatsache,
"wie der leider hier in Starnberg lebende deutsche
Schriftsteller Gustav Meyrink die deutschen Frauen
in den Kot zieht."[43] Steine fielen auf Meyrinks Haus,
und, so Hans von Weber im 'Zwiebelfisch', einige Lo-
kalgeschäfte weigerten sich, ihn oder seine Familie
zu bedienen.[44] Meyrink selbst nahm dennoch zu den
Vorwürfen keine Stellung. Allerdings wurde ihm von
dem 'Schutzverband deutscher Schriftsteller' Hilfe
zuteil, der in einer Erklärung gegen die Diffamierungs-
kampagne protestierte. Die Erklärung war nicht nur
von Schriftstellern wie Heinrich Mann, Kurt Martens,
Frank Wedekind unterzeichnet, sondern auch von anderen Personen von öffentlichem Ansehen wie dem kaiserlichen Botschafter Graf Bernsdorff, nicht zuletzt
auch von einem 'Pastorenweib' sowie von einem von der
Front zurückgekehrten Offizier, die gerade Grund genug gehabt hätten, sich zu entrüsten, falls eine

Diffamierung vorgelegen hätte. Sie nahmen für Meyrink
nichts anderes in Anspruch als "nur die jedem Dichter
freistehende Satire gegen lächerliche oder unerfreu-
liche Erscheinungen der Zeit."[45] Diese Erklärung veranlaßte eine Gegenerklärung der 'Fichte-Gesellschaft',
in der u.a. Paul Ernst als Unterzeichner aufgeführt
war; Paul Ernst allerdings, ohne den Text der Erklärung gesehen zu haben, so daß er später in einer
öffentlichen Stellungnahme die Unterschrift - mit
einer eigentümlichen Begründung - widerrief. Für ihn
stand Meyrink viel zu tief unter dem Niveau der Kunst,
als daß er ihn einer (vor allem seiner) Stellungnahme
für würdig erachtet hätte.[46]

'Der Krieg um Meyrink' wie eine Überschrift[47]
lautet, dauerte eine ganze Weile, und es mag als eine
Ironie des Schicksals angesehen werden, daß hier die
Kriegsministerien von Preußen und Bayern dem Frieden
(zwar einem Burgfrieden) das Wort sprachen, als sie
mit einer dringenden Mahnung an die Presse den Grundsatz empfahlen: "daß nicht jedesmal, wenn zwei Streit-
süchtige ... verschiedener Meinung sind, der Vorwurf
mangelnder vaterländischer Gesinnung erhoben werden
möge!"[48]

Im Rückblick mag heute der Fall mit seinen klaren Alternativen von Pro- und Kontra-Ideologie als
einfach erscheinen, er ist an Meyrink und an der Aufnahme seiner Werke nicht spurlos vorübergegangen. Noch
im gleichen Jahr, als die Kampagne gegen ihn begann,
erschien Meyrinks dritter Roman 'Walpurgisnacht'.
Zwar trägt das 1916 verfaßte Werk den Untertitel
'ein phantastischer Roman', es behandelt jedoch aktu-
elle zeitgeschichtliche Themen, wie die Spannungen in
Böhmen, und schildert einen zwar fiktiven, aber dennoch mit allen Mitteln der Konspiration erdachten,
sozialistischen Aufstand in Prag am Vorabend der
Russischen Revolution. Dem Wort 'phantastisch' im
Untertitel gegenüber ist daher Vorsicht geboten.

Nach der Hetze schwieg Meyrink eine Zeit lang, bis
im Jahre 1921 sein Roman 'Der weiße Dominikaner' erschien, ein Roman, der, überladen an okkultistischem
Wissen, fast unverständlich wirkt. Um die gleiche
Zeit gab er bei dem Wiener Verlag Rikola eine Reihe
der 'Romane und Bücher über Magie' heraus. Er selbst
verfaßte eine theoretische Schrift über den Okkultismus, der jetzt in seinem Schaffen immer breiteren
Raum einnimmt. Folgerichtig geriet die Rezeption seiner Werke auch ins Stocken. Seit 1918 befanden sich
Meyrink und sein Werk auf einem Rückzug aus der Öffentlichkeit. Versuche, als Autor wieder Fuß zu fassen,
mißlangen, was noch ausführlich zu erörtern sein wird.
Während des dritten Reiches waren seine Bücher verboten. Erst nach dem zweiten Weltkrieg setzte die Aufnahme seiner Werke wieder ein, unter denen wiederum
nur 'Der Golem' einen überragenden Erfolg verzeichnen
konnte.

Meyrink im Urteil der zeitgenössischen Literaturkritik

Trotz der Rehabilitierung Meyrinks beim Lesepublikum nach dem zweiten Weltkrieg ist das Interesse
der Fachwissenschaft an ihm mäßig geblieben. Sicherlich hat die aus den ersten Kontroversen hervorgegan-
gene, niemals entschieden genug widerlegte Meinung
der zeitgenössischen Literaturkritik zu diesem geringen Interesse beigetragen. Der Verlauf seiner Rezeption und die Meinung der Literaturkritik seiner Zeit
bedingen sich gegenseitig. Die herrschende Meinung
läuft auf die Feststellung eines Bruches im Schaf-
fensprozeß Meyrinks hinaus. Die Simplicissimus-Zeit
(1901-1908) wird darin von der Zeit der Romane (1913-
1927) deutlich abgegrenzt. Zeitlich kann man die Ent-
stehung dieser Meinung genau verfolgen. 'Der Golem'
bedeutete zwar einen Einschnitt und signalisierte
bereits eine andere Richtung als die bis dahin do-

minierende Satire. Dennoch wurde dieser erste Roman
von wenigen als Einschnitt registriert. Erst das Erscheinen seines zweiten Romans 'Das grüne Gesicht'
leitete eine merkwürdige Ratlosigkeit in der Frage
der literarischen Wertung ein, und die Bewunderung
für den Simplicissimus-Autor schlug in skeptische
Kritik um. Tucholsky sprach die Vermutung aus, daß
hier "ein bewußtes oder unbewußtes Nachlassen der
künstlerischen Kraft vorliegen" [49] müsse. Die Stel-
lungnahmen Rilkes und Hesses sind bereits erwähnt
worden. Stellvertretend für viele kann man diese
Meinung der Literaturkritik in dem 1917 erschienenen
Aufsatz von Julius Bab[50] vorfinden. Der Autor hat
diesen Aufsatz, wie er betont, "vor Ausbruch der pein-
lichen Meyrink-Debatte" geschrieben, und "lehnt es ab,
seine sachlich-kritische Würdigung durch eine Stellungnahme zu ihr zu beeinträchtigen."[51] Voller Bewunderung für die Simplicissimus-Geschichten Meyrinks,
die er dementsprechend auch ausführlich würdigt, hat
Bab für die Romane dagegen nur ein 'mitleidiges Lächeln'
übrig, die er als ein verzeihliches "menschliches Bedürfnis nach Erfolg" und nach "Rechenschaftsablegung"[52]
abtut. Er bezweifelt überhaupt die Fähigkeit Meyrinks
zu einer literarischen Großform, die sich mit der kleinen Form der Simplicissimus-Novellen messen lassen
könnte. Folgerichtig stellt er daher fest:"Denn wenn
auch 'Der Golem' und 'Das grüne Gesicht' sich als
ziemlich vergänglich erweisen sollten, so wird doch
ganz gewiß der Autor von 'Des deutschen Spießers
Wunderhorn' als ein starker und höchst origineller
deutscher Prosaiker fortleben."[53]

    Die Bevorzugung des Simplicissimus-Autors gegen-
über dem Roman-Autor Meyrink klingt von da ab in jedem ernst zu nehmenden Urteil der Literaturkritik
über Meyrink nach. So hat Kurt Pinthus um die gleiche
Zeit in dem Nachwort zu der sechsbändigen Meyrink-
Ausgabe, - sie ist übrigens die einzige Gesamtausgabe

geblieben -, festgestellt: "Mag das Gedankliche und
Ideelle in Meyrinks späteren Romanen bedeutsamer und
folgenreicher sein, - diese Novellen, durch leidvol-
les Erleben, kritisches Erkennen und sehnsüchtiges
Suchen nach dem Übernatürlichen erzeugt, bedeuten
sicherlich die künstlerisch wertvollsten, konzen-
triertesten, mit Raffiniertheit und sorgfältigster
Sauberkeit gefügten Gebilde Meyrinks."[54] Und Hermann
Sinsheimer hat ebenfalls in seiner Laudatio zum 50.
Geburtstag von Meyrink nicht unterlassen zu erwähnen:
"Es ist wohl unbestreitbar, daß Meyrinks Satiren seine Romane an künstlerischer Geltung, an Wesentlichkeit
der Form bedeutend überragen."[55] Von dieser Art der
Prioritätensetzung bis zu einem gänzlich abwertenden
Urteil über die Romane, wie es Soergel in seiner Li-
teraturgeschichte 'Dichtung und Dichter der Zeit' ab-
gibt, ist es nur ein kleiner Schritt. Soergel schreibt
über die Romane: "... von Roman zu Roman sinkt die
Fähigkeit, eine groß geschaute Vision durchzuführen.
Gelang das noch im 'Golem', kam im 'Grünen Gesicht'
wenigstens stellenweise die Urvision vom Untergang
Europas durch Krieg und Greuel heraus, so sanken die
anderen Romane herab zu einem dunklen Rede- und Hand-
lungsgewirr. Und vom 'Golem' an ward, was früher Neu-
land war, Sensation."[56] Bei dieser Einschätzung blieb
es denn auch, wie der Tenor der meisten Nachrufe zeigt,
in denen der Okkultismus für die angeblich ungünstige
künstlerische Entwicklung Meyrinks verantwortlich gemacht wird. So schreibt sein Prager Freund Gustaf
Kauder: "... seine Literatur versiegte, weil er sich
zuletzt immer tiefer bis zur Unverständlichkeit in
seine okkulte Welt zurückzog."[57] Die durch die Literaturkritik fast durchweg höhere Wertschätzung des
früheren Meyrink ist jedoch nur eine Seite des Bildes.
Auch dem späteren Meyrink wurde nämlich Anerkennung
zuteil, nicht von der Literaturkritik, aber von anderen Gruppen, zu denen vor allem die Psychologen

und die sogenannten Okkultisten gehören. Während das
Interesse der Psychologie wissenschaftlicher Art ist,
vermitteln die späteren Schriften von Meyrink den
Okkultisten eine bestimmte 'Weltanschauung'. Auch diese sozusagen unliterarische Aufnahme der Literatur
soll kurz erwähnt werden.

Bereits 1918 veröffentlichte Manfred Sperber
eine Arbeit, in der Reihe 'Studien zur Literatur-
und Sprachpsychologie' mit dem Titel 'Motiv und Wort
bei Gustav Meyrink'. Sperber geht von dem Grundsatz
aus, daß der Dichter einen 'psychischen Befreiungs-
prozeß' erlebt, indem "er seine Gefühle, die Gestalten, die seine Phantasie erzeugt, die Situationen,
in denen er diese Gestalten erblickt, zum Gegenstand
von Dichtungen macht."[58] Er sammelt nur einige markante Motive, wie z.B. das des Erstickens in sämtli-
chen Variationen, aus dem Werke Meyrinks, ohne allerdings eine Erklärung des Motivs selbst hinzuzufügen.
Die Arbeit enthält nur Feststellungen über bestimmte
Vorstellungskreise, deren Häufigkeit als solche registriert, nicht aber in einem gegebenen Kontext interpretiert wird. Wesentlich bedeutender als diese Studie
ist der Versuch C.G. Jungs, Meyrink psychologisch zu
deuten. Er zählt Meyrink zu einer Gruppe von 'visio-
nären' Künstlern wie William Blake, E.T.A. Hoffmann,
Friedrich Nietzsche oder Alfred Kubin und anderen, die
das Ungestaltete und Chaotische zu Tage fördern.[59]
C.G. Jungs Versuch der Meyrink-Deutung hat eine gewisse
Berechtigung, denn die Beziehung der Literatur zur
Psychologie kann bei Meyrink - sie findet sich zum
Teil auch bei anderen Schriftstellern der Zeit -
nicht übersehen werden. Dennoch sind Meyrinks Werke
keine Psychogramme, oder wie Jung den 'Golem' interpretiert, nur 'Gestaltungen des Unbewußten'[60], sondern bewußte Literaturprodukte. Jung und Meyrink haben dennoch etwas miteinander gemeinsam, und das ist
das Interesse an okkultistisch zu nennenden Gebieten,

wie der Alchemie oder anderen Mysterienlehren. Über
die literarische Verwertung dieser Stoffgebiete bei
Meyrink wird noch zu sprechen sein. Für Jung war die
Beschäftigung mit dem okkultistischen Bereich vom
tiefenpsychologischen Interesse motiviert, das in
solchen, von der bisherigen wissenschaftlichen Betriebsamkeit abgelegenen Gebieten die Ursymbole des
Menschlichen vorzufinden glaubte. Diese Art Interesse
unterscheidet sich jedoch grundsätzlich von der
Interessenlage jener Gruppe von Meyrink-Verehrern,
die man als 'Okkultisten' bezeichnen kann, und die
insofern nicht unwichtig sind, als einer der bedeutendsten Trends der Meyrink-Rezeption nach dem
zweiten Weltkrieg in Deutschland, und ganz besonders
in jüngster Zeit unter dem Vorzeichen des 'Okkultismus' steht. Als Beispiel sei die von Eduard Frank
zusammengestellte Anthologie 'Das Haus zur letzten
Laterne' erwähnt.

Bereits bei dem Erscheinen der Romane haben
gewisse Leserschichten an den okkultistischen Lehren
Meyrinks Gefallen gefunden, so, wenn Marie von Thurn
und Taxis in einem Brief an Rilke trotz seiner Beden-
ken freimütig bekennt: "... und schließlich diese
Art Dinge haben immer eine Attraction."[61] In den
zwanziger Jahren bildete sich ein bestimmter Kreis,
der zwar nicht öffentlich auftrat, der aber gerade
in den Romanen Meyrinks und deren okkultistischen
Lehren manche ernst gemeinten Winke zu vernehmen
glaubte, und aus diesem Grunde die Romane wesentlich
höher schätzte als die Satiren. Ludwig Held, Albert
Talhoff und Herbert Fritsche gehörten zu dieser Gruppe. Der Titel eines Nachrufes von Fritsche 'An der
Bahre des Meisters'[62] legt Zeugnis von dieser Gesinnung ab. Er verfaßte auch ein schmales Bändchen
mit dem Titel 'August Strindberg - Gustav Meyrink -
Kurt Aram - Drei magische Dichter und Deuter'. Für
Fritsche ist Meyrink derjenige Dichter, der um seine

Verantwortung "für tausende dürstender Seelen" weiß,
"die hoffnungsfroh auf ihn und seine Lehre schauen!
Wie ein Prophet der Vorzeit, groß und unanfechtbar,
gestaltet Gustav Meyrink sein erlösungsmächtiges
Werk."[63] Schließlich kann Fritsche in der eben erwähnten Schrift mit Genugtuung feststellen, "wie die
Gemeinde um Gustav Meyrink von Tag zu Tag wächst
- eine Gemeinde, die ihn aufrichtig und ergeben liebt,
seine weissmagische Erlösungslehre verwirklicht und
unbeirrt den Weg geht, den der Meister weist."[64]
Damit ist man zweifellos bei einer Position, die den
Beschimpfungen der deutschnationalen Presse extrem
entgegengesetzt ist. Meyrink rückt hier zu sehr in
die Nähe von Rudolf Steiner, gegen den er aber mehrfach polemisiert hat, und es ist überhaupt fraglich,
ob Meyrink eine solche Gemeindebildung beabsichtigt
hatte.

Man kann den Verlauf der Meyrink-Rezeption folgendermaßen zusammenfassen. Durch Simplicissimus-Geschichten erlangte er schnell ein gewisses Ansehen
und Anerkennung als ein höchst origineller Prosaist.
Bedingt durch seine Lebensumstände wurde ihm der mit
großem Reklameaufwand inszenierte Erfolg des 'Golem'
zum Verhängnis. Das Einschalten von okkultistischen
Themen schließlich verwirrte die Lage vollkommen.
Die Literaturkritik seiner Zeit bewahrte bei aller
Skepsis gegenüber den Romanen Meyrinks die Achtung
vor dem Simplicissimus-Autor, gegen den speziell die
deutschnationale Presse mit ihren Diffamierungen zu
Felde zog. Der Okkultismus in den Romanen, den die
Literaturkritik bemängelte, war für den Psychologen
ein Gegenstand ernster Studien. Darüber hinaus war
er auch für manche Verehrer ein Grund, Meyrink zum
'Meister' und 'Propheten' zu stilisieren.

Daß sich Meyrink der unterschiedlichen Aufnahme
seines Werkes beim Leser bewußt war, geht aus einer

veröffentlichten Notiz klar hervor. In der 'Selbstbeschreibung' für die Zeitschrift 'Der Zwiebelfisch'
heißt es unter der Rubrik "Stellung zu Literatur und
Dichtkunst : Keine. Er sagt: was er schreibt, sei
'Magie' - Suggestion - und nicht an die Regeln und
Rezepte von 'Kunstaufbau' oder dergleichen gebunden,
- habe also nur sehr wenig Berührungspunkte mit dem,
was die Oberlehrer aller Kategorien unter 'Kunst'
und Literatur verstünden. Er glaubt auch nicht, daß
es möglich sei, über seine Werke ein einheitliches
Urteil zu fällen, denn eben, weil sie Magie - Suggestion - seien, müßten sie in jedem einzelnen Leser
verschiedene Bilder, Gedanken, Einfälle und Gefühle
erwecken. Gerade das sei ihr Zweck, und das Bestreben, 'Kunstregeln' und 'Rezepten' gerecht zu werden,
liege ihnen ferner."[65] In der bewußten Distanzierung
von dem Regelmäßigen und somit Reglementierten sie-
delt er seine Werke außerhalb bestimmter vorgegebener
Kategorien an. Indem er sie aber als 'Magie-Suggesti-
on' bezeichnet, sagt er wiederum etwas, was für die
Dichtung im allgemeinen zutrifft, deren Wirkungsweise
von der eben beschriebenen kaum abweicht.

Die literaturwissenschaftlichen Arbeiten über
  Gustav Meyrink seit 1945

  Kommt man nun im letzten Teil dieses Kapitels
zu einem Überblick über die bescheidene Meyrink-
Forschung nach dem zweiten Weltkrieg, denn während
des Dritten Reiches ist nur die oben erwähnte Schrift
von Fritsche erschienen, sehr bezeichnender Weise in
Prag, so fällt zweierlei auf. Zum einen ist die Nach-
kriegsforschung über Meyrink in der Frage der Wertung
von der gleichen Unsicherheit des Urteils gekenn-
zeichnet, die man beim Verlauf seiner Rezeption beobachten konnte. Ihre diversen Richtungen sind auch
hier wieder in abgewandelter Form vertreten. Zum
anderen ist das Interesse an Meyrink im Ausland er-

heblich größer als in Deutschland.

Einer der ersten, die sich mit den Romanen
Meyrinks beschäftigten, war Robert Cermak 1949 in
seiner Wiener Dissertation über den magischen Roman,
in der er auch Werke H.H. Ewers und Franz Spundas be-
handelte. Die Annahme einer allzu vordergründigen
Bedeutung des Wortes 'magisch', das nicht ohne bestimmte Nuancierungen für diese Epoche zu verstehen
ist, macht die Arbeit belanglos. Zum Schluß vermutet
er noch, "daß die Darstellung überirdischer, wenn man
will - 'magischer' Vorgänge nur in der Musik oder bil-
denden Kunst möglich ist, während die Dichtung, die
doch viel mehr verstandesmäßigen und logischen Ge-
setzen unterworfen ist, an diesem Unternehmen in den
meisten Fällen scheitern muß."[66] Literaturgeschicht-
lich ordnet er den 'magischen' Roman dem inzwischen
sehr umstrittenen Begriff der 'Neuromantik' zu.

Drei Jahre später (1952) hat Marga E. Thierfelder in einer Münchner Dissertation über 'Das Weltbild in der Dichtung Gustav Meyrinks' den Akzent etwas verlagert, indem sie Meyrink eine Zwischenstel-
lung zwischen der 'Neuromantik' und dem 'Frühexpressionismus' einräumt. Dies war zweifelsohne ein richtiger Ansatz, der geeignet war, Meyrink nach jahrzehntelangem Schweigen über seine Werke jetzt in ein
etwas günstigeres Licht zu rücken. Man kann M.E.
Thierfelder darin zustimmen, daß Meyrinks Werke aus
dem Bewußtsein einer Krise entstanden sind. Die Beschreibung dieser Krise mit Goethezitaten ist allerdings kein gelungener Versuch, der neuen Zeitlage gerecht zu werden.[67] Auch darin, daß Meyrink die Krise
mit einer Lehre vom 'Übermenschen' bekämpft haben
soll, wird man ihr nicht folgen können. Ein methodi-
scher Fehler grundsätzlicher Art liegt in der Ver-
mischung von Biographie und fiktionalen Texten, die
sie ohne weitere Unterscheidung mit Meyrinks Denken

gleichsetzt und damit den im Titel der Dissertation
ausgesprochenen Unterschied wieder verwischen läßt,
denn es heißt ja 'Das Weltbild in der Dichtung G.
Meyrinks' und nicht 'Das Weltbild Gustav Meyrinks',
über das sich überhaupt wenig sagen läßt.

Sah M.E. Thierfelder wie Hermann Hesse[68] in
der Persönlichkeit Gustav Meyrinks "den Schlüssel zu
seinem Werk", so hat Wilhelm R. Buskirk diese Aussage
für die Satire Meyrinks mit biographischen Belegen zu
illustrieren versucht, im Gegensatz zu M.E. Thierfelder, die keine biographische Dokumentation liefert.
In einer Dissertation der Michigan Universität mit
dem Titel 'The bases of Satire in Gustav Meyrinks
work' aus dem Jahre 1957 bringt er als erster manches
biographische Material, das er teils aus dem Nachlaß
und teils aus den Aussagen der Witwe Meyrinks zusam-
menträgt. Durch die Beschränkung des Themas auf die
Satire stehen nur die Simplicissimus-Beiträge Meyrinks
im Blickpunkt, die Romane sind ausgeklammert, auch
wenn sie ebenfalls Satirisches enthalten. Buskirk
kommt in seiner Arbeit zu dem Ergebnis:"... the
material presented shows that the bases of Meyrink's
satires lie deep within a complex personality. This
personality lived in emotional extremes ... While the
satires reveal obvious symptomatic reactions of the
time and biographical influences, they also give evi-
dence of Meyrink's moral concern for mankind and
strong didactiv urge. ... His otherwise high motives
are marred by the injection of personal, often petty
hatreds."[69] Die Prager Affäre Meyrinks mit dem Offizierkorps der k.u.k. Armee verleitet einen geradezu,
den Militarismushaß Meyrinks als eine persönliche Angelegenheit zu interpretieren. Trotz dieser Vorbehalte in seinem Urteil sah Buskirk in Meyrink den Mystiker, der sich nach der Simplicissimus-Zeit "ähnlich
wie Buddha" auf die Erforschung des Übersinnlichen
zurückzog.[70]

Gerade in der Frage der Wertung muß die Arbeit
von Siegfried Schödel als ein Rückschritt eingestuft
werden, weil er wegen seiner Überbetonung der formalen Aspekte den ideologiekritischen Hintergrund von
Meyrinks Satiren vollkommen außer acht läßt. Die Er-
langer Dissertation aus dem Jahre 1965 trägt den Titel 'Studien zu den phantastischen Erzählungen Gustav
Meyrinks', wobei mit dem Wort 'Phantastisch' in An-
lehnung an den Begriff 'der phantastische Film' das
'Gruselige' gemeint ist. Schödel wirft Meyrink "Ver-
schwommenheit" und eine "Diskrepanz zwischen der Vorstellung und ihrer sprachlichen Verwirklichung"[71]
vor, und rechnet ihn zur 'Trivialliteratur'.[72] Man
kann Schödels Arbeit als Beitrag aus der Anfangsphase
der Forschung über die Trivialliteratur verstehen,
als die Differenzierung zwischen dem Trivialen und
dem Unterhaltsamen noch nicht stattgefunden hatte
und die Frage ihrer Kriterien noch nicht geklärt war.

Bei beiden, Buskirk wie Schödel, standen die
Simplicissimus-Geschichten von Meyrink im Mittelpunkt
des Interesses, was auch in den folgenden zwei Disser-
tationen aus den siebziger Jahren der Fall ist. Christine Rosner untersuchte 1974 in einer Dissertation
der University of Connecticut 'Grotesque Elements in
selected Prose Works of Gustav Meyrink'. Sie unterscheidet formal drei verschiedene Arten des Grotesken bei
Meyrink: 'the horrifying grotesque', 'the fantastic
grotesque' und 'the satiric grotesque'. Trotz dieser
Einteilung des Grotesken in drei Kategorien mußte sie
in ihrer Arbeit bald einsehen, daß sich eine beträchtliche Anzahl der Geschichten Meyrinks in solche typo-
logische Kategorien gar nicht einordnen läßt.[73] Manche von ihnen kann sowohl in die eine als auch in die
andere Kategorie passen. Helga Abret hat in ihrer
Dissertation[74] über 'Gustav Meyrink conteur' die formalen Untersuchungen möglichst knapp gehalten. Sie
vermittelt erstens: Informationen über die Zeitschrif-

ten, denen Meyrink seine Beiträge lieferte, und
zweitens versucht sie, die ideengeschichtliche Herkunft der Meyrinkschen Geschichten bis zu seinen Vor-
läufern wie E.T.A. Hoffmann, E.A. Poe oder den französischen Symbolisten zu verfolgen.

Bei dem Übergewicht des Interesses für den Simplicissimus-Autor darf der einzige Versuch über den
Roman Meyrinks aus der jüngsten Zeit nicht unerwähnt
bleiben. Walter Claes hat 1972 in einer Lizentiaten-
Arbeit der Universität Gent den 'Individuationsprozeß'[75) in den Romanen 'Der Golem' und 'Das grüne Gesicht' untersucht. Claes geht in seiner Arbeit von
einer psychologischen Definition des Begriffes 'Individuationsprozeß' von C.G. Jung aus und versucht im
Lichte dieser Definition den Prozeß der 'Ich-Findung'
in den Romanen zu analysieren. Psychologie ist zwar
der Ansatzpunkt, woran er seine Interpretation an-
knüpft, er bringt aber eine Reihe von interpretieren-
den Erläuterungen zu der verschlüsselten Symbolik
mancher Romanpartien, die eher dem Okkultismus zuzuordnen ist. Methodisch steht diese Arbeit also der
Verfahrensweise C.G. Jungs sehr nahe.

Die rein okkultistische Sichtweise von Meyrinks
Werk, wie sie bereits bei Herbert Fritsche anzutreffen
war, ist ebenfalls wieder vertreten, und zwar in einer
kleinen Schrift von Arnold Keyserling aus dem Jahre
1966 mit dem Titel 'Die Metaphysik des Uhrmachers von
Gustav Meyrink'. Keyserling würdigt das Werk Gustav
Meyrinks im geschichtlichen Zusammenhang der Esoterik
in Europa und interpretiert anschließend die Erzählung
'Der Uhrmacher'.

Das Nachwort von Marianne Wünsch zu Meyrinks
letztem Roman 'Der Engel vom westlichen Fenster'
steht in der Meyrink-Forschung isoliert und einzig-
artig da, weil es der Verfasserin gelingt, von der
Literaturkritik her einen Zugang zu dem Roman Mey-

rinks zu finden. Indem sie die epochalen Zusammenhän-
ge und die logischen Beziehungen einer scheinbar
alogisch 'fantastischen' Welt verdeutlicht, stellt
sie den literaturgeschichtlichen Zusammenhang von
Meyrinks Werk wieder her.

Bereits aus dem bis hier skizzierten Abriß der
Nachkriegsliteratur über Meyrink wird noch vor der
Besprechung der biographischen Arbeiten deutlich, daß
die aus der zeitgenössischen Kritik bekannten divergierenden Meinungen und Positionen wiederum vertreten
sind, und daß das Interesse für den Simplicissimus-
Autor das für den Roman-Autor bei weitem überwiegt,
was sich rein statistisch im Verhältnis der Disser-
tationen (4 zu 1) widerspiegelt.

Cermak sowie Buskirk hatten einige biographische Einzelheiten in ihren Arbeiten vermittelt. Die
einzige Monographie über Meyrink in deutscher Sprache
stammt von Dr. Eduard Frank, dem das Verdienst zukommt, in der Nachkriegszeit in Deutschland das Meiste
über Meyrink und von Meyrink publiziert zu haben.[76)]
Seine Monographie mit dem Titel "Gustav Meyrink -
Werk und Wirkung" stammt aus dem Jahr 1957 und ist
mit 89 Seiten viel zu knapp, um den Schwerpunkten
des Themas, zu denen noch die Schilderung der Lebensumstände hinzukommt, gerecht zu werden. Sein Interesse für den Schriftsteller Meyrink steht dem für
den Okkultisten und Parapsychologen nach, und darin wiederum neigt er zu der 'frommen' Variante, die nach genauer
Untersuchung der Dokumente über Meyrink, insbesondere des
Nachlasses in der von Frank vertretenen Form nicht halt-
bar ist.

Wenn sich jemand mit dem Nachlaß Meyrinks ein-
gehend beschäftigt hat, so ist es Manfred Lube, der
in einer Grazer Dissertation aus dem Jahre 1970 viele
biographische Einzelheiten, wie z.B. die Wohnorte,
Meyrinks Beziehung zu Münchner und Wiener Künstler-
kreisen, sein Verhältnis zur Anthroposophie und auch

einige literaturgeschichtliche Aspekte untersucht.
Lube will möglichst viel dokumentieren und wenig interpretieren. Der Titel seiner Arbeit lautet: 'Beiträge zu einer Biographie Gustav Meyrinks und Studien
zu seiner Kunsttheorie'. Trotz der neuen und zum
größten Teil richtigen Erkenntnisse über das Leben
und die Kunstansichten Meyrinks wirkt die Arbeit frag-
mentarisch durch das Prinzip, nur das Neue, bisher in
keiner anderen Schrift Erwähnte zu dokumentieren.

Erst 1976 ist eine französische Monographie
über Meyrink erschienen, die alle bisherigen Wertun-
gen auf den Kopf stellt. Der Verlag L'Herne hat in
seiner Reihe der Monographien über Dostojewski, Thomas Mann, Edgar Allan Poe, Charles de Gaulle und
Beckett Meyrink an deren Seite gestellt. Es ist, als
ob das klassische Land der Zuflucht für deutsche Satiriker von Heine bis Tucholsky auch Meyrink ein geistiges Asyl bietet, dem es zu Lebzeiten erspart geblieben war, Asyl suchen zu müssen. Trotz dieser vor
dem Hintergrund der bisherigen Meyrink-Literatur
frappierenden Art der Wertung macht gerade diese Monographie deutlich, wie wenig eigentlich über Meyrink
in jüngster Zeit geschrieben worden ist. Die Monographie sammelt einzelne Bemerkungen, Aufsätze und Erinnerungsberichte, die zum Teil aus den zwanziger
oder dreißiger Jahren stammen. Die Beiträge stammen
von verschiedenen Autoren, die in ihren Ansichten
stark divergieren. Die Möglichkeit heterogene Thesen
über Meyrink in einem Band vorzufinden, wird von manchen als Vorzug der Monographie angesehen. Andere würden lieber bestimmte Themenkomplexe wie den Okkultismus, der umfangmäßig neben den literaturkritischen
Aspekten gleichwertig vertreten ist,[77] geklärt wissen.

Aus diesem knappen Bericht über die Meyrink-
Forschung geht deutlich hervor, daß eine monographi-

sche Untersuchung wie die vorliegende längst fällig
war. Daß dieser Versuch bisher in dieser Form nicht
unternommen wurde, liegt zum größten Teil an der
stark schwankenden Wertung seines Werkes. Man sieht
wohl ein, daß sich die Kontroversen der zeitgenössischen Rezeption auf die Meyrink-Forschung keineswegs
günstig ausgewirkt haben. Selbst in der Nachkriegsliteratur über Meyrink wurden die überlieferten Vorurteile nicht entschieden genug ausgeräumt. Das wiederum liegt vielleicht an der zunächst befremdlichen
Phantastik, der gegenüber man auch heute noch in gewisser Hinsicht ratlos dasteht. Aber selbst wenn
man von dem Phantastischen und Okkulten im Spätwerk
Meyrinks vorerst absieht, ist es immerhin unverständlich, daß nicht einmal der Satiriker Meyrink gebührend
zu Ehren gekommen ist.

II DIE LEBENSDATEN EINES AUSSENSEITERS

Bei den meisten Schriftstellern der neueren
Zeit besteht ein direkter Zusammenhang zwischen Biographie und Werk. Von einem 'interessanten' Lebens-
werk schließt man gewöhnlich auf eine ebenfalls 'in-
teressante' Lebensgeschichte. Dies trifft wohl in gewisser Weise auch für Meyrink zu. Dennoch sollte man
bei aller Achtung vor dieser zum Prinzip erhobenen
Annahme die Fragwürdigkeit eines methodischen Vorgehens nicht übersehen, das nur dieses Prinzip als einzige Voraussetzung gelten läßt. Das Fragwürdige daran
liegt in der unbedachten Identifikation von Biographie
und Werk, wobei das eine jeweils für das andere stehen
muß. Auch bei Meyrink hat es an solchen Versuchen
nicht gefehlt. Nun erhellt zwar die Biographie manche
Aspekte seines Werkes; sie kann aber nicht als Erklärung eines Werkes dienen, das in seiner merkwürdigen
Phantastik dem Leser genügend Rätsel aufgibt. Vieles
in seinem Werk widerspricht der alltäglichen, pragmatischen Erfahrung des Lesers. Magische Vorgänge, ge-
spensterhafte Erscheinungen oder spiritistische Sitzungen sind solche Sachverhalte, von denen der Leser
nur eine Unzahl von Fragen zurückbehält. Es ist daher
ganz natürlich, daß die Rätselhaftigkeit von Meyrinks
Werk die Aufmerksamkeit des Lesers zwangweise auf die
Person des Autors lenkt.

Meyrink scheint allerdings allzugut von diesem
Interesse oder vielmehr der Neugier des Lesers für
das Biographische gewußt zu haben. Er hat sehr wenig
hinterlassen, was eine solche Neugier befriedigen
kann, oder woraus sich eine Biographie rekonstruieren
ließe. Dieses Schweigen über seine Lebensumstände ist
sehr bezeichnend für ihn.In der knappen Selbstbeschreibung für die Zeitschrift 'Der Zwiebelfisch' heißt es
von Meyrink unter der Rubrik 'Persönliche Eigenheiten

des Autors': "Er gibt auf Privatbriefe keine Antwort,
empfängt keine Besuche, macht auch keine."[1] Seine
Verschanzung hinter einer selbst errichteten Mauer
zwischen sich und der Öffentlichkeit hat einen pro-
vokatorischen Nebensinn. Man wird hier an die sonder-
lingshafte Idee einer seiner Romanfiguren[2] erinnert,
die im Briefkasten eine Wasserspülung angebracht hat,
um dadurch dem Kommunikationsbedürfnis der anderen
zu entrinnen. Meyrink ging es anscheinend ähnlich.
Daß er keine Autobiographie hinterlassen hat, ist angesichts einer solchen Einstellung zur Öffentlichkeit
nur folgerichtig. Der 'geheimnisvolle' Meyrink, wie
ihn der Simplicissimus-Zeichner T.T. Heine[3] und
'Der Bürgerschreck von Prag', wie ihn Viktor Schweizer[4] nennt, stehen in einer Wechselbeziehung. Durch
seine Verschwiegenheit trotzt er dem wißbegierigen
Publikum. Seine Geheimnishaftigkeit dient ihm als
Waffe gegen die geheimnislose und geheimnisfeindli-
che Leserschaft.

Es gibt aber auch andere, und zwar triftige
Gründe seiner Verschwiegenheit. Sie hängen zunächst
mit seiner Herkunft zusammen. Eine diesbezügliche
Unregelmäßigkeit im Sinne der bürgerlichen Ordnung
hatte gewisse Folgen. Bereits bei der Rezeptionsge-
schichte wurde erwähnt, daß man von Seiten der deutschnationalen Kreise Meyrink vorwarf, er sei Jude oder
Halbjude. Diesem Vorwurf mußte Meyrink widersprechen,
denn er war keiner, aber seine Abstammung war für
seine Zeitgenossen dennoch ein Rätsel.

Herkunft und unglückliche Kindheit

Meyrink kam am 19. Januar 1868 im Hotel 'Blauer
Bock' in Wien, Mariahilferstraße, als lediges Kind
der Schauspielerin Maria Meyer zur Welt. Er hat zeit
seines Lebens unter der unehelichen Geburt gelitten,
was ganz konkret in der Duellaffäre oder den späteren

Prozessen belegt wird. Er äußerte sich daher aus
durchaus verständlichen Gründen nicht gern über seine Herkunft. Um so mehr war er aber als eine Person
von öffentlichem Interesse den Spekulationen dieser
Öffentlichkeit darüber ausgesetzt, von wem er wohl
abstammen könnte. Die meisten, zumindest in Prag,
hielten König Ludwig II. für seinen Vater, wobei es
unklar bleiben wird, wieweit Meyrink selbst solchen
Gerüchten Vorschub leistete oder sie zumindest un-
widersprochen duldete. Die meisten Nachrufe enthalten
die ebenfalls irrige Behauptung, nicht Ludwig II.,
sondern ein holländischer Attaché sei sein Vater gewesen.[5] Ähnliche Unklarheit führte bei der Bestim-
mung seiner Mutter zu einer Verwechselung von Maria
Meyer mit der jüdischen Schauspielerin Clara Meyer
aus Wien. Das Ergebnis solcher Unklarheiten zeigte
sich in manchen Verhaltensweisen der extremen Achtung
oder Ächtung von seiten seiner Adressaten: In einem
knappen Brief vom Auswärtigen Amt aus dem Jahre 1918
steht fünfmal die Anredeform 'Hochwohlgeboren'[6],
während er fast zur gleichen Zeit von der deutschnationalen Presse ganz ausfällige Bemerkungen über sich
ergehen lassen mußte. Wenn Meyrink als Satiriker zur
Gesellschaft in einer Beziehung stand, die niemals
als harmonisch bezeichnet werden kann, so stand auch
die Gesellschaft ihrerseits in einem von bürgerlichen
Normen getragenen und eben deshalb sehr gespannten
Verhältnis zu ihm.

Zwei Umständen verdankt man die Aufklärung über
den Namen seines Vaters. Erstens mußte Meyrink vor Gericht die Identität seines Vaters preisgeben, als er
schließlich gegen Bartels wegen des oben erwähnten
Vorwurfs der jüdischen Abstammung einen Prozeß an-
strengte. Zweitens wurde der Geburts- und Taufschein
des Vaters in den dreißiger Jahren bald nach dem Tode
von Meyrink zu einer Existenzfrage für Meyrinks Witwe
und Tochter; man mußte sich den Schein beschaffen.

Nach dieser, sich im Nachlaß befindenden Urkunde war
sein Vater der württembergische Staatsminister Gottlob Karl Freiherr Varnbühler von und zu Hemmingen,
"dessen Ahnentafel", wie Hans Arnold Plöhn in einem
vom Zeitgeist inspirierten Aufsatz[7] nachgewiesen
hat, "ein wesentlich geschlosseneres Bild" zeigt als
die von Meyrinks Mutter. Das Angebot einer Aufnahme
in den Varnbühler'schen Familienverband soll Meyrink
1919 abgelehnt haben.[8] Es sind auch sonst keine Dokumente überliefert, die eine Verbindung Meyrinks zu
seinem Minister-Vater belegen. Meyrink wuchs anschei-
nen ausschließlich bei seiner Mutter und seiner Großmutter auf. Einige biographische Daten vom adligen
Vater sollen dennoch hier erwähnt werden, um den Kon-
trast aufzuzeigen, der zwischen dessen Leben und dem
seines nicht legitimierten Sohnes bestand. Der Vater
machte eine glänzende Karriere als Staatsmann, während
der Sohn fast lebenslang um das Existenzminimum bangen
mußte.

Geboren im Jahre 1809, hatte Meyrinks Vater
nach einem Wirtschafts- und Jurastudium in Berlin und
Göttingen eine Zeit lang eigene Güter verwaltet. Mit
36 Jahren wurde er von der Ritterschaft des Neckar-
kreises in den württembergischen Landtag gewählt.
"Als gewandter Redner" wurde er bald "Mitglied aller
wichtigen Commissionen".[9] Im Jahre 1864 berief ihn
der König zum Minister des Auswärtigen und drei Jahre
darauf zum Geheimratspräsidenten. In dieser zweifellos sehr wichtigen Stellung war er an den Ereignissen
der deutschen Geschichte maßgeblich beteiligt. Seine
politische Haltung läßt trotz aller Offenheit für
fortschrittlich zu nennende wirtschaftliche und le-
gislative Maßnahmen wie die Zollunion oder das deutsche Heimatrecht, für die er sich aktiv durch Presse-
artikel einsetze, auf eine entschiedene Gegnerschaft
zu Preußen schließen. Es war unter anderem ihm zu verdanken, daß Württemberg in dem österreichisch-preußi-

schen Konflikt vom Jahre 1866 auf der Seite Öster-
reichs stand. Er sträubte sich gegen die Erweiterung
der Befugnisse des 'Zollparlaments' in Richtung auf
ein Volksparlament. Ebenso skeptisch stand er der von
der demokratischen Partei vertretenen Idee eines 'Südbun-
des' gegenüber, denn dann, so meinte er, müsse man mit der
Schweiz zusammen eine süddeutsche Republik anstreben.
Bis ins hohe Alter hat Varnbühler dem württembergischen Staat in Schlüsselpositionen gedient. Trotz der
stark unterschiedlichen Lebensweisen des Minister-
Vaters und des Schriftsteller-Sohnes bildet die anti-
preußische Gesinnung einen gemeinsamen Bezugspunkt
zwischen beiden. Der Sohn hat hierzu einen Beitrag
während seiner Mitarbeit am 'Simplicissimus' gelei-
stet. Meyrinks berufliches Leben weist keine Gemein-
samkeit mit dem seines Vaters auf. Er wandte sich
vielmehr dem künstlerischen als dem von der mütterlichen Seite tradierten Bereich zu; schließlich war
er von der Mutter großgezogen worden.

Die Geschichte der mütterlichen Familie bis
zum Jahre 1865 hat Heinrich Meyer, Oberst-Lt.a.D.,
ein Großonkel Meyrinks, in einer privaten Familienchronik aufgezeichnet. Dannach sollten die "Altvor-
deren" der Familie Meyer, wobei sich der Chronist auf
eine mündliche Mitteilung seines gelehrten Bruders
Eduard (des Vaters des bekannten Historikers Eduard
Meyer) stützt, "aus Baiern stammen, einem altadligen
Geschlecht derer von Meyerinck angehört haben, und
erst später bei dem Übertritt eines ihrer Glieder aus
bairischen Kriegsdiensten in die sächsischen den Adel
und den Namen von Meyerinck mit Meyer vertauscht haben".[10] Der bürgerliche Name Meyrinks lautete zunächst Gustav Meyer, ein Name, den er, wie er in einem Interview sagte, "mit etwas zu vielen Menschen
teilte".[11] Erst als Schriftsteller legte er den Aller-
weltsnamen Meyer ab und nahm den längst verschollenen
Namen seiner mütterlichen Vorfahren in leicht geän-

derter Form an. 1917 wurde er ihm vom bayerischen
König auch als bürgerlicher Name amtlich genehmigt.[12]

Die oben erwähnte Familienchronik von Heinrich
Meyer verfolgt in aller Ausführlichkeit die Lebens-
läufe der Familienangehörigen seit etwa 1686, was aber
nur am Rande hierhergehört. Die Umstände der unmittel-
bar vorangegangenen Generation von Meyrinks Mutter
sind insofern erwähnenswert als sie auf den von vielen Meyrink-Kennern registrierten Mutterhaß Meyrinks
ein einigermaßen klärendes Licht werfen. Der Großva-
ter Meyrinks, Friedrich August Meyer, hatte anders
als seine vier Brüder nach kaufmännischer Lehre keinen
soliden bürgerlichen Beruf bei Hof, in der Armee oder
im Handel ausgeübt, sondern zunächst als Schauspieler
sein Glück versucht. Nach einem Fehlschlag blieb er,
zwar in einer zweitrangigen Position, dennoch beim
Theater. Am Aachener Theater lernte er die junge Sän-
gerin für das Soubrettenfach, Maria Absenger aus Grätz,
seine spätere Ehefrau, kennen. Aus dieser Ehe stammten
drei Töchter, Maria Louise, Celestine Friederike und die
jüngste, 1840 geborene Maria Wilhelmine Adelheide,
Meyrinks Mutter. Sie wuchsen durch die Engagements
der Mutter bedingt unter ständigem Ortswechsel 'neben den Bretter' auf, und obwohl der Vater, der inzwischen die Schattenseiten des Theaterlebens gut kannte,
seinem Bruder gegenüber versicherte, "daß er Alles an-
wenden werde, seine Kinder von diesem Leben und Treiben fern zu halten, ja, sie grundsätzlich nicht zum
Besuch des Theaters zu lassen",[13] war die Theater-
laufbahn für sie fast vorprogrammiert. Die älteste
wurde Kammersängerin an der Kaiserlichen Hofoper in
Wien, Friederike war lange Zeit Schauspielerin in
Frankfurt, Meyrinks Mutter schließlich wurde am Wall-
nertheater in Wien, an den Hoftheatern in Stuttgart
und München (1869-1880), und danach an den Theatern
in Hamburg, Prag und Petersburg engagiert. Zuletzt
ging sie ans Lessing-Theater in Berlin, dem sie bis

zum Jahre 1902 angehörte. Ihr Vater aber führte ein
Schattendasein zunächst neben der sich profilierenden
Frau, später war dann die ganze Familie eine Zeitlang
von dem Talent der ältesten Tochter abhängig, und als
die zweite Tochter in Braunschweig ein Engagement an-
nahm , war die Familie auseinandergerissen. Der Vater
ging schließlich mit "gebrochenem Herzen" zu seinem
im Ruhestand lebenden Bruder und starb 1859 im Alter
von 57 Jahren plötzlich an Lungenembolie.[14] Er hat
offensichtlich an einer Identitäskrise gelitten, die
angesichts der soliden und erfolgreichen Lebensweise
der Geschwister aus der Überzeugung genährt wurde,
seine anfängliche Theaterliebe mit permanenter Er-
folglosigkeit und unsteten Lebensumständen teuer be-
zahlt zu haben. Hinzu kommt noch ein vom Schwager
sehr vorsichtig zum Ausdruck gebrachter Mangel an
'Wärme des Gemüts' bei seiner Frau. Aus allen diesen
Umständen ergibt sich folgendes Bild: Das Famlienleben
von Friedrich August Meyer war trotz der äußeren Erfolge seiner Frau und Töchter alles andere als harmonisch. Verbittert darüber suchte er Zuflucht bei seinem Bruder. Dadurch ging die Familie ganz und gar auseinander. Meyrinks Mutter, damals noch eine ziemlich
junge Schauspielerin, blieb bei der Mutter, woraus
man schließen kann, daß sie kein rechtes Verhältnis
zu ihrem Vater hatte. Den aller Wahrscheinlichkeit
nach nicht erwünschten Sohn dürfte sie als Last empfunden haben, was wiederum auch das Verhalten des
Sohnes zu seiner Mutter bestimmt haben muß. Erst mit
diesem Familienhintergrund wird das gespannte Verhältnis Meyrinks zu seiner Mutter verständlich.

So hat bereits Herbert Fritsche festgestellt:
"Andere Leute lieben ihre Mutter, er haßte sie..."[15]
Einen etwas konkreteren Hinweis erhält man von den
'Erinnerungen' Max Pulvers, der das Mutter-Sohn-Ver-
hältnis gleichzeitig bei Max Scheler, Rilke und Mey-
rink erörtert und daraus eine Art Psychogramm zu

entwickeln versucht. Er schreibt: "Meyrink sprach in
den langen Jahren der Bekanntschaft nie von seiner
Mutter. ... Einmal aber, ... gab er selbst plötzlich
einen Hinweis auf diese Frau. Sie ist in seiner Novelle 'Meister Leonhard' dargestellt."[16] Diese Novelle handelt von einem tiefen, abgründigen Haß zwischen Mutter und Sohn und ist 1916 in dem Sammelband
'Die Fledermäuse' von Meyrink erschienen. In der Novelle wird die ununterbrochene, nervöse Geschäftigkeit einer Frau beschrieben, die ohne Sinn und Zweck
das Personal, aber auch ihren gutmütigen Mann und
Sohn herumjagt, bis der Sohn sie schließlich in einem
Augenblick der höchsten Verzweiflung tötet:"Entsetzt
sprang Leonard auf, starrt einen Moment wie gelähmt
in das hämisch verzerrte Gesicht seiner Mutter, dann
bricht eine schäumende, wahnwitzige Wut in ihm los;
mit einem Fußtritt schleudert er die Holzspreize fort;
die Falltür saust hernieder, trifft krachend den Schädel der Alten und schmettert sie in die Tiefe, daß
man hört, wie ihr Körper dumpf aufschlägt." In 'Walpurgisnacht' kann man umgekehrt die Erscheinung des
Hasses auf den Sohn dargestellt sehen, wie die Gräfin
Zahradka ihren unter Bürgerlichen großgezogenen, unehelichen Sohn Ottokar bei einem Aufstand der Massen
erschießt.[17] Diese in literarischer Fiktion vorhandenen Bilder von tiefem Haß zwischen Mutter und Sohn
reichen nicht aus, konkrete Aussagen über die Beziehung Meyrinks zu seiner Mutter zu gewinnen, um daraus
wiederum tiefenpsychologische Rückschlüsse für die
Deutung seines Werkes zu ziehen.[18] Soviel ist auf
jeden Fall richtig; das Verhältnis zwischen beiden
muß getrübt gewesen sein. Im Nachlaß ist nur ein einziger Brief von der Mutter vorhanden. Auch ist es
interessant zu wissen, was Meyrink über den Beruf der
Schauspielerin denkt. In dem Roman 'Der weiße Dominikaner' soll Ophelia nach dem Willen der Mutter Schauspielerin werden. Ophelia durchkreuzt diese Pläne

mit Selbstmord, weil sie "es widerwärtig findet, so
vor die Menschen hinzutreten und ihnen eine Begeisterung oder eine seelische Qual vorzuspielen. -- Häß-
lich, wenn ich all das heuchle, und schamlos, wenn
ich echt empfinde, und eine Minute später die Maske
abzuwerfen und den Dank dafür in Empfang zu nehmen.--
Und daß ich es Abend für Abend tun soll und immer um
dieselbe Stunde, es kommt mir vor, als sollte ich
meine Seele prostituieren".[19] Das ist ein ziemlich
vernichtendes Urteil über den Beruf seiner Mutter.
Zu ihrer Verteidigung könnte man anführen, daß sie,
bedingt durch ihre Lebensumstände, eben keine Haus-
frau, sondern eine erfolgreiche Schauspielerin war.
Sie dürfte wenig Zeit für den Sohn gehabt haben und
konnte ihm anscheinend wegen eines fehlenden stabi-
len Elternhauses nicht die mütterliche Liebe gewähren,
die Kinder sonst erhalten.

Über die allem Anschein nach unglückliche Kindheit Meyrinks ist sehr wenig überliefert. Früh genug
muß er den Zwiespalt zwischen adliger Abstammung und
natürlicher Geburt erfahren haben. In einer bürgerlichen Gesellschaft mit ihren festgelegten Normvorstel-
lungen wirkt das kleine Wörtchen 'von' Wunder, während
eine Unstimmigkeit, was den Trauschein der Eltern anbelangt, für den Sprößling einen lebenslänglichen
Fluch bedeuten kann. Individuelles Talent oder Verdienst können sehr wenig daran ändern. Meyrinks Rolle
als Außenseiter, die von vielen Rezensenten bestätigt
wird, war keine freiwillige, sondern eine fast aufge-
zwungene. Bedingt durch die Engagements der Mutter
zog er mit ihr von Ort zu Ort. Wechselvoll sind daher
auch die Stationen seiner Erziehung. Von 1874 bis
1880 besucht er die Grundschule und das Wilhelmsgym-
nasium in München. Von 1881 bis 1883 war er am Johanne-
um in Hamburg. Die einzigen im Nachlaß vorhandenen
Halbjahreszeugnisse vom Hamburger Gymnasium bestätigen ihn stets als 'Primus' in seiner Klasse.[20] Ab-

geschlossen hat er seine Ausbildung erst in Prag, wo
er sich seit 1883 aufhielt und wo er im Anschluß an
das Gymnasium eine Handelsakademie für Bankkaufleute
absolvierte. Nach Prag kam Meyrink im Alter von 15
Jahren. Er sollte dort die nächsten 20 Jahre seines
Lebens verbringen. Es war kein gewöhnlicher Ortswechsel von einer Stadt zu einer anderen, Prag bedeutete für ihn mehr. Als Schüler kam er nach Prag
und als gescheiterter Bankier und beginnender Schriftsteller verließ er die Stadt. Es ist aber nicht nur
die Bedeutung dieses Lebensabschnitts für seinen Werdegang als Schriftsteller, sondern überhaupt der hohe
Stellenwert von Prag in seinem Gesamtschaffen, der
es sinnvoll erscheinen läßt, dem Fragenkomplex um
Prag später ein eigenes Kapitel zu widmen.

Als Prager Bankier

Das wechselvolle Glück in Meyrinks Leben war
in mehrfacher Hinsicht der Anlaß zu Klatschgeschich-
ten um seine Person, und dies in besonderem Maße solange Meyrink noch in Prag lebte. Es ist daher nicht
verwunderlich, wenn in einigen Nachrufen sein Leben
zum 'Roman' oder gar 'Abenteuer'[21] stilisiert wird.
In der Absicht, solche Stilisierungsgefahren nach
Möglichkeit zu umgehen, sei hier erwähnt, daß die
Volljährigkeit Meyrinks mit 21 Jahren einen deutlichen
Einschnitt bedeutet, gerade was die äußeren Umstände
seines Lebens betrifft, die wiederum Folgen für die
innere Entwicklung nicht ausschließen. Meyrink erhielt nämlich mit der Volljährigkeit die Vermögenswerte[22] ausbezahlt, die sein Vater einem Münchner
Notar anvertraut hatte, und deren Zinsen bisher re-
gelmäßig an Meyrinks Mutter überwiesen worden waren.
Im Jahre 1889, also gleich darauf, gründete Meyrink,
der damals noch Meyer hieß, mit einem Neffen des
Dichters Christian Morgenstern in Prag das Bankhaus

'Meyer und Morgenstern'. Die Verantwortung für ein
solches Geschäft schien jedoch über seine Fähigkeiten
hinauszugehen. Der Beginn einer neuen, selbständigen
Existenz brachte aber zunächst eine sichtbare Wandlung
in seiner äußeren Lebensführung. In dem Nachruf mit
dem sehr bezeichnenden Titel 'Der Bürgerschreck von
Prag' schreibt Viktor Schweizer über ihn: "Kaum hatte
er das Geld in Händen, da begannen sich in ihm alle
ererbten und erworbenen unbürgerlichen, antibürgerli-
chen Instinkte zu regen. Von einem Tag auf den anderen
änderte er sein Leben. Er kaufte sich grelle Krawatten,
ausgefallene Anzüge, das hypermodernste Schuhwerk, das
im Prag der neunziger Jahre erhältlich war. Er schaffte sich überzüchtete Hunde, einen ganzen Zwinger voll
weißer Mäuse, ein ganzes Schock absonderlicher exoti-
scher Haustiere an ... Dies geschah ... in der bewußten Tendenz, alle ehrbaren, allzu ehrbaren Leute dieser Stadt gegen sich aufzuregen, zu verblüffen, zu
provozieren."[23] Trotz einer gewissen Übertreibung in
dieser Charakterisierung trifft das Bild von einem
Lebemenschen auf den Meyrink jener Zeit im großen und
ganzen zu. So soll er selbst einmal, auf sein früheres
Leben angesprochen, sich als das "eitelste, planmäßig-
ste Gigerl von Prag"[24] bezeichnet haben. Der Ausdruck 'Gigerl' - ein Wiener Mundartwort bedeutet
'Modenarr', 'eitler Geck',[25] und entspricht genau
der eben zitierten Beschreibung von Viktor Schweizer.
Meyrink hat manchmal in seinen Novellen die Figur des
'Gigerls' als Gegenpol zum 'Spießer' dargestellt, der
gerade durch seine betonte Eleganz den 'Spießer' pro-
voziert.[26] Vielleicht sollte jedoch dem jungen Meyrink noch nicht in erster Linie die Absicht einer Provokation des ehrbaren Bürgers unterstellt werden -
nach eigener Rückerinnerung hat Meyrink damals "Lieb-
schaften, Schachspiel und Rudersport für den Sinn des
Lebens"[27] gehalten.

Seine auffallende Eleganz, mit der er sich von
der Umgebung distanzierte, gleichzeitig aber auch iso-
lierte, deutet eher auf innere Schwierigkeiten. Die
Eleganz scheint bei Meyrink die Funktion einer Maske
zu übernehmen, hinter der er noch mit seinen inneren
Konflikten kämpfte. Frank hat mit Recht darauf hinge-
wiesen, daß hier eine Diskrepanz geherrscht haben
muß. "Meyrink, dessen Art zur Introversion tendierte,
führte aus bewußter oder unbewußter Opposition dagegen ein Leben, das allen äußeren Daseinsgenüssen hin-
gegeben war, das zur Extravaganz, zum Snobismus, zum
überbetonten épatez les bourgeois neigte".[28] Dies
mußte nach Frank zu einer Konfliktsituation führen.
Man kann darüber unterschiedlicher Meinung sein, ob
die Eleganz Ursache des Konflikts oder nicht vielmehr
Folge davon war. Von inneren Konflikten zeugt auf jeden Fall der Selbstmordversuch, der sehr wahrscheinlich 1890 oder 1891 vorgefallen sein dürfte. Vierund-
zwanzig Jahre später schreibt Meyrink in einer kurzen
autobiographischen Schrift darüber: "... ich saß in
Prag in meinem Junggesellenzimmer vor meinem Schreibtisch, steckte den Abschiedsbrief, den ich an meine
Mutter geschrieben hatte, in das Kuvert und griff
nach dem Revolver, der vor mir lag; denn ich wollte
... ein Leben, das mir schal und wertlos und trost-
arm für alle Zukunft zu sein schien, von mir werfen.
In diesem Augenblick betrat 'der Lotse mit der Tarnkappe vor dem Gesicht', wie ich ihn seitdem nenne,
den Bord meines Lebensschiffes und riß das Steuer
herum. Ich hörte ein Rascheln an der Stubentüre, die
hinaus auf den Hausflur führte, und als ich mich um-
drehte, sah ich, daß sich etwas Weißes unter den Tür-
rand über die Schwelle ins Zimmer schob. Es war ein
gedrucktes Heft. Daß ich den Revolver weglegte, es
aufhob und den Titel las, entsprang weder der Regung
einer Neugier, noch auch irgend einem heimlichen
Wunsch, den Tod hinauszuschieben -- mein Herz war

leer. Ich las: 'Über das Leben nach dem Tode'".[29)]
Ein schales Leben war also für Meyrink die Motivation
zu einem solchen ernsten Schritt. Erfolgte er vielleicht aus Lebensüberdruß, gerade weil er im materiellen Überfluß lebte? Eigenartig interpretiert er die
Zustellung eines Verlagsprospektes durch jenen Boten.
Für Meyrink war das kein Zufall, sondern das Erscheinen des 'Lotsen', eines von ihm nicht näher definier-
ten Führers, der im entscheidenden Augenblick seinen
Selbstmord verhindert. Wichtiger als dieser für from-
me Auslegung[30)] anfällige Begriff des 'Lotsen' scheint
mir der Titel des Büchleins zu sein, das unter die
Tür geschoben wurde. Es heißt: 'Über das Leben nach
dem Tode', wobei das Büchlein mit dem vielversprechen-
den Titel, mit dem ein Verleger um neue Kunden warb,
nichts anderes vermittelte als Auszüge aus den Neuer-
scheinungen auf dem Gebiet der Hypnose und des Mediumismus.[31)]

Meyrinks Beschäftigung mit dem Okkultismus

Der Vorgang dieser Zustellung mag an und für
sich belanglos sein, er wird für Meyrink aber in der
dramatischen Lage seines Vorsatzes zu einem direkten
Anstoß für das Studium des Okkultismus, das er eine
Zeitlang "mit wahrer Besessenheit"[32)] betrieb. Der
Begriff des Okkultismus, wie ihn Meyrink selbst verwendet und ihn gegen den der Mystik abgrenzt[33)], umfaßt
so verschiedene Gebiete wie Magie, Parapsychologie,
Alchemie oder Astrologie. Belegt ist die Beschäftigung Meyrinks mit dem Okkultismus nicht nur in seinen
literarischen Texten, sondern in einer Reihe von Briefen und Dokumenten[34)], die auch Auskunft über seine
Kontakte zu den Geheimorden geben, auch wenn diese
Orden nicht gerade das vermittelten, was Meyrink
unter Okkultismus verstand.

Eine überragende Stellung in der geistigen Bewegung des Okkultismus am Ende des 19. Jahrhunderts,
die bis heute noch, oder vielmehr jetzt wieder, nach-
wirkt, nimmt die Russin Helena Petrovna Blavatzky ein,
die 1875 zusammen mit Col.H.S. Olcott in New York die
'Theosophical Society' gründete. Madame Blavatzky,
die sich mit ihrer Geheimlehre auf einen nicht iden-
tifizierbaren (manchmal auch für längst verstorben
erklärten)[35] tibetanischen Meister berief, strebte
auf dem Boden eines esoterischen Buddhismus eine Synthese von Religion, Philosophie und (Altertums-)wis-
senschaft an.[36] Die rasante Entwicklung von Wissenschaft und Technik ließ aber keinen Spielraum für
eine solche Synthese, und die auf meditative Reflexion aufbauende Bewegung mit unterschiedlichen religiösen Schattierungen blieb eine Sekte unter vielen anderen. Dennoch kann man ihre historische Bedeutung
nicht übersehen. Die theosophische Bewegung verur-
sachte eine lang anhaltende Gärung in einer von Materialismus, Wissenschaftsgläubigkeit und Machtpolitik
beherrschten Welt. Durch sie erlebten der Buddhismus,
dem auch Schopenhauer vorgearbeitet hatte, und die
Mystik eine Renaissance.

Im Jahre 1891, dem Todesjahr von Madame Blavatzky, wurde die Prager Loge 'Zum Blauen Stern' gegrün-
det. Meyrink gehört zu den Mitgründern der Loge. Über
seine Mitarbeit hat Karl Weinfurter berichtet: "Nach
der Gründung der Prager theosophischen Loge - ...
kamen wir regelmäßig einmal wöchentlich in der Wohnung
des Schriftstellers Gustav Meyrink zusammen und ar-
beiteten auf alle mögliche Weise und mit aller An-
strengung daran, irgendwelche Fortschritte in den Ge-
heimlehren zu erzielen, wobei es sich bei uns hauptsächlich darum handelte, soviel als möglich von der
damals erreichbaren Literatur zu profitieren, aber
auch darum, einen mystischen Führer zu bekommen."[37]
Da Meyrink in der Gruppe offenbar der Wohlhabendste

war, sammelte er nach und nach eine Bibliothek der
okkulten Literatur. Auch die Kontakte zu den hauptsächlich englischen Geheimorden hatten diese doppelte Aufgabe, einmal die verschollenen Schriften unter-
einander auszutauschen[38] und gleichzeitig einen
'Guru'[39] zu finden. So werden in einem im Nachlaß
vorhandenen Brief vom 5.September 1892 von der 'Eastern School of Theosophy', die von Annie Besant geleitet wurde, von Meyrink Referenzen verlangt, und
es wird ihm mitgeteilt, daß der Generalsekretär G.R.
S.Mead Ende des Monats nach Wien komme.[40] Meyrink
hat sich mit dem Generalsekretär in Wien getroffen,
der ihn in einem Brief vom 5. Dezember 1892 "as a
man of action" lobt und ihm die Überprüfung eines
neuen Logengründers in Budapest überläßt.[41] Dieser
Brief vermittelt gleichzeitig den Eindruck einer
hektischen Vortragsaktivität, die sich damals im
Dienste der Theosophie weltweit entwickelte.

Meyrink konnte sich den meist mit gewissen finanziellen Beiträgen verbundenen Eintritt in die Ge-
heimgesellschaft wohl leisten. So erhielt er bereits
am 22.12.1892 den Grad eines französischen Ordens.
Im Jahre 1893 wurde er einer der sieben 'Arch Censors'
in dem Orden 'Mandale of the Lord of the Perfect Circ-
le'.[42] Im gleichen Jahre steht er in Verbindung mit
dem 'Supreme Magnus of the Societas Rosicruciana',
der ihm in einem Brief die drei verschiedenen Ab-
teilungen einer hermetischen Schule, darunter Kabbala und Ägyptischer Symbolismus, erläutert und gleichzeitig betont: "It is an absolute despotism, and one
can only ask and never claim anything in the order".[43]
Meyrink korrespondierte von Januar 1893 bis Mai 1895
mit John Yarker, einem Vertreter der englischen
Freimaurer aus der Schule 'Ancient and Primitive Rite
of Masonry'.[44] Sie tauschen miteinander verschollene
Schriften über okkulte Themen aus. Konkrete Anweisun-
gen für ein magisches Ritual stehen dagegen in den

Briefen von Charubel (mystischer Name), mit dem Meyrink 1895 in Briefwechsel stand.[45] Diese Liste ließe
sich noch um weitere Namen verlängern.[46] Die selbstironische Bemerkung eines Ich-Erzählers in Meyrinks
Erzählung trifft in dieser Hinsicht auch für ihn selbst
zu: "Es existiert wohl keine Brüderschaft mehr, in
die ich nicht schon hineingetreten wäre, und gäbe ich
alle die tiefsinnigen geheimen Erkennungszeichen und
Notrufe, über die ich verfüge, hintereinander von mir,
man würde mich zweifellos als des Veitstanzes verdächtig ins Irrenhaus schleifen."[47]

Aus der Briefsammlung der Geheimgesellschaften
in Meyrinks Nachlaß kann man förmlich eine Typologie
der Geheimsekten zusammenstellen. Für ihren Ursprung
berufen sie sich immer auf die Erleuchtung eines
Meisters, der immer im Hintergrund bleibt und niemals
namentlich benannt wird. Die meisten wähnen ihren
Meister in Tibet oder Indien. Von den neuen Mitglie-
dern wird strenges Schweigen und absoluter Gehorsam
verlangt. Die Einweisung in Kulthandlungen erstreckt
sich über Jahre hin und erfolgt nach festgelegten
hierarchischen Prinzipien. Das Thema der finanziellen
Zuwendungen spielt dabei auch eine gewisse Rolle, wobei man zwar nicht aufdringlich erscheinen möchte,
andererseits aber durchaus fest mit der Opferbereit-
schaft des Gebers rechnet, damit, so wird betont, das
'Werk' fortgesetzt werden kann. Wie bereits aus der
oben erwähnten selbstironischen Bemerkung hervorgeht,
hat Meyrink die meisten Orden nach einer kurzen Zeit
wieder verlassen. Nur mit einer christlichen Gemeinde
der Rosenkreuzer, die ihren Sitz in der Nähe von Darmstadt hatte, stand er verhältnismäßig lange (von 1893
bis 1903) in Briefwechsel.[48] "Bücher könnte ich schreiben über das, was ich mit solchen "Eingeweihten erlebt",[49] hat Meyrink später bekannt. Manchmal hat
er in der Tat aus der eigenen Prxis etwas vernehmen
lassen. So schreibt er über die Theosophical Society:

"Annie Besant belohnte mich für meinen Eifer, indem
sie mich in einen gewissen innern Kreis der T.S.,
deren Centrum in Adyer in Indien ist, aufnahm. Ich
erhielt von ihr nach und nach Lehrbriefe, den Yoga
betreffend. Von diesem Augenblick an bis zu meinem
etwa drei Monate späteren Austritt, führte ich das
Leben eines beinahe Wahnsinnigen. Ich lebte nur von
Vegetabilien, schlief kaum mehr, 'genoss' zweimal
täglich je einen in der Suppe aufgelösten Esslöffel
voll Gummi arabicum (dies wurde mir behufs Erweckung
astralen Hellsehens von einem französischen okkultistischen Orden wärmstens empfohlen), machte Nacht für
Nacht acht Stunden lang Asanaübungen (asiatische Sitz-
stellungen mit untergeschlagenen Beinen), dabei den
Atem anhaltend, bis ich Todesrütteln empfand".[50]
Solche streng asketischen Übungen brachten für ihn
nicht die erhofften Ergebnisse. Nicht nur seine in-
diviuellen Versuche haben ihn enttäuscht, auch die
mit anderen Pragern unternommenen spiritistischen Experimente verliefen nicht anders, von denen u.a. ein
Freund, der Schriftsteller Paul Leppin, folgendermaßen zu berichten weiß: "Wir bildeten bald eine
kleine Gesellschaft, bei der der Irrenarzt Doktor
Schwarz, der altösterreichische Graf Ressequier, Do-
zent Mahler, Hugo Steiner, ..., Direktor Menzel, ...,
und andere beteiligt waren. Dem Zug der Zeit folgend,
hielten wir in Zavrels Junggesellenwohnung Seancen
ab. Dabei wurde aus Meyrinks Privatkästchen echt
indisches Haschisch geraucht, das in Trance versetzte
und seltsame Visionen in dem Medium wachrief. Aber
über das gewöhnliche Tischchen-Rücken und -Klopfen
kamen die telekinetischen Versuche in meiner Gegenwart nicht hinaus".[51] Daß man durch Drogeneinnahme
gewisse Visionen wachrufen kann, hat Meyrink später
in einem Aufsatz 'Haschisch und Hellsehen' erläutert.
Enttäuscht zeigte er sich dagegen vom sogenannten
Tischchenrücken, "ein Experiment", so schreibt Meyrink,

"von dem ich aus eigener, mühevoller, jahrzehntelanger
Erfahrung sagen kann, daß das Ergebnis fast immer auf
Betrug eines oder mehrerer Zirkelteilnehmer hinaus-
läuft. Bestenfalls auf Selbstbetrug".[52]

Das Ergebnis aller seiner okkultistischen Bemühungen kann man folgendermaßen zusammenfassen: Meyrink zeigte sich tief enttäuscht von den Orden und
Geheimgesellschaften. Während sich die meisten von
ihnen als Sekten des Christentums entlarvten, die
sich auf die Bibel als 'das größte magische Buch der
Welt'[53] beriefen, war das Wissen, das die anderen
vermittelten, zu ungenau und verschwommen. Meyrink
wollte zunächst weder Religion noch Meditation, sondern er wollte, so paradox das klingen mag, eine fun-
dierte, in allen ihren Ergebnissen nachprüfbare Wissenschaft des Okkulten, so wie er schreibt: "Solche
Dinge mit eigenen Augen zu schauen, mit eigenen Händen zu greifen, sie auf ihre Richtigkeit hin nachzu-
prüfen und die Geheimnisse, die ihnen zugrunde liegen
mußten, zu durchschauen".[54] Angesichts solcher hoher Zielsetzung mußte er mit jedem Orden die bittere
Erfahrung machen: "Auch hier nichts! Leeres Stroh!
Nachplappern ungenauen Wissens".[55] Die Enttäuschung
über die Institutionen der Vermittlung ging aber nicht
soweit, daß er nun die ganze Sache für Aberglauben
hielt. Bei aller Skepsis gegen die sogenannten 'Eingeweihten' läßt er immer eine Tür der Wahrscheinlichkeit
offen, die aber wiederum nur ganz bestimmte Formen
des Okkultismus gelten läßt. So gibt es eine Anzahl
von positiven Aussagen Meyrinks über Yoga, das er
lebenslang betrieben haben soll. Eine dieser Aussagen,
und zwar aus einem unveröffentlichten Manuskript im
Nachlaß sei hier zitiert: "Daß Yoga allein dieses
seltsame, tiefsinnige Erziehungssystem der Asiaten
den Zugang zum Übermenschen bildet und nicht die
philosophischen Theorien der Denker und Weisen, war
mit bald klar geworden".[56] Das bedeutet, daß er sich

bei allen Vorbehalten und gelegentlicher Polemik
gegen die okkultistischen Orden eines negativen Urteils über den Okkultismus als Ganzes enthielt, was
seinen okkultistischen Romanen und anderen theoretischen Schriften eine chiffrierende Doppeldeutigkeit
verleiht. Meyrink hat es für überflüssig gehalten,
über den wahren Sachverhalt seiner Forschung genaue Auskunft zu geben, und jeder vermeintliche
Versuch einer Aufklärung erhält wiederum so-
viele Fragen für den kritischen Leser, daß er niemals dahinter kommen kann. Der wichtigste Aspekt
seiner okkultistischen Äußerungen - er besteht in
einer massiven Kritik an der naiven Wissenschaftsgläubigkeit seiner Zeit - darf aber auf keinen Fall
übersehen werden. Dieser gesellschaftsrelevante Aspekt wird noch zu erörtern sein.

Im Rahmen dieses biographischen Überblicks muß
auch festgestellt werden, daß Meyrinks Beschäftigun-
gen auf dem okkultistischen Gebiet für seine bürgerliche, oder vielmehr unbürgerliche Existenz in Prag
nicht ohne Folgen waren. Sie verliehen dem eleganten
Bankier etwas Exzentrisches, das sowohl anziehend als
auch anrüchig wirkte, und das für manche Bürger, die
Meyrink bereits als Spießer ansah, mit dem soliden
Beruf eines Bankiers unverträglich zu sein schien.
Daß die Folgen von Meyrinks okkultistischen Interessen bis in sein Privatleben zu spüren sind, beweist die anekdotenhafte Bemerkung von Meyrinks Witwe
darüber, wie sie ihren Mann kennenlernte: "Hab' nichts
mit ihm zu tun --- er ist ein schwarzer Magier!" Mit
diesen Worten soll ein Tischnachbar Meyrinks spätere
zweite Frau auf ihn aufmerksam gemacht haben.[57] Meyrink war nämlich seit dem 1. März 1893 mit Aloisa
Certl verheiratet. Die ziemlich früh geschlossene,
kinderlose Ehe scheint aber nicht glücklich verlau-
fen zu sein. Im August 1896 lernte er, wie eben erwähnt, Philomena (Mena) Bernt kennen, mit der er sich

am 4. September 1896 heimlich verlobte, denn die
erste Frau mochte ihn nicht freigeben. Erst nach
Jahren kam die zweite Heirat zustande.

Wie bereits Buskirk mit Recht feststellt,[58]
hätte Meyrink als ein reicher Bankier allen Voraussetzungen nach selbst ein Kommerzienrat und damit
einer jener Spießer werden können, die er später
zur Zielscheibe seiner Satiren machte. Daß er es
nicht geworden ist, verdankt er grundsätzlich einem
Mißverhältnis zur Gesellschaft im Ganzen. Wenn sein
Reichtum vielleicht manche neidisch machte, so fanden die anderen seine zur Schau getragene Eleganz
unsolide. Waren seine okkultistischen Experimente
ebenfalls für manche Bürger verdächtig, so hatten
für andere wiederum seine verworrenen Familienverhältnisse seit der heimlichen Verlobung etwas Verpöntes. Hinzu kommt noch die bereits geschilderte
unbekannte Herkunft. Auch sein geschäftliches Ge-
baren läßt eine besondere Note erkennen. Er nannte
zum Beispiel sein Bankgeschäft die 'erste christ-
liche Wechselstube Prags', was auf seine Geschäfts-
kollegen gewiß nicht gerade erbaulich gewirkt haben
muß. Der latent vorhandene Konflikt mit der Gesellschaft, den die bisher geschilderten Umstände bereits andeuten, wurde erst 1901/2 öffentlich ausge-
tragen. Bevor aber diese mit größtem öffentlichem
Interesse verfolgten Ereignisse beschrieben werden,
muß man noch seine Krankheit erwähnen, um das Bild
eines tief Gekränkten und von seinen Mitmenschen
Enttäuschten zu vervollständigen.

Im Jahre 1900 bricht bei Meyrink eine Rücken-
markserkrankung aus, die von Lähmungserscheinung
begleitet wird, so daß er zeitweilig Krücken zu Hilfe nehmen muß. Böse Zungen in Prag sprachen von Sy-
philis. Die Ärzte diagnostizierten die Krankheit als
Rückenmarkstuberkulose und hielten sie für unheilbar,
was ihnen Meyrink sein Leben lang nicht verzeihen

wollte.[59] Denn schon bald trat eine Besserung seines
Zustandes ein, die er durch Willensübungen mit Yoga
bewirkt zu haben glaubte. Er machte daraus, so un-
glaublich es klingen mochte, keinen Hehl; vielmehr
hat er sich in diesem Sinne gegenüber mehreren Freunden geäußert. Unter anderem schreibt er: "Die Rücken-
markserkrankung habe ich bewältigt; doch dieses Re-
sultat wäre nebensächlich, die Art, wie ich sie durch
Yoga loswurde, das ist das wesentliche für mich."[60]
Die Betonung dieser eigenen Erfahrung hatte für Meyrink den Zweck zu illustrieren, wie die Schulmedizin
in seinem Fall schlicht versagte und welche verborgenen Kräfte im Menschen vorhanden sind. Man muß allerdings einschränken, daß Meyrink eigentlich nie ganz
geheilt war und daß er gegen Lebensende wieder mit
starken Schmerzen zu kämpfen hatte, so daß Buskirk
die Ansicht vertrat, Meyrinks Krankheit sei nach
ihrem ersten Ausbruch in 'dormant state' eingetreten.
Zur Zeit seiner Duellaffäre hat er aber daran schwer
gelitten. Diese Affäre sei hier kurz skizziert, denn
sie wurde doch zu einem mittelbaren Anlaß dafür, daß
sich seine Verhältnisse von Grund auf änderten.

Die Duellaffäre und Meyrinks Verhaftung

Es war im Jahre 1901, als Meyrink von manchen
beleidigenden Aussagen erfuhr, die ein Reserveoffizier der österreichischen Armee, Dr. Hermann Bauer,
gemacht haben sollte, wie er in der Begründung des
Ehrenhandels erwähnt, "daß medicinae Doctor Bauer
mich während einer Zeit, in welcher er mich gefähr-
lich krank wußte, und daher für wehrlos hielt, hinter
meinem Rücken schwer beleidigte!"[61] Meyrink war vor
seiner Erkrankung ein hervorragender Sportler, Ge-
winner des ersten Preises im Rudern und ein geübter
Fechter. Dr. Bauer verweigerte ihm die Satisfaktion
aber mit der Begründung, daß ein unehelicher Sohn

einer Schauspielerin kein Recht habe, auf dem Ehren-
feld zu erscheinen. Diese Kränkung ließ sich Meyrink
nicht gefallen, so daß die Angelegenheit vor den
Ehrenrat kam, der als eine militärische Institition
den Reserveoffizier in Schutz nahm und Meyrink auf
Grund mancher Dokumente der Polizei nicht für satis-
faktionsfähig hielt. Meyrink gab nicht nach, sondern
brachte ein am 22. August 1901 von der Polizei ausgestelltes Zeugnis, daß "nichts Nachteiliges gegen ihn
vorliegt."[62] Während er mit diesem Zeugnis den Vorstand des Ehrenrats der Lüge bezichtigte, wandte er
sich gleichzeitig an die Autoren des Ehrenkodex, um
diese Frage grundsätzlich erörtern zu lassen. Er erhielt von den Autoren Hauptmann, Hergesell und Bar-
basetti die Bestätigung, daß das Urteil des Ehrenrats ungültig sei. Hergesell, der selbst bei der
Armee war, widerrief später seine Aussage öffentlich.
Der Vorstand des Ehrenrates, Hauptmann Budiner, und
ein Offizier namens Heller gewannen inzwischen einen
Prozeß gegen Meyrink wegen Ehrenbeleidigung. Die Haft-
strafe von vierzehn Tagen wurde jedoch in eine Buß-
geldstrafe umgewandelt. Meyrink "legte Berufung ein
und bereitete neue Anträge vor, in denen u.a. von
einer "Unterredung zwischen dem Polizeirat Olic und
Hauptmann Budiner die Rede war."[63] Zehn Tage nach
dieser Berufung, am Tage vor seinem 33. Geburtstag,
wurde er wegen Betrugsverdachts verhaftet.

Die Festnahme erregte ganz ungewöhnliches Auf-
sehen. Mit besonderem Interesse verfolgte die Prager
Presse den Fall und versah ihn mit bissigen Kommen-
taren, wie z.B.:"Es war bereits seit längerer Zeit
für viele durchaus kein Geheimnis mehr, daß der nach
gewissen Richtungen hin so empfindliche, seine Ehre
so krampfhaft vertheidigende Gustav Meyer nichts
weniger als Gentleman sei. Daß Gustav Meyer finanziell
nicht gerade gut situiert sei, wußten wenigstens diejenigen, welche gegen ihn mit Executionen vorgehen

mußten und zu ihrem Geld, entweder gar nicht, oder
nur mit großer Mühe kommen konnten."[64] Die ankla-
gende Person war nach den Berichten der Zeitgenossen
eine Frau, die ihr Geld durch Spekulation bei der
Meyrinkschen Bank verloren hatte. Paul Leppin berichtet dagegen von einem ungarischen Strohmann, der
von Meyrink ein ihm anvertrautes Wertpapier zurück-
verlangte, das dieser erhalten zu haben bestritt.[65]
Das Gericht mußte aber nicht nur diesen einzelnen
Vorwurf aufklären, die Beschuldigungen arteten vielmehr ins Uferlose aus. Man würde nie zu seinem Geld
kommen, wenn man es ihm anvertraue. Er verwende die
fremden Wertpapiere für eigene Geschäfte, er gebe
sich für den natürlichen Sohn des bayerischen Königs
aus. Und dann vor allem: "Er verstand es sogar 'Spiritismus' in die Dienste seines Geschäftes zu stellen. Gustav Meyer war 'Spiritist', und dadurch wird
es erklärlich, daß er gerade viele Damen zu seinen
Committenten zählte."[66] In der Zeit von zweieinhalb
Monaten, in der Meyrink in Untersuchungshaft blieb,
wurden viele Zeugen vernommen. Der unbekannte Ungar,
der ihn am stärksten belastete, verschwand gegen
Ende des Prozesses spurlos, als sein Alibi zu zer-
bröckeln drohte. Das Ergebnis der Untersuchung war
die bedingungslose Einstellung des Verfahrens.[67]
Am 2. April 1902 wurde Meyrink, der immer noch an
seiner Krankheit litt, als gebrochener Mann aus der
Haft entlassen. Wie sehr Meyrink an der Inhaftierung
gelitten hat, bricht bereits in seinen ersten Erzählungen durch: "Das Gefühl der Empörung und des
wilden Hasses, daß man ihn, wo er doch vollkommen
unschuldig war, so lange eingesperrt hielt, hatte
ihn in den ersten Wochen bis in den Traum verfolgt,
und oft hätte er vor Verzweiflung am liebsten aufge-
schrieen."[68] Auch die fast um die gleiche Zeit ent-
standene Erzählung 'Der Schrecken' gibt impressionis-
tisch das Grauen der Gefangenschaft wieder.

Das erste, was er nach seiner Haftentlassung
versuchte, war die Wiederherstellung seines Rufes um
des Geschäftes willen. Er wandte sich daher an alle
Prager Zeitungen, auf die seinerzeit so ausführliche
Berichterstattung über den Prozeß nun seine Gegendar-
stellung folgen zu lassen. Während einige es in knapper Form auch taten, fanden die anderen diese Forderung empörend . Gustav Meyer, der famose Wechsel-
stubenbesitzer, welcher nach einer Reihe von gericht-
lichen Scherereien im Jänner dieses Jahres wegen di-
verser, dem Publikum sattsam bekannter Geldgeschäfte
verhaftet und auf ... freien Fuß gesetzt wurde aus
dem Grund, weil das Gesetz für derartige 'Geschäfte'
einstweilen keine präzisen Bestimmungen enthält, hat,
nachdem er mit knapper Noth auf des Messers Schärfe
glücklich ausgerutscht ist, die Fr---eiheit gehabt,
die Redakteure der Zeitungen, ..., gerichtlich zu
belangen wegen --Ehrenbeleidigung."[69] Es ist klar,
daß er auf verlorenem Posten kämpfte. Er mochte sich
hinstellen wie er wollte, reinwaschen von dem an-
rüchigen Verdacht konnte er sich nicht mehr. Seine
Gegner hatten ihr Ziel erreicht. Nach der Verhaftung
war sein Geschäft vollkommen ruiniert. Zu den anderen, bereits oben erwähnten Faktoren seines schie-
fen Verhältnisses zur Gesellschaft kam nun zusätz-
lich der Faktor der sozialen Ächtung, mit der ein
aus der Haft Entlassener auf jeden Fall in der sogenannten intakten Gesellschaft zu rechnen hat, ohne
daß sich diese voreilig urteilende Umgebung die Mühe
macht, über die Frage der Schuld oder Unschuld genauer nachzudenken. So verweist ihn der gerade zitierte sich empörende Kommentator auf den allgemein-
üblichen Weg: "Man sollte glauben, daß Leute dieses
Schlages, nachdem sie mit Ach und Krach dem gewissen
Damokles-Schwert entgangen sind, fein hübsch beschei-
den in der Gesellschaft zu verschwinden trachten
werden."[70] Meyrink ging aber keineswegs diesen an-

empfohlenen Weg der gesellschaftlichen Obskurität,
sondern trat erst recht mit seinem Anliegen an die
Öffentlichkeit, allerdings jetzt nicht mehr als ein
sich Gerechtigkeit verschaffender Prager Bankier,
sondern als ein begabter Schriftsteller, vor allem
aber als ein bissiger Satiriker, der vor den heiligen
Institutionen der Gesellschaft keinen Respekt mehr
empfand. Damit war auch die fast bürgerlich zu nennende Existenz eines Antibürgers zu Ende, der er bereits
war und es in noch stärkerem Maße werden sollte, denn
der stark ausgeprägte und hochempfindliche Sinn für
Gerechtigkeit selbst war etwas Unbürgerliches, an
dem seine bürgerliche Existenz zuletzt scheitern
mußte.

Berufswechsel und Übersiedlung nach München

Meyrink ist gewiß nicht der erste, der die
"Welt als das Spiel der Komödianten" bezeichnet, bei
dem jeder eine bestimmte Rolle spielt. Über seinen
eigenen Rollenwechsel schreibt er: "Dann, als ich
selbst mitspielen sollte, aber die mir zugeteilte
Rolle mir unerfreulich schien, befiel mich ein wilder
unbändiger Haß gegen die Geschminkten;... und ergoß
meinen fanatischen Haß gegen alles Komödiantentum in
Satyren, oder wie man es sonst nennen mag. Nur kurze
Winke hatte mir die vermummte Gestalt gegeben, aber
sie waren wie Inspirationen; sie hatten genügt, daß
ich aus einem Kaufmann über Nacht Schriftsteller
wurde."[71] Es ist das Verdienst Manfred Lubes, den
ersten literarischen Versuch Meyrinks entdeckt zu
haben, eine selbstironische Studie aus dem Jahre 1897
mit dem Titel "Tiefseefische", die Meyrinks Beob-
achtungen und Anspielungen auf seinen Bekanntenkreis
enthalten. Für die Literaturkritik ist sie insofern
belanglos, als sie mangels jeder allgemeinen Aussage
mit den Simplicissimus-Satiren nichts Gemeinsames

aufweist, und ihr Sinn nur dem Bekanntenkreis verständlich gewesen sein dürfte. Andererseits dient
sie doch als Beleg dafür, daß der Entschluß Meyrinks,
Schriftsteller zu werden, nicht erst nach dem Scheitern seiner materiellen Existenz auftauchte, was als
gängiges Klischee 'vom großen Glück im Unglück' bei
vielen Kritikern Meyrinks erwähnt wird. Denn trotz
eines gewissen Ruhmes als Schriftsteller war das
Glück ihm nicht besonders zugeneigt. Daß er bereits
lange vorher mit dem Gedanken spielte, etwas zu schreiben, wird auch durch folgende Aussage von Paul Leppin
bestätigt: "Es war kurz vor dem Krach, ..., als er
gelegentlich die Absicht äußerte, ein Buch zu schreiben. Es blieb indessen bei der Ankündigung, die wir
ungläubig aufnahmen, trotzdem er sachlich nach Gegen-
ständlichem forschte, Autoren ausfragte, mit Literaten das Handwerk beriet."[72] Eine solche Autorenbe-
fragung muß wohl auch in dem Lehmann-Sanatorium in
Dresden stattgefunden haben, wo er mit dem Schriftsteller Oskar A.H. Schmitz zusammentraf, der auch bei
der Entdeckung seines Schwagers Alfred Kubin als eine
literarische Größe maßgeblich beteiligt war. Meyrink
hat später erzählt, daß Schmitz ihn zum Aufschreiben
seiner 'Erlebnisse' ermuntert habe, worauf er seine
erste Erzählung 'Der heiße Soldat' an die Redaktion
des 'Simplicissimus' schickte.[73] Die Annahme durch
den 'Simplicissimus' soll nicht sehr einfach verlau-
fen sein, was mehrfach berichtet worden ist.[74] Nach
dem Bericht von Schmidt-Noerr wurde die Erzählung
zunächst in den Papierkorb geworfen mit der Begründung des damaligen Simpl-Redakteurs Geheeb:"... das
hat ein Wahnsinniger geschrieben." Ludwig Thoma habe
sie dann zufällig mit seinem Spazierstock herausge-
nommen und sie für "genial" befunden. Er hat nicht
nur diese Erzählung drucken lassen, sondern von Meyrink weitere Stücke dieser Art verlangt.

Nach dem im Anschluß an die Verhaftung erfolgten Zu-
sammenbruch seines Bankgeschäftes hatte Meyrink kein
Interesse, weiterhin in Prag zu bleiben, was nicht
zuletzt daran gelegen haben mag, daß der Versuch,
seinen geschädigten Ruf wiederherzustellen, ja kaum
Chancen auf Erfolg hatte. Für die Prager blieb er
weiterhin ein Objekt der Tuscheleien und Gerüchte.
Der Übertritt in den Beruf des Schriftstellers war
ihm nun fast geglückt, und da sein Verleger Albert
Langen in München seinen Sitz hatte, lag der Gedanke
nahe, daß auch er nach München übersiedeln sollte.
Er wechselte jedoch seinen Wohnsitz nicht direkt von
Prag nach München, sondern ließ sich hier erst nach
längeren Zwischenaufenthalten in Wien und Montreux
nieder. Joseph Strelka datiert Meyrinks Übersiedlung
nach Wien in den Mai 1904.[75] Eine im Nachlaß vorhandene Bestätigung vom 5. August 1905 belegt seine
Eintragung in die Matrikel in Wien am 22. Dezember
1904.[76] Auf jeden Fall muß er im Frühjahr nach Wien
übersiedelt sein, denn vom Mai 1904 bis November 1904
war er als Redakteur der Zeitschrift 'Der liebe Augustin' tätig. Die von F. Greipel herausgegebene
Zeitschrift hatte sich den Simplicissimus als Vorbild
genommen und wollte nach ihrem eigenen Programm "in
Wort und Bild, mit den Waffen des Humors und der Satire, gegen alle Ausartungen des öffentlichen Lebens
zu Felde ziehen."[77] Im ersten Heft wird auch betont,
daß sie "ein geistig und finanziell vollkommen unab-
hängiges Blatt (sei), das keiner bestehenden politischen Partei dienen wird."[78] Die Zeitschrift erschien von April bis November 1904 dreimal im Monat
mit einem Umfang von etwa 15 Seiten. Meyrink über-
nahm die Redaktion erst seit dem 5. Heft von seinem
Vorgänger Adam Müller-Guttenbrunn.

Meyrink hob das Niveau der Zeitschrift ganz beträchtlich. Er nahm nicht nur die Beiträge von seinem
Freundes- und Bekanntenkreis aus Prag wie Paul Leppin,

Oskar Wiener, Oskar A.H. Schmitz, Max Brod, Erich
Mühsam und Paul Busson, sondern druckte auch Beiträge von literarischen Größen wie Otto Julius Bierbaum,
Frank Wedekind, Paul Scheerbart, Richard Schaukel
und dann vor allem die anspruchsvollen Übersetzungen
von August Strindberg, Emile Verheeren, Jens Peter
Jacobsen, Maurice Maeterlinck, Dante Gabriel Rossetti
und Edgar Allen Poe. Nicht weniger anspruchsvoll waren die zeichnerischen Beiträge von Künstlern wie
Richard Teschner, Franz Christoph, Alfred Kubin,
Friesländer, Hugo Steiner, Heinrich Zille und Künstlern aus der Wiener Werkstätte, wie Kolo Moser und
Joseph Hoffmann. Meyrinks Bestreben ging dahin, wie
es im Heft 17 formuliert wurde, "das Beste auf li-
terarischem und illustrativem Gebiet zu bringen.
Freie ungeknebelte Phantasie, Humor und Satire; wirkliches Können sollen hier beisammen stehen. Nichts
Gezwungenes, nichts Plumpes oder Triviales; größte
künstlerische Freiheit allen Mitarbeitern!"[79] Die
Erläuterung der eigenen Richtlinie endet mit einem
Appell: "Sollte ein solches Blatt nicht verdienen,
vom Publikum freundlich aufgenommen zu werden?"[80]
In diesem Satz zeigt sich bereits das Mißverhältnis
zwischen den hohen qualitativen Forderungen an die
Gestaltung der Zeitschrift einerseits und der - diskret festgestellten, - geringen Nachfrage beim Publikum andererseits. Manfred Lube, der über diese Vorgänge und die Beziehung Meyrinks zur Wiener Werkstätte ausführlich berichtet, hat sicherlich nicht
Unrecht, wenn er feststellt, daß Meyrink "finanziell
zu großzügig gearbeitet hatte und daß die von ihm
gebotene Qualität einen besseren finanziellen Hintergrund erfordert hätte".[81] Die Herausgabe der Zeitschrift wurde daher mit dem 18. Heft (November 1904)
eingestellt. Damit war nun auch seine Tätigkeit als
Redakteur zu Ende, die Mitarbeit beim Simplicissimus
war aber nicht unterbrochen, und er lieferte weiterhin seine Beiträge nach München.

Manfred Lube hat die Jahre 1906 bis 1911 mit
der Überschrift 'Unstetes Leben' versehen und in de-
tektivischer Kleinarbeit den Aufenthaltsorten Meyrinks nachgeforscht. Während er bei der dokumentari-
schen Arbeit sehr gewissenhaft vorgegangen ist,
sind seine Schlußfolgerungen nicht ganz zutreffend:
Nach den in der Meyrinkiana befindlichen Dokumente
steht es fest, daß sich Meyrink im Jahre 1906 über
einen längeren Zeitraum in Montreux aufhielt und daß
er auf jeden Fall seit Januar 1907 in München wohnte.
Nur die wechselnden Anschriften in den Sommermonaten
von 1908 (Gardasee, Prag, Berlin und wieder Schweiz)
und eine Postkarte vom Januar 1910 aus Oberösterreich
erlauben keinesweg die Schlußfolgerung, daß er in dem
gesamten Zeitraum von 1906 bis 1911 ein unstetes Leben geführt habe. Bedenklich wird eine solche Annahme
erst recht dann, wenn man daraus die These von der
"Heimatlosigkeit des Dekadenten" ableitet, und feststellt, daß "die Unstetigkeit des äußeren Lebens,
der Zwang zur ständigen Veränderung die genaue Ent-
sprechung zum 'inneren Leben' Meyrinks" ist.[82] Eher
liegt die Vermutung nahe, daß sich Meyrink schon Ende 1906 in München niederließ, was ihn nicht daran
gehindert haben soll, gelegentlich längere Reisen
zu unternehmen. Endgültig niedergelassen hat er sich
erst in Starnberg, wo er im Jahre 1911 ein Haus er-
warb und wo er bis zu seinem Tode blieb.

Meyrinks Position als Außenseiter

In seinem neuen Wohnort war er hauptsächlich
als leidenschaftlicher Segler bekannt, weit weniger
als Autor. Auch Meyrinks Familienverhältnisse waren
inzwischen geregelt. In zweiter Ehe heiratete er
Philomena Bernt am 8. Mai 1905 in Dover, England,
nachdem seine erste Frau nach siebenjähriger Weigerung in die Scheidung einwilligte. Aus dieser Ehe
stammten die am 16. Juli 1906 in Montreux geborene

Tochter Sybille Felicitas und der am 17. Januar 1908
in München zu Welt gekommene Sohn Harro Fortunat.
Was auch immer der Grund für die Wahl Starnbergs
zum endgültigen Wohnort gewesen sein mag, soviel
steht fest, daß dies für Meyrink ein Sich-Zurück-
ziehen aus der ständigen Betriebsamkeit einer Groß-
stadt wie München bedeutete. Diese Feststellung wird
dadurch erhärtet, daß er selbst sein Domizil als
'das Haus zur letzten Latern' bezeichnete, also als
einen Ort am Rande, am Ende der Straße. Dies darf
man auf keinen Fall als Marotte eines Skurrilen abtun, das Bild verrät vielmehr eine bestimmte Geisteshaltung, die Meyrink als kritischer und kompromiß-
loser Individualist einnahm, und das nicht allein
gegenüber der Gesellschaft im allgemeinen, sondern
auch gegenüber einem Teil jener Kreise, die sich mit
Kunst und Literatur befaßten. Die Bezeichnung 'Das Haus
zur letzten Latern' impliziert wohl auch ein Abseits-
Stehen, das keine ungestörte Kommunikation zuläßt.
Daß die Kommunikation zwischen Meyrink und seinen
Schriftsteller-Kollegen in der Tat etwas gestört war,
kann man aus den Erinnerungen seiner Zeitgenossen
herauslesen. Als bekannter Simplicissimus-Autor ver-
kehrte Meyrink zwar in den literarischen Kreisen in
München nach der Jahrhundertwende, von denen Erich
Mühsam in seinen 'Unpolitischen Erinnerungen' zu be-
richten weiß.[83] So spielte er mit dem Anarchisten
Mühsam stundenlang im Cafe Stephanie Schach. Auch
im Cafe Luitpold kamen sie zusammen. Ferner besuchte
Meyrink gelegentlich den von Arthur Kutscher gegründeten Zirkel 'Das junge Krokodil' im Münchner
Ratskeller. Aber trotz des gesellschaftlichen Ver-
kehrs hatte Meyrink seine eigene Note. So berichtet
Mühsam: "Im Café Luitpold hatte sich ein Nachmittags-
kreis gebildet, der dort regelmäßig Frank Wedekind,
Kurt Martens, Gustav Meyrink und häufig auch Heinrich Mann und mich zusammenführte. Hier wurden mit

gedämpfter Stimme die Ereignisse besprochen und aus
höheren Gesichtspunkten betrachtet als den an lauten
Tischen beliebten. Meyrink gab dabei unseren reali-
stischen Betrachtungen häufig etwas mystische Zutat
bei."[84] Hermann Sinsheimer bestätigt dies, wenn er
schreibt: "Immer hat dieser bedeutendste Satiriker
des kaiserlichen Deutschland mit dem Rücken zur Welt
und zu seinem Ruhm gelebt. Er war "der" Privatmann ...
Seine Ratschläge und Urteile kamen von weither, man
wußte nicht woher, und setzten sich wie hohe Trichter
auf den zu engen Flaschenhals der Wirklichkeit."[85]
Sein langjähriger Freund und zeitweiliger Ko-Autor
Roda-Roda bescheinigt ihm ebenfalls, daß er "sich
durch die Weisheit des Morgen- und Abendlandes in
eine höhere, wirklichkeitsferne Sphäre der Erkenntnis emporgedacht hatte."[86] Allen drei Aussagen ist
die Feststellung einer gewissen Realitätsferne gemeinsam. Es scheint fast, daß Meyrink innerhalb einer
Gruppe von Außenseitern wiederum ein Außenseiter war.
Es ist schwer zu entscheiden, woran seine Stellung
als Außenseiter lag, an seiner okkultistischen Termi-
nologie oder an seinem hintergründigen Humor. Das
eine gilt jedoch als sicher, daß seine Prager Vergangenheit, die auch in München nicht unbekannt blieb,
wesentlich dazu beigetragen hat. Es ist kein Zufall,
wenn Thomas Mann in der Erzählung 'Tonio Kröger'
den Widerspruch zwischen Bürger und Künstler an der
Person Meyrinks zu illustrieren versucht, ohne ihn
natürlich namentlich zu nennen.[87] Dabei ist es nicht
das Unbürgerliche von Meyrinks Art alleine, das bei
T. Mann ins Exemplarische hinaufgehoben wird, sondern
- und darin liegt eine gewisse Pikanterie - daß für
den in der Erzählung thematisierten Gegensatz ausge-
rechnet das seltene Beispiel "eines gerichtlich be-
scholtenen Bankiers" zitiert wird, der "die Gabe"
besitzt, Novellen zu schreiben. Man sieht wohl, daß
Meyrink seine Vergangenheit nicht einfach loswerden
konnte, selbst wenn er wollte.

Meyrinks Beziehung zu den Verlegern

Meyrinks konstant prekäre Finanzlage dürfte
aber ebenfalls an seinem Rückzug ins Private mit-
schuldig gewesen sein. Im ersten Kapitel wurde bereits bei der Erörterung seiner Aufnahme gezeigt, wie
er durch den 'Simplicissimus' zu einem frühen, aber
nur in bescheidenen Grenzen vorhandenen Ruhm gelangte,
und wie nach einem kurzen Aufflackern des Erfolges mit
dem Roman 'Der Golem' sein Werk durch mancherlei Kontroversen aus der Öffentlichkeit nach und nach verschwand. Äußerungen des Unmuts und der Verbitterung
blieben daher kaum aus, wo auch immer Meyrink auf
Kunst und Literatur zu sprechen kam. Er befand sich
nun einmal in der mißlichen Lage, von der Schreibar-
beit leben zu müssen. Zumindest darin zeigt sich eine
gewisse Realitätsferne, daß sich seine materiellen Erwartungen mit den vorhanden Möglichkeiten niemals
deckten. Meyrink schob die Schuld dafür meistens auf
die Verleger. Wenn nun die Autor-Verleger-Beziehung
bei Meyrink hier in einiger Ausführlichkeit erörtert
werden soll, so geschieht dies nicht, um die klischee-
hafte Vorstellung vom 'armen Poeten' zu verfestigen,
sondern aus zwei anderen Gründen. Erstens trägt die
Erläuterung dieser Beziehung wesentlich zur Klärung
von Meyrinks Einstellung zur Öffentlichkeit bei. Zweitens legen die überlieferten Dokumente in Meyrinks
Nachlaß eine Erörterung dieses Komplexes nahe. Meyrink
hat von seiner Privatkorrespondenz, von einigen Aus-
nahmen abgesehen, sehr wenig aufgehoben. Zu den Aus-
nahmen gehören die Briefe von Geheimsekten - über sie
wurde bereits referiert - und die seiner Verleger und
Agenturen. In den Meyrinkiana sind u.a. folgende Briefe vorhanden: Verlagsagentur Renaissance 9 Briefe;
Grethlein, Leipzig, 16 Briefe; Rikola Verlag, Wien,
25 Briefe; Carl Schünemann, Bremen, 23 Briefe. Nimmt
man dazu die Meyrink-Korrespondenz mit dem Langen-

Verlag, die in der Monacensia-Abteilung der Stadtbibliothek München vorhanden ist, und den Briefwechsel mit dem Kurt-Wolff-Verlag aus dem K. Wolff-Archiv in Yale, so erhält man ein einigermaßen vollständiges Bild seiner wirtschaftlichen Verhältnisse, um die er in der Tat nicht zu beneiden ist.

Schon vor 1900, als Meyrink noch sein Bankgeschäft besaß, dürfte er sich gegenüber seinem 'mystischen' Führer Johannes mehrfach über seine schlechten Geschäftsverhältnisse beklagt haben, was man aus den Trostworten in den Briefen von Johannes schließen kann. Als Meyrink dann beim Simplicissimus die Mitarbeit aufnahm, schrieb ihm Johannes:"(ich) möchte Dir nur vom ganzen Herzen wünschen, dass Du als Schriftsteller große Erfolge haben möchtest, und so viel verdienen würdest, dass auch Du wieder zu einem menschlichen Dasein kämest."[88] Sieht man in diesem Wunsch seines mystischen Lehrers Meyrinks eigenen Erwartungshorizont, so war für ihn seine Existenz als Schriftsteller nur eine Reihe bitterer Enttäuschungen. Meyrink spricht gelegentlich von seiner "sehr drückende(n) Lage", die er in einem Brief an seinen Verleger Langen vom 14.7.1907 folgendermaßen beschreibt: "Durch das monatliche Fixum von 400 M kam ich nämlich gerade in die Lage, eine Verschiebung in meiner Lebensführung vornehmen zu können und einige lästige Schiffe hinter mir zu verbrennen; wenn nun aber gerade jetzt sich auch dieser Stützpunkt als zerbrechlich erweisen würde, käme ich in eine direct schauerliche Position. -- Was nun die Productivität anlangt, so kann ich Ihnen die ehrenwörtliche Versicherung geben, dass die Saumseligkeit noch diesen Monat ihr Ende gefunden haben wird."[89] Aus der weiteren Korrespondenz geht klar hervor, daß Meyrink solche Versprechen kaum einhalten konnte, und erst recht nicht, wenn es galt, eine Skizze zu einem vom Verleger festgelegten Thema zu liefern. So bedauert er in einem Brief vom März 1907, daß ihm für die

'Rembrandt-Nummer' des Simplicissimus "nichts dies-
bezügliches" einfällt. Für die Kindernummer würde er
dagegen eine Fabel beisteuern. Der Auftragscharakter
mancher Novelle Meyrinks, wie z.B. für die Automobil-
nummer war so offensichtlich, daß Karl Kraus mit seinem Tadel nicht zurückhielt.[90] Auf jeden Fall war
die Fixierung auf ein Thema vom Verlag her für den
Schriftsteller Meyrink mit Zwängen verbunden, die
er unmöglich umgehen konnte.

Eine Erleichterung seiner schwierigen Lage er-
hoffte sich Meyrink von dem Verfassen eines Romans,
an dem er bereits seit 1906 arbeitete. Diese Arbeit
geriet jedoch bald ins Stocken, und der Roman "Der
Golem" wurde erst im Herbst 1913 vollendet. Der Über-
setzungsauftrag der Werke Dickens allerdings brachte
ihm eine vorübergehende Erleichterung, die immerhin
einige Jahre dauerte. Bei dem Roman hatte Meyrink
von Anfang an vorgehabt, sich an einen anderen Verleger als Langen zu wenden. Er hatte mit dem Verlag
Rütten und Loening Verbindung aufgenommen, der sich an
dem Buch interessiert zeigte. Über diese Verhandlung
setzte er seinen Freund Kubin in Kenntnis, den er bereits damals (1907) mit der Illustrierung des Buches
beauftragt hatte. Meyrink schreibt an Kubin:" Langen
vis á vis tut eine Concurrenz sehr gut. Ich glaube
nämlich, dass er bei den Abrechnungen fürchterlich
mogelt."[91] Es ist unmöglich, solche Verdächtigungen
Meyrinks zu bestätigen oder zu widerlegen. Sie sind
aber für Meyrink selbst sehr charakteristisch, denn
genau aus dem gleichen Grund hat er sich später (1921
-1923) mit dem Kurt Wolff Verlag gestritten.

Als der Roman etwas gediehen war und ein Vorab-
druck in der Zeitschrift 'Pan' im Jahre 1911 erschien,
war auch dazu angemerkt worden, daß der Autor vor-
habe, zunächst statt der deutschen eine englische
Ausgabe seines Romans erscheinen zu lassen, mit der

Begründung: "Es verdriesst mich nämlich, dass, seit
Deutschland 'liest', Kunstwerke im Winkel sterben,
während ein beliebiger Alpendreck mit Ekstase ge-
fressen wird."[92] Mit dem 'Alpendreck' ist natürlich
die Heimatkunst gemeint, die damals sehr beliebt
war, und gegen die Meyrink auch einige Parodien veröffentlicht hatte. Trotz der berechtigten
Ideologiekritik verrät die Tonlage dieser Feststellung
eine Gereiztheit, die man nur vor dem persönlichen
Hintergrund von Meyrinks Lage verstehen kann, denn
der hier ausgesprochene Vorwurf ist keineswegs ein
Einzelfall in seinen schriftlichen Äußerungen über
die Aufnahme der Kunst. In der ein Jahr später (1912)
entstandenen Komödie mit antiken Kostümen 'Die Sklavin aus Rhodus', die Meyrink gemeinsam mit Roda-Roda
verfaßte, illustriert die Figur des Diogenes und die
schlechte wirtschaftliche Lage des Schriftstellers.
Diogenes ist in diesem Lustspiel nicht der stoische
Philosoph, sondern ein stark verschuldeter Dichter,
der den Namen 'Diogenes' als Pseudonym führt und
sich in der Tonne versteckt, um sich vor seinen Gläu-
bigern zu retten. Daß man vom Dichten nicht leben
kann, sieht er erst ziemlich spät ein. So stellt er
in einem Dialog fest:"Man kann vom Dichten leben
erst, wenn man längst krepiert ist. Das Volk verehrt
ja nur die Klassiker. ... Bisher hat alles mich be-
wundert, und mir knurrt der Magen."[93] Dieses Thema
von den ewig verehrten, aber toten Klassikern dort
und den schlecht honorierten lebenden Schriftstellern
hier ist ebensowenig neu, wie die Kluft zwischen Ruhm
und Hunger (fames, fama). Nur wenigen war es gegönnt,
durch schriftstellerischen Ruhm dem Hunger zu entkommen, in den meisten Fällen ist Ruhm eigentlich
der Nachruhm. Auf die Frage jedoch, wer für Meyrinks
Ruhm zu Lebzeiten das meiste getan hat, kann man nur
antworten: der Kurt Wolff-Verlag!

Trotz der ursprünglichen Absicht Meyrinks, seinen Roman zunächst in englischer Sprache herauszu-
geben, hatte Kurt Wolff, der damals (1911) noch für
Rowohlt arbeitete, an dem Buch sein Interesse bekun-
det. Zu einer geschäftlichen Abmachung kam es dann
ziemlich schnell durch einen überraschenden Besuch
Meyrinks bei dem Verleger, über den Kurt Wolff selbst
berichtet:"Ich erinnere mich gut an Meyrinks Besuch:
ein aristokratisch aussehender, ein Bein etwas nach-
schleppender Herr mit untadeligen Manieren. Er beehre
sich, die Verlagsübernahme seines ersten Romans vor-
zuschlagen, der abgeschlossen sei, wenn er auch noch
nicht in Maschinenschrift vorliege. Er habe ihn in
eine Diktatmaschine gesprochen ... Das erste Kapitel
habe er in der Handschrift mitgebracht. Den Vertrag
über den Roman wünsche er sofort, vor der morgigen
Rückreise nach München, abzuschließen. Er beanspruche
nicht die üblichen Honorartantiemen, sondern die so-
fortige Auszahlung von zehntausend Mark als einmali-
ges Pauschalhonorar für alle Rechte und Auflagen in
allen Sprachen. Ob ich die Güte haben wolle, die hier-
mit ergebenst vorgelegten Blätter zu lesen und eine
Entscheidung zu treffen."[94] Kurt Wolff berichtet
weiter, daß er auf diese fast ultimative und riskant
aussehende Forderung Meyrinks eingegangen sei. Der
Roman wurde dann durch den großen Reklameaufwand des
Verlags zu einem Erfolg. Auch Meyrinks weitere Werke,
die zwei Romane 'Das grüne Gesicht' und 'Walpurgisnacht' sowie der Novellenband 'Fledermäuse' erschienen beim Kurt Wolff Verlag. Schließlich muß auch
dies als ein wirkliches Verdienst von Kurt Wolff gewertet werden, daß Meyrink als einer der wenigen lebenden Autoren zu seinem 50. Geburtstag eine sechs-
bändige Gesamtausgabe erleben konnte, die bis heute
die einzige geblieben ist. Der Verlag hatte sich also redlich um Meyrink bemüht und nichts versäumt, um
Meyrink eine möglichst breite Wirkung zu verschaffen.

Wenn es dennoch zu Mißverständnissen und Auseinandersetzungen zwischen dem Autor und dem Verleger
kam, so lag das einmal an den für Meyrink ungünstig
verlaufenen Abmachungen, wie z.B. der Abfindung für
den 'Golem', dessen Erfolg alle seine übrigen Werke
in den Schatten stellte. Es ist nicht verwunderlich,
wenn sich Meyrink mehrfach über seine Verhältnisse
beklagt, "die leider lange nicht so gut sind, als
man nach der Auflageziffer meiner Bücher gemeinhin
glaubt. Verleger und Kunsthändler sind doch immer die
gleichen Halunken!"[95] Zu solchen eruptiven Äußerungen über die Verleger konnte sich Meyrink hinreißen
lassen, denn der Streit mit dem Kurt Wolff-Verlag war
zu dieser Zeit (1921) bereits im Gange. Die eigentliche Ursache des Streites ist weniger in dem subjektiven Gefühl Meyrinks zu suchen, vom Verleger übervor-
teilt worden zu sein, als - und damit sei der zweite
Faktor genannt - in den ständig sinkenden Absatzzahlen seiner Bücher seit den bereits erwähnten Kontroversen, für die man den Verleger nicht verantwortlich
machn kann.

Meyrink hatte nun einmal fast lebenslang Schulden, darunter zum Teil beträchtliche Summen aus seiner Prager Zeit, die er in den zwanziger Jahren noch
zu tilgen hatte.[96] Als nun Meyrinks Konto bei dem
Verlag eine erhebliche Sollsumme[97] aufwies, kam er
selbst auf den Gedanken, Anfang 1921 mit dem Kurt
Wolff-Verlag einen umfassenden Vertrag abzuschließen,
wonach er auf seine Autorenrechte verzichtete. Als
Gegenleistung wurde ihm vom Verlag eine Summe ange-
boten, bei der es jedoch unklar blieb, wieweit sie
sich aus den Schulden Meyrinks zusammensetzte, wieviel davon für die Abtretung der Autorenrechte gedacht und wieviel schließlich davon als Vorschuß für
den neuen Roman von Meyrink anzurechnen war.[98] Am
25.1.1921 wurde der Vertrag unterzeichnet. Im März
1921 focht ihn Meyrink an, mit der Begründung, der

Vertrag beruhe auf falschen Daten, denn, so behaupte-
te er, 145.000 Bände seiner Werke seien in den Ver-
lagsabrechnungen nicht berücksichtigt worden. Seinen
neuen Roman 'Der weiße Dominikaner' gab Meyrink beim
Rikola-Verlag in Wien heraus, wodurch sich Wolff hin-
tergangen fühlte. Das Geld aber, das er angeblich bei
der Unterzeichnung des Vertrages mit dem Wolff-Verlag
erhalten hatte, worüber die Parteien unterschiedlicher Meinung waren, wollte Meyrink nicht zurückzah-
len, und so kam es zu Gerichtsprozessen, die auf jeden Fall zwei Jahre gedauert haben müssen, denn über
ihren Ausgang geben die überlieferten Dokumente keine
Auskunft.

　　Meyrinks Mitarbeit bei dem Rikola-Verlag dauerte drei Jahre. Neben dem eigenen und wahrhaftig
sehr okkultistischen Roman 'Der weiße Dominikaner' gab
Meyrink bei dem gleichen Verlag die Reihe 'Bücher
und Romane über Magie' heraus, die er zum Teil selbst
aus dem Englischen übersetzte. Der Okkultismus war
in Mode, und das an sich branchenfremde Unternehmen
Rikola hatte nur ein schnell vorübergehendes Interesse an der Verlagstätigkeit, die es dementsprechend
bald einstellte. Seinen zuletzt veröffentlichten Roman 'Der Engel vom westlichen Fenster' gab Meyrink
bei dem Leipziger Verleger Grethlein und Co. heraus.
Grethlein versuchte nun ebenfalls, mit dem neuen Roman das Werk Meyrinks aus der Gleichgültigkeit ins
Blickfeld des öffentlichen Interesses zu rücken. Aber
alles war vergebens. Im Vergleich zu dem vorausbe-
zahlten Honorar und der Investitionssumme zum Erwerb
der alten Lagerbestände war die Zahl der verkauften
Bücher[99] viel zu niedrig ausgefallen, was für beide
Seiten, Autor und Verleger, eine große Enttäuschung
war. Meyrink seinerseits konnte dem Verleger gegenüber seine Zweifel an der kaufmännischen Qualität
des Verlags nicht verheimlichen und erwog gelegentlich, seine Werke selbst zu vertreiben.

Die Trennung vom Grethlein-Verlag vollzog sich
ebenfalls mit einem deutlichen Mißklang. Der Verlag
hatte die Erlöse aus dem Übersetzungsrecht gegen das
Soll-Konto angerechnet, obwohl sie nach dem Vertrag
an den Autor bar zu bezahlen waren. Als Meyrink von
dem Vorgang erfuhr, protestierte er heftig. Es blieb
jedoch nur bei einer Prozeßandrohung. Aber nicht allein darüber war Meyrink verärgert, sondern auch
über die Art, wie Grethlein, ohne Meyrink gefragt
oder verständigt zu haben, Werke sowie Schuldscheine
von Meyrink an den Bremer Verleger Carl Schünemann
veräußerte, obwohl sich beide Seiten im Prinzip darüber einig waren, daß nun ein anderer Verleger den
Vertrieb seiner Werke übernehmen müsse. Meyrink wurde auf jeden Fall vor vollendete Tatsachen gestellt
und bekam von dieser 1929 geschlossenen Transaktion
unter den Verlegern nichts ausbezahlt. So währte es
nicht lange bis Meyrink und Schünemann über den Begriff von 'royalty' in Streit gerieten, und obwohl
sich der Verleger kompromißbereit zeigte, war Meyrink sehr verstimmt. Einen offenen Bruch hat der
Verleger auf jeden Fall vermieden, und er mußte ihn
auch vermeiden, denn Schünemann hatte bei der Abmachung
mit Grethlein auch Rechte über die Vorauszahlungen
erworben, die Meyrink für ein kleines Werk mit dem
noch nicht festgelegten Titel "Styx" oder "Die Fahrt
über den Styx" erhalten hatte. Dieses Buch sollte
nach Meyrinks eigener Aussage "als Schlüssel zu seinem Gesamtwerk dienen".[100] Mit dem Verlegerwechsel
ging auch das Versprechen nun an Schünemann weiter,
der Meyrink immer wieder an die Lieferung mahnte.
Das Buch kam aber nie zustande, und wie sollte es
auch, wenn der Verleger in einem Brief deutlich aus-
sprach, daß er dem Autor "für neue Bücher vorläufig
keine Honorarzahlungen mehr überweisen (könne), sondern gegen die alten Schulden aufrechnen müsse. Er
betont sogar ausdrücklich: "Von dieser Sachlage möchte ich Sie schon jetzt unterrichten, damit Sie vor

späteren Überraschungen geschützt sind."[101] Demnach
war Meyrink geistiges Eigentum bereits vor seiner
Hervorbringung verpfändet, ein Umstand, der ihn unmöglich zur Hervorbringung hätte motivieren können.
Auch der letzte Roman mit dem Titel "Das Haus zum
Pfau", der nicht mit dem versprochenen Bändchen zu
verwechseln ist, blieb nur als Fragment übrig. Meyrink hielt sich mit gelegentlichen Übersetzungsauf-
trägen aus dem Englischen und manchen autobiographisch
anmutenden Aufsätzen, wie z.B. 'Haschisch und Hellsehen' für die Boulevard-Presse über Wasser. Das mit
Hypotheken stark belastete Haus in Starnberg war bereits 1928 verkauft worden, obwohl er darin weiterhin wohnen durfte.

Die Einsamkeit der letzten Jahre

Meyrinks bissige Kommentare über Kunst und
Künstler sind deswegen nicht aus der Luft gegriffen,
sondern spiegeln sein persönliches Schicksal, das
keineswegs als Einzelfall zu gelten hat, wider. So
schreibt Meyrink in der Zeitschrift 'Der Zwiebelfisch' zum Thema 'München als Kunststadt': "So wie
Paris der Wasserkopf Frankreichs geworden ist, so
wird Berlin in kurzer Zeit ein gleiches werden für
Deutschland. Was hat das mit Kunst zu tun, könnten
Sie fragen. Freilich nichts, wenn die Künstler vom
eigenen Fett leben könnten, wie das Paracelsus von
den Kröten vermutete. Ein Kunstwerk will verkauft
werden, wenn es nicht einsam auf eisiger Höhe pran-
gen soll."[102] Wenn Meyrink im gleichen Passus auf
die Unfähigkeit des Publikums hinweist, zu beurtei-
len, ob "etwas Geschaffenes ein Kunstwerk ist oder
nicht", so stößt man damit auf die eigentliche Problematik seiner eigenen Aufnahme. Man würde annehmen,
daß Meyrink zunächst als Satiriker nicht mit der
gleichen Beliebtheit rechnen konnte wie z.B. der

Heimatkünstler, der sich von vornherein mit einer
großen Zahl seiner Leser in einem sogenannten 'har-
monischen' Verhältnis befindet, weil er ihren Erwartungen vollkommen entgegenkommt. Satire ist von
ihrer Natur aus für solche kritischen Leser, die entweder die angegriffenen Laster nicht haben oder die
sich über das Verletzende der Satire hinwegsetzen
können. Das können jedoch die wenigsten, wobei noch,
was die Verletzbarkeit angeht, das Problem der Nuan-
cierung hinzukommt. Dies ist der eine Faktor, der
einer unumschränkten Aufnahme im Wege stand. Der dominierende Zug des Okkultismus in der zweiten Schaf-
fensphase von Meyrink ist der zweite. Der
Okkultismus stellt gewiß nicht etwas Allgemein-Mensch-
liches dar, das eine direkte Beziehung zwischen
Autor und Leser gestattet. Man mag das vielleicht
als 'Wirklichkeitsferne' bezeichnen, obwohl es durchaus zeitgeschichtlich bedingt ist, wenn Meyrink in
einer längst entmythologisierten Zeit übersinnliche
Phänomene undementiert darstellt. Meyrink selbst
scheint von seinem Anliegen überzeugt zu sein. Hier
existiert offenbar eine tiefe Kluft zwischen ihm
und seinen Lesern. Während sich die Leser durch das
Nicht-Verstehen-Können oder -Wollen von dem Autor
abwenden, ruft eine solche Weigerung der Leser bei
dem Autor eine Bitterkeit hervor, die ihn noch mehr
in seiner exzentrischen Richtung bestärkt. Der Autor
kommt aus einem solchen Teufelskreis der gestörten
Vermittlung kaum heraus, während sich der Leser
wenig um die Vermittlung kümmert. Zunehmende Einsam-
keit wird daher zu einer charakteristischen Lebensweise, durch die auch Meyrinks spätere Jahre gekenn-
zeichnet sind.

In dieser für ihn ohnehin tristen Zeit wurde
Meyrink von einem Unglück überrascht. Sein einziger
Sohn Harro hatte sich bei einem Skiunfall verletzt
und konnte sich nur mit Mühe und Not bewegen. Un-

glücklich darüber, nun vielleicht lebenslang als
Krüppel leben zu müssen, schied er im Sommer 1932
freiwillig aus dem Leben. Erst viele Tage später
konnte die bereits in Verwesung begriffene Leiche
in einem Wald bei Starnberg geborgen werden. "...
ein grauenhaftes Unglück hat meine Familie und mich
befallen und ich bin mehr tot als lebendig",[103]
schrieb Meyrink an einen Geschäftsfreund. Fünf Monate später, am 4. Dezember 1932 starb Meyrink, für
den der Tod keine Überraschung mehr war. Die überlieferten Berichte[104] über einen fast zeremoniell
erfolgten Tod mögen daher eine gewisse Wahrscheinlichkeit für sich haben. Auch bei einer angeblich
eigenen Prophezeiung vom 'rechtzeitigen' Tod[105] hat
die Rechtzeitigkeit insofern einen Sinn, als er nur
um wenige Wochen dem Regime vorausging, das für die
nächsten Jahrzehnte seine Bücher vollständig aus der
Öffentlichkeit[106] verbannen sollte.

III MEYRINKS SIMPLICISSIMUS SATIREN UND IHRE
     ANGRIFFSZIELE
     (Des deutschen Spießers Wunderhorn)

    Bereits bei der Rezeptionsgeschichte von Mey-
rinks Werk hat man feststellen können, daß Meyrinks
Simplicissimus-Beiträge ihm das uneingeschränkte Lob
der Literaturkritik einbrachten. Es gilt nunmehr, in
diesem Kapitel dieses Lob zu begründen.
einer gewissen Übersicht willen das Gesamtwerk Meyrinks unter bestimmten formalen oder thematischen Aspekten einteilen, so könnte man sein früheres Werk
mit der unverkennbaren Dominanz der Satire als das
'satirische Werk'bezeichnen, und je nach Entscheidung, ob man die gemeinsam mit Roda-Roda in den Jahren 1912-13 fürs Theater geschriebenen Komödien ein-
bezieht, den zeitlichen Abschnitt seiner satirischen
Periode mit 1901 bis 1908 oder bis 1913 abgrenzen.
Im Mittelpunkt der literaturkritischen Betrachtungen
über diesen Zeitraum von Meyrinks Schaffen müssen die
Simplicissimus-Beiträge (1901-1908) auf jeden Fall an
erster Stelle stehen. Diese in knapper Sprache verfaßten Novellen sind nicht als Vorstufe zu etwas Rei-
ferem zu verstehen; das Schema von Anfängen, Reife
und Alter im Sinne einer hohen Bewertung des Späteren
versagt bei Meyrink überhaupt. Man kann bei Meyrink,
der im Alter von 33 Jahren zu schreiben begann, keine Anfangsphase feststellen. Bereits seine ersten Novellen zeigen die Grundzüge der Meyrinkschen Welt in
einer konzentrierten Form. Obwohl sie okkultistische
Motive behandeln, sind sie im Vergleich zu den Romanen frei von okkultistischen Lehren. In ihrer Präg-
nanz überragen sie auch die Komödien bei weitem an
literarischer Qualität, zumal man bei den Komödien
noch berücksichtigen muß, daß es sich dabei um Mit-
verfasserschaft von Meyrink handelt, so daß ihre

Aussagen nur bedingt für Meyrink in Anspruch
genommen werden dürfen. Die Simplicissimus-Beiträge
eignen sich deshalb am ehesten für eine genauere Untersuchung. Im Kontext der dabei auftretenden Themenkomplexe werden auch die Komödien, wenn nötig,
herangezogen.

Bestandsaufnahme und formale Vorüberlegungen

  Zunächst sei zur Bestandsaufnahme der etwa
fünfzig 'Skizzen' - Meyrink [1] selbst verwendet diesen Ausdruck dafür - folgendes erwähnt: Eine Sammlung seiner ersten Simplicissimus-Beiträge erschien
schon 1903 mit dem Titel 'Der heiße Soldat und andere
Geschichten'. 1904 folgte eine zweite Sammlung mit
dem Namen 'Orchideen - sonderbare Geschichten', und
erst nach einer Unterbrechung von drei Jahren kam
eine dritte Sammlung der weiteren Stücke mit dem Titel 'Das Wachsfigurenkabinett - sonderbare Geschichten' auf den Markt. Eine dreibändige Gesamtausgabe
aller Simplicissimus-Skizzen, aber auch darüber hinaus
der Beiträge Meyrinks, die in den Zeitschriften 'Der
liebe Augustin' und 'März' veröffentlicht waren, erschien im Jahre 1913. Diese Sammlung trägt den Titel
'Des deutschen Spießers Wunderhorn'. In der 1917 erschienenen sechsbändigen Gesamtausgabe von Meyrink
wird dieser Titel so übernommen und macht Band IV
und V dieser Ausgabe aus. Die mehrfach undatiert erschienenen Auflagen der gleichen Ausgabe weisen allerdings erhebliche Unterschiede auf. In der von K.Wolff
und A.Langen herausgegebenen Auflage fehlen im Vergleich zu der bei Grethlein und A. Langen erschienenen fünf der schärfsten Satiren,ein Umstand, den man
sich nur durch die Verhältnisse der Zeit (Krieg sowie
die Debatte über Meyrink) erklären kann. In der vorliegenden Untersuchung wird daher nach der Erstaus-
gabe von 'Des deutschen Spießers Wunderhorn' zitiert.

Es ist unverkennbar, daß erst diese Titelparo-
die der bekannten Liedersammlung der Romantik etwas
über die satirische Intention des Autors aussagte,
worüber man sich zunächst nicht ganz im klaren war,
zumal sich unter den Simplicissimus-Beiträgen auch
'Skizzen' befinden, die gar keine Satiren sind. Der
Untertitel 'Sonderbare Geschichten' bei zwei der
oben erwähnten Sammlungen weist auf die besondere
Schwierigkeit hin, wie schlecht sich seine Geschichten in vorgeprägte literarische Formen einordnen
lassen. Manche zeitgenössischen Kritiker machten den
Begriff des 'Sonderbaren' beinahe zum Mittelpunkt
ihrer Kritik. So war für O.J. Bierbaum Meyrink "ein
reifer Künstler", der "die Gedanken, Erlebnisse,
Empfindungen einer sonderbar eignen, fertigen Persönlichkeit zu sonderbar eigenen, fertigen Bildern" gestaltet.[2] Hermann Hesse bezeichnete Meyrinks Geschichten schlicht als Grotesken, ein Begriff der für einige
seiner Geschichten zutrifft. Genau genommen, handelt
es sich bei seinen Geschichten um Impressionen, Grotesken - phantastischer oder unheimlicher Art -, Satiren, Fabeln oder Parodien. Zu den einzelnen Satiren
Meyrinks wiederum kann man feststellen, daß nur bei
wenigen von ihnen der satirische Charakter für den
Leser von Anfang an sichtbar wird. In den meisten Fällen ist es erst gegen Schluß der Geschichte, daß sich
das Gruselige oder Phantastische als Satire entlarvt.
Eine Reihe von Meyrinkschen Geschichten weist nämlich
den gleichen formalen Aufbau auf: zunächst wird durch
eine okkultistische Zeremonie oder ein ernst zu nehmen-
des Ereignis die Neugier des Lesers aufs Höchste ge-
spannt, um seine Erwartungen gegen Schluß durch eine
satirische Pointe zu überraschen. Das Okkulte dient
in solchen Geschichten immer als ein Mittel der Satire,
die zuletzt das Wort behält. Julius Bab hat das in
seinem Meyrink-Aufsatz folgendermaßen charakterisiert:
"Da geht sein Ton und zweifellos auch sein Gefühl eine

Zeitlang ganz pathetisch und voll geheimnisweben-
der Lyrik mit dem Wunder, um schließlich in eine
groteske Pointe voll witziger Philisterpolemik
zu münden."[3] Zur Veranschaulichung dieser Verfahrensweise Meyrinks seien hier einige Beispiele erwähnt:

In der Erzählung "Die schwarze Kugel"[4] sind es ein
Brahmane und ein Swami, die mittels zweier Drähte
das Gedankenbild eines Menschen, der an die Drähte
angeschlossen ist, in einem Glaskolben projizieren
können. Während der Brahmane bei sich durch dieses
pseudowissenschaftliche Experiment das schöne Bild
des Taj Mahal hervorruft, entsteht bei einem Medizin-
professor ein "wirrer Salat", bei einem Armeeleutnant
aber gar ein schwarzes Loch, das augenblicklich alles
zu verschlingen droht.

In der Erzählung "Das Geheimnis von Schloß Hathaway"[5]
befällt jeden Familiensproß beim vollendeten 21. Le-
bensjahr eine unerklärliche Melancholie. Der Grund
dieses mit düsteren Farben geschilderten Zustandes
wird erst am Ende der Erzählung nach langen spiritistischen Sitzungen offenbar. Der Nachkomme wird an
dem besagten Tag seiner rätselhaften Veränderung in
das Kontobuch der Familie eingeweiht.

In der Geschichte "Das -- allerdings"[6] versucht eine
Gruppe von Spiritisten einen schwedischen Professor
davon zu überzeugen, daß sie mit einer seltsamen Er-
findung die Zukunft eines Menschen fotografieren könne. Von den ersten zwei Beispielen dieses Experiments
ist der Professor nicht besonders überzeugt. Da präsentieren ihm die Spiritisten den witzigen Beweis,
sie hätten vor einiger Zeit einen harmlosen jungen
Mann damit fotografiert, in desssen Abbild merkwür-
digerweise der Kopf fehlte. Die angeblich vorausge-
sehene "Kopflosigkeit" findet ihre natürliche
Erklärung darin, daß der junge Mann später die Ar-
meekarriere einschlägt.

Diese drei Beispiele mögen genügen, um die Art einer
'geheimnisvollen' Satire und die Verwendung bekannter
oder unbekannter okkultistischer Motive zu satirischen
Zwecken zu verdeutlichen. Der Hauptteil der Erzählung
läßt den Leser darüber im Unklaren, was der Autor mit
der Schilderung solcher mysteriöser Vorgänge beabsichtigt. Der Leser erwartet eine Erklärung oder auch eine
Widerlegung oder Zustimmung des Autors zu den seltsamen Phänomenen. Erst kurz vor Schluß nimmt die Erzählung eine Wende, bei der die bis ins Detail aufge-

baute Illusion des Mysteriösen zerbricht. Wirkt das
Geheimnisvolle am Anfang der Erzählung auf den Leser
anziehend, so ist er am Schluß um so verblüffter
durch die offenkundig gewordene Satire. Ein unbekannter zeitgenössischer Rezensent hat das zutreffend beschrieben: "Meyrink besitzt die Kunst, eine Erzählung
durch alle Kniffe der Technik bis zu einer Höhe zu
führen, in der man vor Spannung und Erregtheit buch-
stäblich nach Luft schnappt, um dann mit einmal ab-
zuspringen, alle Phantastik, Mystik fallen zu lassen
und unter einem schneidenden, höhnischen Gelächter
eine Pointe anzufügen, die zwar nicht die befriedigen-
de Lösung der herbeigeführten Stimmung ist, aber an
sich wieder so lustig, so übertrieben wahr, so bril-
lant witzig, daß man keine Enttäuschung empfindet".[7]
Das Witzige entsteht bei Meyrink fast immer durch die
Brechung einer fiktionalen Illusion, was bei dem Leser den Eindruck des 'Sonderbaren' hervorruft.

Nach diesen formalen Überlegungen ist es zunächst
wichtig, die grundlegende Frage der Motivation von
Meyrinks Satire zu klären. Es ist unbestritten, daß
sie ein beträchtliches Maß an emotionaler Sub-
jektivität enthält. Dies sollte jedoch nicht den Blick
dafür versperren, daß es angesichts des Überhandnehmens
mancher gesellschaftlichen Übel, wie z.B. des Militarismus, nur zu berechtigt war, Kritik an dieser Gesellschaft zu üben. Eine Überbetonung des Biographischen
hier hat bisher die richtige Einschätzung von Meyrinks
Satire verhindert. Die Prager Affäre Meyrinks bot sich
da als willkommener Anlaß, die Satire auf persönliche
Antipathien zu reduzieren. Es gibt in der Tat vereinzelte Stücke und Anspielungen, auf die man ein solches Urteil stützen könnte, was in dem Kapitel über
Meyrinks Beziehung zu Prag erörtert wird, die bestimmt
nicht frei von Emotionen war. Seine Prager Schrift-
steller-Freunde generalisieren allerdings allzusehr.

Max Brod schrieb über Meyrink: "In dem
fanatischen Haß, der sich in Meyrinks Oeuvre gegen
die Prager Society, speziell gegen Offiziere, ...
richtet, hat man den Niederschlag all der Affären
vor sich, die mit Meyrinks Untersuchungshaft ...
endeten."[8] Und Paul Leppin bemerkt in einer Besprechung von'Orchideen': "Und wehe seinen Lieblings-
prügelknaben, den Ärzten und den Offizieren in der
Reserve! ... Die wundervollsten Infamien, die pracht-
vollsten Gemeinheiten kann er da ersinnen."[9] Buskirk
sprach in diesem Zusammenhang, wie bereits erwähnt,
von "personal, often petty hatreds."[10] Diese Feststellungen treffen jedoch auf keinen Fall zu, wenn
man die Angriffsziele von Meyrinks Satire spezifiziert, was im folgenden versucht werden soll. Ob es
um den Militarismus der Zeit geht oder um die Selbstherrlichkeit der modernen Wissenschaft, um die Sentimentalität der Heimatkunst oder um die Scheinordnung
des Spießers, Meyrink weiß genau um die verwundbaren
Stellen der wilhelminischen Gesellschaft. Seine Ge-
sellschafts- und Ideologiekritik ist Teil einer umfassenden Zeitkritik, die es verdient, im zeitlichen
Kontext gewürdigt zu werden. In manchen Grundpositi-
onen geht aber seine Kritik auch über das bloß Zeit-
bezogene hinaus und enthält Warnungen vor weitreichen-
den Entwicklungen, wie z.B. vor dem Militarismus, der
heute längst globale Dimensionen angenommen hat.

Phantastik als eine Provokation für die Wissenschaft

Als einer der Grundzüge von Meyrinks Satiren
kann man jedes Phantastische ansehen, das im fiktionalen Text nicht widerlegt wird, und das den Leser
zum Widerspruch reizt. Vom Text her werden ihm manche
scheinbaren Unmöglichkeiten suggeriert, die jenseits
aller pragmatischen Erfahrung liegen. Bereits seine
erste Geschichte, die Meyrink an den Simplicissimus

schickte, die Geschichte vom heißen Soldaten, belegt
diese phantastische Art. Von einem im Indo-China-
Krieg verwundeten Soldaten wird erzählt, daß seine
Körpertemperatur, nachdem er bei einem obskuren Ere-
miten eine "opalisierende Flüssigkeit" eingenommen
hat, die Grenze von 100° Reaumur weit übersteigt. Zu
welcher grotesken Komik dies Anlaß sein kann, macht
den Inhalt der Erzählung aus:

Es gibt im Krankenhaus kein Thermometer, um das ständig steigende Fieber des heißen Soldaten zu messen.
Die Bettlaken fangen an zu brennen, so daß er schließlich wie eine brennende Fackel aus dem Krankenhaus
hinausgejagt wird. Die Mönche eines nahegelegenen
Klosters bedienen sich seiner zum Hühnerbraten.

In der Erzählung 'Das Gehirn' fällt jemandem eine
Gipsbüste aus der Hand und zerbricht. Beim Zerbrechen
der Büste kommt jedoch ein blutfrisches Gehirn zum
Vorschein. Dieser Vorgang versetzt einem Herzpatien-
ten, dem der betreuende Arzt verboten hatte, sich aufzuregen, den Todesstoß.

Es ist also beide Male ein rationell unerklärbarer
und daher phantastischer Vorgang, mit dem ein Arzt
als Vertreter des wissenschaftlichen Pragmatismus
konfrontiert wird. Behandelt in der Erzählung wird
jedoch weniger die Frage der Wahrscheinlichkeit der
phantastischen Vorgänge an sich als vielmehr die hilf-
lose Ratlosigkeit eines von der Unumstößlichkeit wissenschaftlicher Aussagen überzeugten Mediziners. Die
Satire wird sowohl in der Verhaltensweise des Arztes,
der keine Unzulänglichkeit eingestehen will, als auch
in dem begleitenden Kommentar des Erzählers sichtbar:

"Die medizinische Wissenschaft hatte in den letzten
Jahren große Fortschritte gemacht, das wußten selbst
diejenigen, die nicht lesen und schreiben konnten,
und sie unterwarfen sich, zumal ihnen nichts anderes
übrig blieb, willig allen Operationen.
      Zwar starben die meisten, aber immer erst nach
der Operation, und auch dann nur, weil die Kugeln
der Annamiten offenbar vor dem Schuß nicht aseptisch
behandelt worden waren, oder auf ihrem Wege durch die
Luft gesundheitsschädliche Bakterien mitgerissen hatten."[11]

Dem Prahlen über die angeblich großen Fortschritte
der Wissenschaft wird das Versagen der Wissenschaft
gegenübergestellt, daß nämlich die meisten Soldaten
sterben, wofür die Scheinerklärung der nicht desin-
fizierten Projektile gegeben wird. Der Arzt in der
'Geschichte vom heißen Soldaten' heißt Prof. Most-
schädel, der, wie schon der Name zeigt, mit spötti-
schen Zügen gezeichnet ist. In seiner Selbstsicher-
heit und dem Anspruch auf absolute Unfehlbarkeit
wirkt er wie eine Karikatur des Wissenschaftlers.
Wenn er in seinem Vortrag, in dem er "die Wissenschaft Triumphe feiern" läßt, von der "Schädelbildung
des Subjektes --" spricht, so kann man bis in die
Sprechweise hinein das Karikaturhafte solcher Arzt-
figuren feststellen. Sie erinnern sehr stark an den
Arzt in Büchners Woyzeck, der auch beim Menschen an
eine feste Verbindung von Ursache und Wirkung glaubt
und nichts darüber hinaus gelten läßt. Woyzeck kann
den Arzt mit dem Argument der 'Natur' als einer un-
lenkbaren Macht zur Verzweiflung bringen. Meyrink
tut dies mit dem direkten Einbruch der Phantastik in
die Alltagsrealität. Er hat es gezielt auf die
Irritationen des Wissenschaftlers abgesehen, der auf
keine von den bestehenden Normen abweichende Variante
eingehen will. Seine Unbeholfenheit angesichts einer
hypothetisch erdachten Konfrontation mit einer phantastischen Variante wird zum Anlaß satirischer Komik.

Eine völlig andersartige Phantastik liegt bei
manchen seiner Horrorgrotesken vor, die gerade das
Gegenteil einer komischen Arztfigur präsentieren. Das
Bild vom Arzt, speziell vom Anatomen wird fast ins
Unheimliche gesteigert. Eine skrupellose Experimen-
tierfreudigkeit der Wissenschaft, illustriert am Beispiel der Medizin, kommt hier zum Zuge. Die markan-
testen unter den grauenerregenden Geschichten sind
die drei Anatomie-Geschichten, 'Das Präparat', 'Das
Wachsfigurenkabinett' und 'Die Pflanzen des Dr. Cind-

rella'. In diesen an die unheimlichen Gestalten von
E.T.A. Hoffmann, etwa Dr. Spalanzani oder Coppelius,
erinnernden Geschichten gelingt es einem diabolischen
Anatomen auf pseudowissenschaftlichem Wege, die toten Fragmente eines menschlichen Körpers in lebendig
funktionierende Teile umzuwandeln. Aus der Erzählung
'Das Präparat' stammt die folgende Beschreibung einer
'menschlichen Uhr':

"Von der Decke der Wandvertiefung an einem Kupferstab
hing ein menschlicher Kopf mit blondem Haar. - Der
Stab drang mitten in die Scheitelwölbung. - Der Hals
unter dem Kinn war mit einer seidenen Schärpe umwickelt -- und darunter mit Luftröhren und Bronchien
die zwei rötlichen Lungenflügel. - Dazwischen bewegte
sich rythmisch das Herz, - mit goldenen Drähten um-
wunden, die auf den Boden zu einem kleinen elektri-
schen Apparat führten. - Die Adern, straff gefüllt,
leiteten Blut aus zwei dünnhalsigen Flaschen empor."[12]

In dieser eigenwilligen Konstruktion von lebendig-
menschlichen und mechanischen Teilen spricht der Kopf
die Uhrzeit aus. Die Unheimlichkeit des Vorganges beruht auf einer Verselbständigung eines Körperfrag-
ments, in dem man als einem Fragment kein Leben erwartet, das hier aber als Teil eines technischen
Apparats alle Funktionen des Lebendigen ausführt.
Eine ähnliche Funktion haben die von Coppelius ge-
borgten Augen in der Automaten-Puppe von Dr. Spalanzani bei E.T.A. Hoffmann. Dennoch ist die Verwendung
ähnlicher Motive bei Hoffmann und Meyrink grundver-
schieden. Während bei Hoffmann der mechanische Charakter der lebendig erscheinenden Puppe der Bezugsperson
in der Erzählung und mit ihr auch dem Leser eine Zeitlang verdeckt bleibt, so daß aus dieser Unsicherheit
des Gefühls her der Held an der Fragwürdigkeit der
Wirklichkeit verzweifelt, macht Meyrink den Leser bewußt auf die Möglichkeit einer mechanistischen Funk-
tionsweise des bloß Leiblichen aufmerksam. In der Erzählung 'Das Wachsfigurenkabinett' hört man bei den
menschlichen Figuren sogar die Feder schnarren.

Zeigen solche Geschichten auf der einen Seite
die eigenwilligen Konstruktionen eines "rachsüchtigen,
diabolischen" Anatomen, die auf den Leser unheimlich
wirken, so weisen sie auf der anderen Seite auf die
latente Möglichkeit von Manipulationen am Menschen
durch die moderne Wissenschaft. Um eine solche Mani-
pulation handelt es sich in der Erzählung 'Der Albino',
in der ein Mann aus Rache an seiner ihn betrügenden
Frau das Gewissenszentrum seines von ihm nicht ab-
stammenden Sohnes zerstört und ihn damit in einen
Albino verwandelt. Resultate solcher Experimente am
Menschen sind bei Meyrink weder Automaten noch Menschen, sondern monströse Konstruktionen aus Mensch
und Maschine, die gerade durch ihre Deformationen
des Lebendigen bei dem Leser den Eindruck des Grauens
hervorrufen. Solche Geschichten haben seinerzeit manchen Rezensenten dazu veranlaßt,[13] die Leser davor
zu warnen, Meyrinks Geschichten als Einschlaflektüre
zu verwenden, eine Empfehlung, der der Autor gewiß
beigepflichtet hätte, denn sie sind alles andere als
beruhigend. Beunruhigend waren sie sowohl für den Leser als auch für die Zielgruppen seiner satirschen
Angriffe.

Ausgangspunkt dieses Abschnitts war die Selbstherrlichkeit des Wissenschaftlers, die am Beispiel
des Arztes illustriert wurde. Die Selbstherrlichkeit
dürfte jedoch bei objektiver Betrachtung im Berufs-
stand der Mediziner weniger ausgeprägt gewesen sein
als bei den Militärs. Das Militär ist denn auch Zielscheibe seiner schärfsten Satiren. In dem nun folgenden Abschnitt soll daher Meyrinks Kritik am Militär
und am Militarismus seiner Zeit erörtert werden.

Attacken gegen den Militarismus

In seiner Kritik am Militarismus befand sich
Meyrink nicht allein in Übereinstimmung mit der pro-

grammatischen Richtung des Simplicissimus, mit der
aggressiven Schärfe seiner Aussagen und seinen ori-
ginellen Einfällen übertraf er bei weitem alles, was
im zeichnerischen Teil des 'Simplicissimus' über das
Militär publiziert wurde. Der Militarismus war eben
der dominierende Zug der Zeit. Der lange Weg Preußens
zur Großmacht und somit zur Führung Deutschlands brachte manche gesellschaftlichen Strukturen mit sich, nach
denen das Militär nicht nur an die Spitze der Presti-
geskala rücken durfte, sondern militärische Normen,
Verhaltens- und Denkweisen auch für die bürgerliche
Gesellschaft zunehmend verbindlich wurden. Wehler
spricht in diesem Zusammenhang vom "sozialen Militarismus"[14] und bezeichnet damit die Durchdringung der
breiten Gruppen der Gesamtgesellschaft mit militärischen Wert- und Ehrvorstellungen. Die Verbreitung
eines Witzblattes wie des 'Simplicissimus' spricht
zwar dafür, daß diese sogenannte 'ostelbische Mentalität' in West- und Süddeutschland hauptsächlich be-
lächelt[15] wurde; dennoch lag die staatliche Macht
eindeutig bei den militanten Gruppen, und allen voran benutzte der Kaiser in dieser Beziehung eine un-
mißverständliche Sprache, was wiederum gerade die
Vergeblichkeit eines satirischen Protests deutlich
machte. Die aggressive Schärfe Meyrinks, aber auch
der anderen Satiriker der Zeit wird gerade aus dieser Position der Vergeblichkeit verständlich. Je ohn-
mächtiger sie sich gegenüber dem Geist des Militarismus fühlten, desto wütender wurden ihre Ausfälle.

Bereits in einer der früheren Erzählungen Meyrinks sagt der Ich-Erzähler von sich: "Ich gebe lieber
ganz offen zu, daß ich ein verkommener Mensch bin, der
kein Interesse an den Dingen hat, die die Nation mit
Stolz erfüllen - den selbst die erbeutetsten Kanonen
langweilen und dessen Herz auch beim Anblick der
Spitzenbinden Klothilde der Keuschen nicht höher
schlägt."[16] Dieses Bekenntnis trifft auch für Meyrink

selbst zu. Die militärische Größe läßt Meyrink nicht
nur kalt, er versäumt auch keine Gelegenheit, sie
dem höhnenden Spott seiner Leser auszusetzen. Die
zwei Erzählungen, die in einem allzu wörtlichem Sinne
das Nichts im Kopfe oder die Kopflosigkeit der Armee-
offiziere illustrieren, sind bereits oben erwähnt
worden.[17] Dieser Sachverhalt soll nun durch eine
Analyse   jener Satiren ausführlich verdeutlicht werden, die sehr bezeichnenderweise in eine Teilauflage
der Gesamtwerke Meyrinks nicht aufgenommen wurden.
Dieser zensierende Vorgang qualifiziert sie geradezu
dafür, daß man sie genauer untersucht.

In der Geschichte "Das verdunstete Gehirn" hat ein
Forscher namens Hiram Witt herausgefunden, wie man
selbständige denkende Gehirne herstellt, was von den
Ordnungskräften sofort als eine öffentliche Gefahr
erkannt wird. Sein Labor wird beschlagnahmt und die
Apparate werden demoliert. Mitten in dieser Staatsaktion ereignet sich etwas Phantastisches: kaum hat
ein frisch entstandenes Hirn eine kurze Zeitspanne
unter polizeilichem Helm gelegen, da verwandelt es
sich plötzlich in "ein schiefes Maul mit eckig auf-
wärts gebogenem Schnurrbart."[18]

Aus der Präzisierung der modischen Attribute kann man
leicht erkennen, welchem Berufsstande sie angehören,
und es bedarf keines besonderen Scharfsinnes, um fest-
zustellen, daß Meyrink mit dieser Geschichte das lautstarke Benehmen des Militärs angreift. Die phantastische Verwandlung des Hirns in der Nähe des Helmes
will nichts anderes besagen als daß der Mangel an
Denkfähigkeit bei den militanten Gruppen durch Laut-
stärke kompensiert wird. Das Vorhandensein der einen
Eigenschaft setzt die Abwesenheit der anderen voraus.

Aber auch der Ausgangspunkt der Geschichte, daß
ein Forscher auf den Gedanken kommt, selbständig denkende Gehirne wachsen zu lassen, reizt Meyrink zum
bissigen Kommentar. Er führt aus, daß der Forscher
für seine wissenschaftlichen Verdienste kaum Anerkennung fand, denn, so argumentiert Meyrink, "was

sollte man in Deutsch sprechenden Ländern mit selbständig denkenden Gehirnen?"[19] Selbständigkeit des
Denkens ist hier im rein politischen Sinne gemeint,
nämlich als Gegensatz zur Bevormundung durch den
Staat. Jede perfektionistische Staatsordnung läßt
für denkend handelnde Einzelpersonen kaum Spielraum.
Sie müssen die Selbständigkeit des Individuellen auf-
geben, damit die vom Staat verlangte ordnungsmäßige
Uniformierung bestehen kann. Daß sich das deutsche
Kaiserreich dem Leitprinzip 'Ruhe und Ordnung' ver-
schrieben hatte, steht außer Zweifel. Dies war aber
einer der entscheidenden Faktoren, die es zum Obrigkeitsstaat machten. Der Obrigkeitsstaat einerseits
und der Geist der Untertänigkeit beim Volk andererseits sind komplementär. Es ist gerade dieser Geist
der Untertänigkeit, der aus der folgenden Szene spricht,
mit der die Staatsaktion gegen den Forscher eingeleitet wird:

"Ein hundertstimmiges Hurra von der Straße herauf
zerriß die Luft, Hiram Witt öffnete schnell das Fenster und blickte hinaus:
    Ein Strolch mit einer Soldatenmütze und ein Pa-
vian in Offiziersuniform waren in einer Droschke vor-
gefahren und musterten -- umstanden von einer be-
geisterten Menge und einem Halbkreis in Ehrfurcht
versunkener Schutzleute -- die Fassade des Hauses."[20]

Sieht man von den zwei boshaften Titulierungen 'Strolch
und Pavian' ab, so kann man ähnliche Szenen auch bei
anderen zeitgenössischen Satirikern, wie z.B. in dem
Roman 'Der Untertan' von H. Mann vorfinden. Ein Hurra-
Geschrei der sensationslustigen Menge, die Droschke
als Symbol der staatlichen Macht und die in Ehrfurcht
versunkenen Schutzleute sind Requisiten eines präg-
nanten Bildes, das sehr eindrucksvoll die sozialen Beziehungen zwischen der herrschenden Schicht und der
Masse der Beherrschten zeigt. Es sind aber nicht
alleine die Schimpfwörter Strolch und Pavian, die in
einem komischen Gegensatz zu der zermoniellen Würde
der Szene stehen, auch was danach folgt, ist höchst

komisch:

" -- Und gleich darauf begannen die beiden, der Affe
voran, den Blitzableiter hinaufzuklettern, bis sie
im ersten Stock anlangten, die Scheiben zerschlugen
und einstiegen.
    Einige Minuten später warfen sie Kleider, Möbel
und einige Handkoffer durch das Fenster auf die Straße
hinab, erschienen dann wieder auf dem Sims und setzten
ihre Kletterei zum zweiten Stock fort, wo sich dasselbe Schauspiel wiederholte."[21]

Es geht Meyrink um eine bewußt provozierende Negation
der damals bestehenden Machtverhältnisse, um eine ka-
rikaturistische Darstellung der durch die Herrschafts-
strukturen privilegierten Militärs und um die fragwürdige Legitimität ihrer Macht. Indem er sie mit
pejorativen Benennungen versieht, lehnt er ihre blasierte Würde und ihren Machtanspruch ab. Auch die Frage der Legitimität einer willkürlichen Staatsaktion
wird in der Geschichte thematisiert, die bezeichnenderweise dem Schuster Vogt gewidmet ist. Dieser Schuster Vogt ist kein anderer als jene Symbolfigur, die
auf eine groteskkomische Weise die beinahe irrational
gewordene Legitimation des Uniformierten demonstriert
und in einem Staat der überkorrekten Ordnung die Ordnung mit ihren eigenen Mitteln auf den Kopf stellt.
Das Ereignis in Köpenick war ziemlich frisch. In einer
Berliner Zeitung vom 17. Oktober 1906 hieß es: "Ein
als Hauptmann verkleideter Mensch führte gestern eine
von Tegel kommende Abteilung Soldaten nach dem Köpe-
nicker Rathaus, ließ den Bürgermeister verhaften, be-
raubte die Gemeindekasse und fuhr in einer Droschke
davon."[22] Kaum einen Monat später (am 12. November
1906) brachte der Simplicissimus eine Spezial-Nummer
zum Thema 'Köpenick' heraus, in der diese Geschichte
von Meyrink enthalten ist. Carl Zuckmayer hat erst
fast zweieinhalb Jahrzehnte später den gleichen Stoff
zu einem denkwürdigen Schauspiel verarbeitet, was
wiederum nur beweist, daß die sich an die Gestalt des
Schusters Vogt knüpfende Problematik von der bedenk-

lichen Rolle der Uniform eigentlich bis 1945 nichts
von ihrer Aktualität verloren hatte. Die Uniform als
sichtbares Zeichen eines Berufsstandes stellt für
eine bestimmte Zeit alle Rechtsverhältnisse auf den
Kopf. Der Zeichencharakter ist in dem Bewußtsein des
Betrachters längst zu einer Identität verschmolzen,
die die Frage nach Legitimation überflüssig erscheinen läßt. Daher verspottet Meyrink denn auch in
dieser Erzählung die Selbstlegitimierung des Uniformierten folgendermaßen:

"Ich bin", sagt der Strolch, "ich bin..."
"Ja, ja, ich weiß, Herr Hauptmann, Sie sind der Gauner,
der gestern das Rathaus von Köpenick erobert hat,"
fiel ihm der Gelehrte in die Rede.
-- Eine Sekunde nur war der Strolch sprachlos, dann
wies er stolz auf das buntgefärbte Hinterteil des
Pavians und sagte: "Dieser Herr in Uniform ist meine
Legitimation, äh."[23]

Der Offizier seinerseits bringt erst nach einer kurzen
Unterbrechung eine in Mundart verfaßte Bestätigung,
worin er auf sein 'Offißiersehrenwort' versichert,
daß er Hauptmann Schnipfer von Zechprell ist. Die
Lächerlichkeit solcher selbstbestätigten 'Lejitimat-
ziong' wird durch die an Analphabetismus grenzende
Schreibweise evident. Was Meyrink von einem Offiziersehrenwort hielt, zeigt der Schluß einer anderen Erzählung,'Coagulum',nämlich nichts. In dieser Erzählung stellt sich das Offiziersehrenwort als ein "stin-
kender, fossiler Stoff"[24] heraus. Meyrink stellt damit auf jeden Fall die Machtposition des Militärs in
Frage, indem er sie der öffentlichen Verspottung preis-
gibt. Die Geschichte von der Demolierung eines wissenschaftlichen Labors ist eine ziemlich harmlose Er-
findung im Vergleich zu dem, was sich Uniformierte
im 20. Jahrhundert mit staatlicher Legitimation alles
hatten erlauben können. Meyrinks satirische Wut ver-
schaffte sich durch solche Frontalangriffe gegen das
Militär Luft, und es ist allein dieser Wut zuzuschrei-

ben, daß er vor solchen Schimpfwörtern wie Strolch
oder Pavian nicht zurückschreckt. In seiner Parteilichkeit gegen das Milität ist ihm jedes Mittel recht,
seine Zielgruppe empfindlich zu treffen. Dies bestätigt auch eine andere Geschichte, die wir in diesem
Zusammenhang erwähnen wollen.

Kurt Tucholsky konnte seine Freude über diese
Geschichte nicht verheimlichen, er hat sie mehrfach
zitiert.[25] Sie trägt den Titel 'Schöpsoglobin'.

Der Name klingt wie ein Fachausdruck aus dem
pharmazeutischen Bereich und ist als solcher gemeint.
Wiederum geht es um eine wissenschaftliche Entdeckung.
Prof. Dredrebaisel hat den Impfstoff 'Schöpsoglobin'
entdeckt, der auf "jugendlich unbefangene Personen
übertragen, in kürzester Zeit eine Art primären patriotischen Koller"[26] hervorruft. Schöpse sind, so
wird erläutert, männliche, aber chirurgisch korri-
gierte Schafe, was sozusagen auf den Bedeutungsbe-
reich der Dummheit zu verweisen scheint. Bei den Versuchen an Orang-Utans in Borneo kommt der Entdecker
ums Leben. Ein Beobachter der Szene berichtet in einem ausführlichen Brief von den Ereignissen im Urwald,
die er mit einem entsprechenden Kommentar versieht.

Dieser fingierte Brief aus dem Urwald in Borneo ist
eine der schärfsten Abrechnungen mit dem Militarismus zu dieser Zeit (1906). Die Briefform erlaubt es
dem Autor, in der vertraulichen Anredeform gegenüber
einem fiktiven Freund all das direkt auszusprechen,
was er von der "Kriegerkaste" hält. Der Ich-Erzähler,
dessen Aussagen schließlich vom Autor Meyrink stammen, will mit der "Axt der Erkenntnis an die Wurzeln
(der) unbegrenzten Verehrung gegenüber der 'Kriegerkaste'" heran. Er will die Begriffe "Uniformstolz"
und "Vaterlandsliebe" voneinander lösen, und möchte
dem "Vaterlandsverteidigungstrieb" genauer nachfor-
schen. In einer Sprache, die den medizinischen Fach-

jargon parodiert, wird über die Versuche mit dem Impfstoff berichtet, dessen Wirkung auf die Orang-Utans
folgendermaßen beschrieben wird:

"Von einem sicheren Verstecke aus hatte der Amerikaner
genau beobachten können, wie die Affen nach schier
endlosem Geschnatter aus ihrer Mitte einen Anführer
wählten - und zwar jenes Exemplar, das schon während
seiner Gefangenschaft als gänzlich vertrottelt allgemein aufgefallen war - und ihm sodann Goldpapier(!),
das sie in einer zertrümmerten Kiste gefunden hatten,
auf das Gesäß klebten. Der Vorgang, der sich unmittel-
bar darauf vor den Augen des Gelehrten abspielte, war
ebenfalls ganz danach angetan, höchstes Erstaunen zu
erregen.
Die Orang-Utans scharten sich nämlich in Trupps, nahmen Äste und Ruten, oder was sie sonst in der Eile
erwischten, über die Schulter und zogen eng aneinan-
der geschart, während der Anführer mit wichtiger Mie-
ne ein Stück vorausschritt, aufrecht durch die Urwald-
pfade.
Von Zeit zu Zeit stieß der Goldgeklebte ein schmet-
terndes: Gwääh-Gwegg,.. aus und dann kam es über alle
wie eine finstere Ekstase.
Ihr Ausdruck nahm etwas seltsam Verbiestertes an, sie
warfen mit einem Ruck das Gesicht nach links und hack-
ten beim Gehen wie die Tobsüchtigen mit der Ferse in
die Erde. ... "Augenblicke lang"... "war mir,als sei
ich nicht mehr im Urwalde, sondern ganz, ganz anders-
wo. - In irgendeiner Kaserne Europas."[27)]

Diese Textstelle spricht für sich. Es wird nur ausführlich geschildert, was man bereits aus der Titu-
lierung "Pavian" aus der vorigen Geschichte kennt.
Von dem Schimpfwort zur Darstellung einer militärischen Parade im Affengewand ist kein großer Schritt.
Meyrink scheut sich nicht, direkt auf die Parallelen
zwischen Affenparade und Armeekaserne hinzuweisen.
Bei aller berufsspezifischen Fixierung geht es Meyrink um eine Polemik gegen die Verbindung von Igno-
ranz und Arroganz und um die Aufdeckung einer Diskrepanz zwischen Qualifikation und Position. Seine Mi-
litärsatiren leben von der Spannung zwischen der Überheblichkeit eines mächtigen Berufsstandes und dem
beklagenswerten Mangel an vorurteilsfreier Denkfähigkeit. Diese Thematik bleibt als solche konstant, auch
wenn die Darstellung immer neue und höchst originelle

Einfälle mit sich bringt. Der Militarismus als eine
einimpfbare Epidemie ist ein solcher Einfall. Es ist
interessant, was Meyrink in dem Zusammenhang über
die angebliche Reaktion einer Großmacht berichtet.
Sie lehnt den neuentdeckten Stoff mit der Begründung
ab, "daß die überwiegende Mehrzahl ihrer Bevölkerung
dank angestammter Fürstenliebe und des nachhaltigen
tiefen Eindruckes frühzeitig auswendig gelernter Zi-
tate, patriotischer Gesänge, sowie sinnreich erdachten bunten Kinderspielzeugs usw. - sich sowie schon
auf dem wünschenswerten Standpunkte befände."[28] Damit ist die Hilfskonstruktion einer chemischen Sub-
stanz, die die Krankheit der "Patriomanie" hervorruft,
wieder hinfällig, denn solange die Menschen durch
Ideen, die genausogut Phrasen sein können, formbar
und lenkbar sind, solange kann man nicht ausschließen,
daß sie zu unlauteren Zwecken manipuliert werden können. Meyrink beabsichtigte damit, daß sich seine Leser über den Patriotismus und seine fast unzertrenn-
bare Verbindung mit dem Militarismus, wie sie zur
Zeit der imperialen Machtkämpfe bestand, als eine ideologische Richtung klar werden. Eine allzu häufige Beteu-
erung des Verteidigungswillens deutete auf eine po-
tentielle Aggressionsbereitschaft hin, bei der die
Frage, ob und wann dazu der Anlaß gegeben war, zur
Nebensache geworden war. Erst vor diesem ideologischen Hintergrund, der fast irrationale Formen angenommen hatte, kann man Meyrinks Polemik gegen den
"Vaterlandsverteidigungstrieb" verstehen. Daß seine
satirischen Auseinandersetzungen mit dem Militarismus
der Zeit ideologiekritisch zu verstehen sind, wird
u.a. auch durch den Umstand belegt, daß es weniger
der Soldat ist, der ihm als Zielscheibe seines Spot-
tes dient, sondern in erster Linie der Armeeoffizier.

Die Unterscheidung zwischen den Berufsgruppen
der Soldaten und der Offiziere ist nicht ohne Belang,

denn auf den einzelnen Soldaten fällt kaum der Abglanz
jenes Ruhmes und jener Ehre, die sich in das entspre-
chende Selbstwertgefühl umsetzen lassen. Es ist vielmehr der Armeeoffizier, der durch die Achtung, die er
bei seinen Untergebenen sowie bei der Zivilbevölkerung
genießt, mit einem völlig andersartigen und beinahe
überproportionalen Selbstbewußtsein ausgestattet ist.
Zur Illustration sei hier der Anfang eines Aufsatzes
zitiert, der im Jahre 1889 in dem Militär-Wochenblatt
anonym erschien. Da heißt es:

"Der Stolz jedes Deutschen ist die Armee, die Blüthe
des Volkes. Deutschlands Heer - Deutschlands Ehr! Der
ausgezeichneteste Theil aber, die Elite des Heeres,
ist das Offizierkorps.
'Der Geist des Heeres sitzt in seinen Offiziers'(sic)
sagt General von Rüchel mit Recht. Sie sind die un-
trüglichen Werthmesser für die Brauchbarkeit und
Tüchtigkeit der Armee; die Träger des moralischen
Elements und all' jener idealen, ethischen Güter,
die allein einen dauernden kriegerischen Erfolg ver-
bürgen ..."[29]

Gerhard A. Ritter hat in einer aufschlußreichen Dokumen-
tensammlung über das deutsche Kaiserreich diesen Aufsatz herausgegeben und ihn mit dem Titel "Die Ideologie des Offizierkorps" versehen. Das ist er auch in
der Tat. Das Offizierskorps nimmt für sich manche Su-
perlative in Anspruch, die es bei objektiver Betrachtung nicht verdient. Das elitäre Selbstbewußtsein
grenzt an Hybris. Erst durch solche vermessenen Vorstellungen wird aber das Militär im allgemeinen, ganz
speziell jedoch das Offizierkorps zu einer latenten
Gefahr für die Gesellschaft, in deren Schutz sie ihre
einzige Lebensaufgabe sehen. Das Militär mag sich
zwar weiterhin als die schützende Macht der Gesellschaft darstellen und vielleicht auch vorstellen;
fast unmerklich pervertiert sich aber die dienende
Funktion durch die berauschende Idee, das Vaterland
verteidigen zu dürfen, zu einer Position der Herrscher.
Das bereits erwähnte lautstarke Benehmen war nur eine

Folge dieser veränderten Bewußtseinslage.

Wenn hier von Gefahr die Rede ist, so ist damit keine andere Gefahr gemeint als die des Krieges. Bei den politischen Ereignissen bedurfte es keiner besonderen Prophetie, die Unausweichlichkeit des Krieges vorauszusehen. Dennoch ist man im nachhinein höchst erstaunt, wenn man den Titel einer satirischen Glosse von Meyrink liest, die in der ebenfalls vom Langen-Verlag herausgegebenen Zeitschrift 'März' im Jahre 1908 erschien. Der Titel lautet 'Die Erstürmung von Serajewo'. Sechs Jahre später sollte das Geschehen an diesem Ort den unmittelbaren Anlaß zum Ersten Weltkrieg bilden. Auch wenn es sich dabei sehr wahrscheinlich um einen Zufall handelt, hat Buskirk nicht Unrecht, wenn er feststellt, daß gerade solche Zufälle den Ruf Meyrinks als 'Seher' und 'Meister des Okkultismus'[30] begründeten. Eine gewisse Prophetie im Sinne der reflektiven Überlegungen über das Künftige war durchaus im Spiel, als er diese 'die Herrlichkeit' des Krieges verspottende Satire an den Verlag schickte. In einem Begleitschreiben an den Verleger schreibt Meyrink:"Anbei die Skizze, deren Inhalt ich dem reichen Schatze meiner Kriegserinnerungen entnahm: Mögen Sie sich nicht von kleinlichen Befürchtungen eine eventl. Confiscation betreffend leiten lassen; ich verlegte die Handlung absichtlich in eine Zeit der Zukunft, die für Östreich (sic) noch nicht angebrochen ist."[31] Meyrink war sich also durchaus über den Vorwegnahmecharakter seiner Satire bewußt. Die Erzählung selbst prophezeit nun keinen Weltkrieg, sie besteht aus den sentimentalen Erinnerungen eines Armeeoffiziers, der im nachhinein an die schönen Kriegszeiten zurückdenkt, und dies, obwohl der Krieg in Wirklichkeit noch nicht stattgefunden hat. Einige groteske Details dieses fiktiven Krieges stimmen sehr nachdenklich, ja sie wirken fast unheimlich. So kommt z.B. die Kriegserklärung ohne sichtbaren Grund aus

heiterem Himmel. Auf einer Rindvichausstellung sucht
seine Majestät, der Kaiser, ganz verlegen nach einer
passenden Rede in der Tasche, in der manche Karten
mit gängigen Redensarten für offizielle Anlässe ge-
mischt stecken. Nach zwei falschen Karten zieht er
endlich ein rotes Billett:

"Ein Augenblick furchtbarer Spannung, --- und klar
und fest hallte die Stimme des Herrschers, den gor-
dischen Alexanderknoten mit einem entschlossenen Ruck
zerhauend, über die Köpfe der Menge hin:'Ich --- er-
kläre -- den -- Krieg!' -------
Ehe irgend jemand noch so recht zur Besinnung kommen
konnte, hatte der Monarch bereits ... die Estrade verlassen. .....
Eine Begeisterung .... loderte auf. .... immer stärker aus tausend Kehlen schwoll der Ruf: 'Alois, der
Dritte, der Gütige, er lebe hoch!' -- Dazwischen wie
Raketen aufsteigend, gellten grimme Verwünschungen
auf den Feind."32)

Unheimlich ist die Kriegsbegeisterung insofern, als
noch gar nicht ausgemacht ist, wer denn der Feind
sei. Die offenkundige Absurdität dieses Vorgangs besagt nur, daß die Frage nach dem Feind oder nach dem
Grund der Feindschaft überhaupt unwichtig ist im Vergleich zu dem Kriegsentschluß an sich, der endlich
allen gestauten Aggressionen freien Lauf läßt. Der
Krieg wird in dieser Persiflage, in der einige der
Mustertrotteleien der Armee beschrieben werden, aus
einer verherrlichenden Perspektive als 'die große
Stunde' erlebt. "Trotz des Ernstes der Lage mußten
wir damals insgeheim oft lächeln. --- Es war halt
doch eine fesche Zeit!"33) Das Bewußtsein für die
Gefahren und Grausamkeiten des Krieges wird nicht
allein aus Gründen der Sentimentalität verdeckt, die
in dieser satirischen Glosse eine wichtige Rolle
spielt, die Kriegszeiten sind auch von dem Bewußtsein der eigenen Wichtigkeit und dem Genuß der er-
weiterten Machtbefugnisse getragen.

Eine andere Überlegung ganz prinzipieller Art
drängt sich hier auf, ob nämlich die Institution der

Berufsarmee den Krieg beinahe unvermeidbar macht. Es
ist auf jeden Fall sicher, daß, seit es den Berufssoldaten gibt, es noch schwieriger geworden ist, den Teufelskreis von immer wiederkehrenden und immer schreck-
licher werdenden Kriegen zu durchbrechen. In der Gestalt von General Unwetter führt dieser Aspekt des
Berufssoldatentums zu einer der Form des Lustspiels
gemäßen ironisierten Tragik der Person. Diese Person
kommt in der von Meyrink und Roda-Roda gemeinsam verfaßten Komödie 'Bubi' vor, in der 'das süße Leben'
der Diplomaten aufs Korn genommen wird (Erstauffüh-
rung 8. Oktober 1912 im Münchner Hoftheater). General
Unwetter hält selbst bei diplomatischen Verhandlungen
mit militärischen Drohgebärden nicht zurück. Bei einem
Gespräch jedoch entlarvt sich dieser Repräsentant des
Wilhelminismus als ein Opfer seines militärischen Be-
rufes:

"Montmédy ... Erzählen Sie uns doch, lieber Herr Ge-
    neral, von Ihren Erlebnissen. Wie war's denn bei
    Mars-la-Tour?
Unwetter (wendet sich ab.) War nicht bei Mars-laTour.
Montmédy. Oder Gravelotte? Sedan?
Unwetter. Auch nicht. War damals erst sechzehn.
Dubois (höhnisch - lauernd:) Ja, wo haben denn dann
    Ihre Granaten und Shrapnels gepfiffen?
Unwetter (brummt:) Nebensache.
Hellmut (verlegen:) Mein Freund Unwetter war jahre-
    lang Leiter der Schießversuchskommission.
Dubois (triumphierend:) Ja, dann haben Sie ja vierzig
    Jahre auf Pappscheiben geschossen, Sie ... Sie ...
    (er sucht nach Worten) Kriegsfurie.
Unwetter. Kann doch nichts dafür, wenn fortwährend
    Frieden ist.
Montmédy (geht mit offenen Armen auf ihn zu - bedau-
    ernd:) Lieber General, ich fürchte, wir haben da
    einen wunden Punkt berührt. Nicht böse sein!
Unwetter (verlegen, gepreßt, wütend:) Glauben sie, es
    ist mir leicht, vierzig Jahre den Soldaten zu spie-
    len und niemals an den Feind zu kommen?
Montmédy (bedauernd:) In der Tat - ein tragisches
    Schicksal.34)

In ihren Beziehungen zum Krieg besteht somit ein diame-
traler Gegensatz zwischen den Interessen des Bürgers
und denen eines Berufssoldaten. Für den Bürger ist der

Krieg eine Bedrohung seiner Existenz und dies sowohl
im materiellen als auch im physischen Sinne. Für den
Soldaten - mag er auch gelegentlich das Gefühl der
Bedrohung mit dem Bürger teilen - ist der Krieg die
lang ersehnte Stunde seiner Bewährung, in der er
nach jahrzehntelangem Leerlauf der militärischen
Übungen den Ausbruch des Krieges als Befreiung empfindet. Der Beginn des Ersten Weltkriegs wurde in der
Tat als ein befreiendes Ereignis empfunden, und dies
nicht nur von militärischen Kreisen. Die zitierte
Stelle aus dem Lustspiel illustriert diesen zeitgeschichtlichen Aspekt auf höchst nachdenkenswerte Art,
denn die Überlegenheit der Ironie darin wird schon
bald durch die historischen Ereignisse zunichte gemacht.

Parodien der Heimatkunst

Wenn Meyrink schon in der Frage des Militarismus
ständig auf die Diskrepanz zwischen einem richtigen
und einem falschen Bewußtsein von der Zeitlage hinweist, so gewinnt eine solche Diskrepanz für die künstlerischen Richtungen jener Zeit ein erhöhtes Maß an
Aktualität. Es wäre falsch, die Kunst als bloße Unterhaltung oder Zerstreuung anzusehen und damit ihre ge-
sellschaftspolitische Rolle zu verharmlosen. Sie hat
immer die Funktion der Bewußtseinsbildung, ungeachtet
der Frage, ob dies vom Autor intendiert ist oder nicht.
Mag der Autor sein künstlerisches Schaffen als politisches Engagement verstehen oder nicht, das Produkt
seiner Arbeit hat mitunter auch politische Implika-
tionen. Meyrinks Satiren gegen den Militarismus sind
in einer deutlichen Sprache verfaßt. Sie zeigen seine
Parteilichkeit gegen eine imperialistische Machtpolitik, und seine Sprache ist die eines politisch stark
Engagierten. Noch Jahrzehnte später, als nicht mehr
Satire, sondern seine okkultistische Mystik im Vor-

dergrund stand, konnte er in einem Interview bekennen:
"Weniger mysteriösen Ursprungs sind die satirischen
Stellen meiner Bücher. Meine Satire ist einfach aus
dem überzeugten Haß gegen den Militarismus und allem
mit ihm zusammenhängenden Unfug geboren."[35]

Unter der Vielzahl der möglichen Positionen der
Kunst in ihrer Beziehung zur Politik gab es damals
eine ausgeprägte Richtung der Heimatkunst, die sich in
ihren Anfängen ziemlich unpolitisch gab, nach und nach
aber militante Züge entwickelte. Man kann verstehen,
daß bei einer rasch vorangetriebenen Industrialisie-
rung und den daraus resultierenden veränderten Gesell-
schaftsstrukturen der Ruf nach Einfachheit wieder auf-
taucht. Der Ruf wird um so stärker, wenn in einer
durch den Fortschritt der Wissenschaft und Technik
zunehmend kompliziert gewordenen Welt jede Orientierung verloren zu gehen scheint. Dies mag vielleicht
zu einer asketischen Lebenshaltung führen, was durchaus legitim ist. Nicht legitim ist es dagegen, wenn
man den Wunsch nach einfachem Leben in eine bäuerliche
Kraft- und Machtideologie umwandelt, die die Gegenwart mit aggressiven Attacken zu negieren versucht. Es
gibt natürlich Nuancierungen der Gegenwartnegation.
Man wird unterscheiden müssen zwischen einer besinn-
lichen Innenschau und der mythisierenden Darstellung ur-
wüchsiger Kraftmenschen. Hauptsächlich um die letztgenannte Variante handelt es sich, wenn man in der Forschung von
Ideologisierung der Heimatkunst um die Jahrhundertwende spricht. Die Heimatkunst hatte zu dieser Zeit längst
das Terrain der Harmlosigkeit verlassen und zeigte
deutliche Züge der Aggressivität gegen alles Fremde,
Neue oder Städtische. Sie zeichnete sich durch eine
regressive, reflexionsfeindliche Haltung aus, die
schon damals chauvinistisch gefärbt war und die
schließlich in die Blut- und Boden-Ideologie des Nationalsozialismus mündete

Meyrink hat sich mit diesen Tendenzen der Zeit
mit dem literarischen Mittel der Parodie auseinander-
gesetzt. Wir wollen diese Parodien im Kontext der
ideologischen Inhalte besprechen, die sie angreifen.
Es handelt sich dabei um drei Gustav-Frenssen-Paro-
dien sowie die Geschichte mit dem Titel 'Das Wildschwein Veronika.' In Gustav Frenssen hatte sich Meyrink zweifelsohne einen der bedeutendsten Vertreter
der Heimatkunst ausgesucht. Seine große Popularität
beim Lesepublikum der Zeit, aber auch darüber hinaus
in der Zeit des Nationalsozialismus kann nur bestätigen, daß die ideologischen Züge seines Werkes den Erwartungen einer breiten Bevölkerungsschicht entgegen-
kamen. Meyrink hat sich in seinen Frenssen-Parodien
den süßen Ton der Behaglichkeit zum Ziel gesetzt. Die
Parodie auf 'Jörn Uhl' beginnt mit einem Hinweis an
die Leser: "St sprich (s=prich) wie S=t und mach die
Schnauze süß und lieblich."[36] Eine ähnliche Anwei-
sung steht zu Beginn der Hilligenlei-Parodie: "In
baumwollenen Handschuhen und mit quäkender Stimme
zu lesen."[37] Der Text selbst beginnt mit der Nachahmung der lyrischen Anredeform: "Nu, singe ma, du
meine norddeutsche Pastorenseele von einem, der da
lange nicht wußte, was er wollte und es denn mit eins
fand."[38] Das, was Meyrink singen nennt, ist die genüßlich erzählte Beschreibung einer angeblich gesunden Welt der Bauern. "Süß" und "lieblich" sind fast
leitmotivische Begriffe in den Parodien, die es auf
eine 'liebliche und heile Welt' abgesehen haben. Meyrink bringt die 'frohe Botschaft' Frenssens und sein
Sendungsbewußtsein für die 'Deutsche Wiedergeburt'
in eine niedrigere Tonlage als der Originaltext, indem er das Hochdeutsch der Originale in plattdeut-
scher Mundart parodiert. Durch die großzügige Verwendung des Dialekts und die Charakterisierung der
parodierten Figuren mit spezifisch norddeutschen Redewendungen kann Meyrink auf den provinziellen Ur-

sprung der Frenssenschen Romanwelt hinweisen, die
trotz ihres Anspruchs auf Totalität einem kleinkarier-
ten Provinzialismus verhaftet bleibt. Er gibt damit
die beschränkte Perspektive eines provinziellen Geistes
in einer ihm adäquaten Ausdrucksweise wieder. Frenssen
war selbst Dithmarscher, hatte zwar nach dem Theologie-
studium den Pastorenberuf ergriffen, sein Bild vom
Christentum hatte jedoch unter dem Einfluß des Zeitgeistes seltsame Wandlungen durchgemacht.

Einen auffallenden Zug dieses Zeitgeistes kann
man in der Betonung der rassischen Komponente sehen.
Wenn Meyrink in seiner Parodie wiederholt feststellt:
"Er war ein Uhl!!"[39] und eine solche Feststellung mit
doppeltem Ausrufezeichen versieht, so verspottet er
damit jene rassistische Denkweise, bei der die Zugehörigkeit zu einer bestimmten Rasse als eine Aus-
zeichnung gilt. Meyrink kann darin keinen besonderen
Vorzug erkenne. Er assoziiert die physiognomischen
Eigenschaften des Helden mit ganz andersartigen Ras-
sen als sie der parodierte Autor im Sinne hatte. Mey-
ring schreibt: "Jörn Uhl war lang, hatte die Augen
enge stehend und strohblondes Haar. - Er war ein Obo-
trit seiner Abstammung nach. - Möglich auch, daß er
ein Kaschube war, - jedenfalls war er ein Norddeut-
scher."[40] Solche respektlosen Feststellungen über
die Herkunft des Helden stehen im klaren Gegensatz
zu der in der Heimatkunst vertretenen Annahme von
der Überlegenheit einer bestimmten Rasse, unter der
in erster Linie die Bauern der norddeutschen Ebene
verstanden wurden. Mit dem ideologisch stilisierten
Bauernleben wollte der Heimatkünstler allen Erneu-
erungen trotzen. Vor allem stellte er das Leben der
Bauern als Sinnbild des Idealen einer städtischen
Kultur gegenüber. Es ist auf keinen Fall aber etwas
Bodenständiges, was der Heimatkünstler aus dem Leben
der Bauern macht, vielmehr vermischt er von außen

hinein projizierte ideologische Vorstellungen von
brutaler Selbstbehauptung mit gängigen Klischees vom
Bauernleben. Meyrink kann die Widersprüche zwischen
dem Künstlichen und Natürlichen sehr eindrucksvoll
aufdecken.

"'Das nenn' ich mir halt wahre Heimatkunst,' hatte
der fremde Städter mit der krummen Hahnenfeder auf
dem Hute, als er - aus dem Gasthause getreten - sich
für einen Augenblick an den Misthaufen stellte, laut
zu seinem Nebenmann gesagt und dabei voll Inbrunst
zum Monde aufgeblickt. 'Alles so grundwahr aus dem
Volke herausgewachsen. Oh, Erdgeruch, du mein Erdgeruch. Und haben Sie auch beobachtet, Herr Meier, was
für ergreifende Töne dem Oberniedertupfelseppl als
'Großknecht' zur Verfügung standen! Es ist doch kaum
zu glauben! Dieser schlichte biedere Bauernsohn!'"41)

Diese kommentierenden Betrachtungen eines städtischen
Zuschauers nach der Aufführung eines Heimatstückes
vergegenwärtigen die komischen Gegensätze von künst-
lichem Pathos und schlichter bäuerlicher Biederkeit,
von ekstatischen Ausrufen (Oh,.. du mein Erdgeruch!)
und derber Wirklichkeit des Alltags (Misthaufen).
Aber selbst die vom Heimatkünstler bewunderte Ver-
schlossenheit des Bauern, die wegen des sparsamen Ge-
brauchs der Worte einen gradlinigen Charakter vermuten läßt, kann Meyrink mit Mitteln der Übertreibung
ad absurdum führen:

"Liese Dusenschöns Vater war ein finsteren verschlossenen Mann gewesen, von ehedem Bürgermeister von
Hilligenlei. - Der hatte nie im Leben ein Wort gesprochen. Erst auf dem Totenbette löste sich ihm die
Zunge: 'Kumm man nich an die Gas,' hatte er gesaacht
und denn war er geßtorben."42)

Meyrink weiß genau um die komischen Seiten eines pathetisch vorgetragenen Ernstes. Was ihn am meisten
belustigt, ist das sexuelle Pathos des Pastor
Frenssen. Meyrink zitiert manche Redewendungen des Originaltextes fast wörtlich: "Sie zeigte ihm die Wunder
ihres Leibes!"43) Frenssens Helden zeigen trotz ihrer

Neigung zur Grübelei ein sichtbares Schwärmen des
Autors für das Gesunde, Starke und Sinnliche. Seine
ganze Romanwelt bewegt sich in solchen Begriffsfel-
dern. Das Sinnliche wird nicht nur bejaht, sondern
ziemlich genüßlich beschrieben. Daraus entsteht eine
merkwürdige Mischung von Religion und Rationalität.
Frenssen vertrat eben eine eigenwillige Auffassung
vom Christentum, das er in einer gegenwartsbezogenen
Diesseitigkeit aufgehen ließ. Dies wiederum war für
Meyrink Grund genug, gegen Frenssen zu polemisieren.
Die Kombination von moralischer Predigt und profanen
Lehren veranlaßte Meyrink 'Hilligenlei' als "die Bibel
mit Tüntjes verziert"[44] zu bezeichnen. Etwas gründ-
licher hat sich Meyrink erst in der dritten Parodie
mit der Religionsauffassung von Frenssen auseinander-
gesetzt. Der Titel lautet: "Das Buch Hiopp oder wie
das Buch Hiob ausgefallen wäre, wenn es Pastor Frenssen und nicht Luther übersetzt hätte." Was kann überhaupt von der Bibel übrig bleiben, wenn man jeden bi-
blischen Bericht auf rationale Erklärbarkeit abklopft
und nur an das glaubt, was eine solche Probe besteht.
In dieser Parodie wird daher bedauert, daß Hiob sein
Eigentum leider nicht habe versichern lassen können.
Wegen der Schweinsbeulen hätte er doch einen Arzt auf-
suchen sollen und keinem Aberglauben verfallen. Meyrink kritisiert diese Verfahrensweise, Frenssen habe
damit aus der Bibel "alles wechgeßtrichen, was einer
esoterischen Bedeutung glich oder im Sinne gnostischer
tiefsinniger Symbole sprach."[45] Frenssen entfernte
sich aber konsequent immer weiter vom Christentum
und endete schließlich mit seinem programmatischen
Buch 'Der Glaube der Nordmark' als Verkünder einer
nationalsozialistischen Religion. Es ist auch kein
Wunder, daß er im dritten Reich als ein Staatsdichter
gefeiert wurde.

Meyrinks Frenssen-Parodien sind, wie man aus dem bereits Besprochenen entnehmen kann, gegen eine ideologisch belastete, spezifisch norddeutsche Variante
der Heimatkunst gerichtet. Das heißt aber keineswegs,
daß Meyrink nun glaubte, Süddeutschland wäre von solchen ideologischen Richtungen unberührt geblieben.
Die Erfahrungen mit dem Simplicissimus hatten zur Ge-
nüge bewiesen, daß man sich auch hier gegenüber einer
Kunst, die ihre Aufgabe in schonungsloser und provozierender Kritik der gesellschaftlichen und politischen
Mißstände sah, nicht uneingeschränkt tolerant verhielt.
Die Haftstrafen für Thoma und Wedekind und die Prozesse
gegen Langen sind ein Beleg dafür. Auch hier durfte
der Glaube an Ordnung und Harmonie nicht verloren
gehen, auch wenn die politischen Tendenzen der Zeit
nicht gerade auf Harmonie hinzielten. In dem von Meyrink geschriebenen Kapitel im 'Roman der Zwölf' (1908)
kann man aus einer fingierten Zeitungsnotiz etwas über
die Gärung in der bayerischen Metropole erfahren:

"München, die Kunststadt mit Hirschhornknöpfen, fie-
bert. Vorgestern Wedekind vom Jünglingsverein durch-
geprügelt, die Frau Kommerzienrat Zettelhuber im neu-
en Weißwurstgown auf die Theresienwiese geritten,-...
Und Gärung allüberall! Umsturz in der Malerei! Die
ersten Pinsel der Stadt, raunt man, haben sich von
der alten Schule losgesagt, - die Rettige (sic) auf
den Bierkrügeln werden von nun an verkehrt gemalt -
mit der Wurzel nach oben."46)

Diese Zeitungsnotiz vermittelt etwas von den Auseinandersetzungen zwischen einer Kunst der absichtlich
provozierenden Skandale als Schocktherapie einerseits
und den Bürgern und ihren gelegentlich handgreiflichen
Reaktionen auf solche Kunst andererseits, wobei die
Position Meyrinks trotz seiner vorgetäuschten Rolle
als spöttischer Beobachter der beiden Parteien zweifellos im Lager der Provozierenden zu suchen ist. Die
Ironie Meyrinks kann man nicht übersehen, wenn er im
gleichen Kapitel verrät, wie der Ich-Erzähler durch
eine Scheinkonformität allen Schwierigkeiten, min-

destens von offizieller Seite, aus dem Wege gehen
kann: "Ich lebe seitdem unbehelligt in München. Die
Behörden haben schrankenloses Vertrauen zu mir, da
ich nie ohne gemslederne Hosen, nackte Knie und grüne
Wadenstutzen ausgehe."[47] Seine wahre Meinung über
die Kunststadt München kann Meyrink im privaten Brief
direkt aussprechen: "Was diese Biersieder hier alles
schon für Kunst halten! ... Es wird von Jahr zu Jahr
schlimmer. Die g'sunde Richtung stinkt schon gen
Himmel."[48] Meyrinks Äußerung von der gesunden, aber
stinkenden Richtung bezieht sich auf die bildende
Kunst. Sie ist aber durchaus dazu geeignet, daß man
sie auch für die anderen Bereiche der Kunst in Anspruch nimmt, wenn es um das Verständnis der divergierenden künstlerischen Richtungen um die Jahrhundertwende geht. In solchen polaren Begriffspaaren wie
gesund-morbid, stark-dekadent, einfach-problematisch,
ländlich-städtisch, heimatlich-ausländisch thematisiert sich für den Heimatkünstler das Problem der
Kunst überhaupt, wobei er stets bemüht ist, für die
erstgenannten Begriffe eindeutig Partei zu ergreifen.
In der jetzt zu besprechenden Parodie 'Das Wildschwein
Veronika' (1908) setzt sich Meyrink eben mit dieser
'gesunden' Richtung der Heimatkunst kritisch auseinander, die dieses Mal in ihrer süddeutschen Variante
geschildert wird. Der Untertitel der Geschichte lautet
ganz im Sinne der parodierten literarischen Richtung:
"Ein dreifach geflochtener Kranz, niedergelegt auf
dem Altare schlichter Heimatkunst."[48]

Es ist kein bestimmter Autor, den Meyrink parodiert, sondern eine in der Heimatkunst weitverbreite-
te, trivale Gattung von 'Erfolgsgeschichten'. Es ist
bezeichnend für Meyrinks mystifizierende Art, daß es
dem Leser bis zuletzt nicht klar wird, ob es sich bei
dem 'Wildschwein' um ein Schwein oder ein Mädchen handelt. Die Bezeichnung ist auf keinen Fall als Schimpfwort gemeint, sondern Meyrink will damit das Stramme,

Urwüchsige und Bäuerliche in der Kunst verspotten,
indem er ein im Sinne der Heimatkunst musisch begab-
tes Mädchen im 'Wildschwein-Kostüm' präsentiert.

Nach der Erzählung spielt es auf jeden Fall die Rolle
eines Mädchens namens Veronika, das nach der Aufführung eines rührseligen Heimatstückes sein Dorf verläßt. Es zieht in die Stadt, wird durch einen Schuhplattler-Tanz berühmt, mit dem es eine Wilhelm-Tell-
Inszenierung unterbricht, und richtet sich nach dem
großen Erfolg ein idyllisches Familienleben im Wohl-
stand ein.

An dieser Geschichte kann man wiederum einige typische
Merkmale der Heimatkunst aufzeigen, die Meyrink im
Sinne hatte, als er diese höchst amüsante Parodie
schrieb. Da ist zum Beispiel das augenfällige Element
des Patriotischen. Bei dem Schuhplattler-Tanz während
der Aufführung ist man zunächst ratlos, bis sich das
Heimatliche doch auf einmal in einer überschwenglichen
Begeisterung der Zuschauer Geltung verschafft:

"Dann aber brach es los wie ein Erdbeben.
'Allppenkunscht, allppenkunscht, der Dichchter ischt
sicherrlich ous der Schwiez gsi', röchelte ein Schweizer Kritiker ohne Hemdkragen.
Rechtschaffene Männer mit Hirschhornknöpfen wuchsen
aus dem Boden, hinter wallenden Bärten, die blauen
treu-dreieckigen Augen mit deutscher Biederkeit gefüllt.
Im Stehparterre war eine Druse pechschwarz gekleide-
ter Oberlehrer aufgeschossen, und aus ihrer Mitte
stieg ein hoher Ton ekstatisch zum Himmel an: 'Anz
Pfaderland, anz dojre, schlüs düch an'. Es war da
des Patriotismus kein Ende mehr! Und der einzige
Oscar Wilde- und Maeterlinck-Verehrer der Stadt, ein
degenerierter Zugereister, hielt sich zitternd in der
Toilette verborgen."49)

Es mag dahingestellt sein, ob sich der bayerische Lokalpatriotismus überhaupt dafür eignet, in deutschen
Chauvinismus verwandelt zu werden. Meyrink braucht
jedoch die Kulisse dieser biederen Leute, um eigentlich die kunsttheoretischen Unterschiede zwischen der
Heimatkunst und der Moderne an einem krassen Beispiel
aufzeigen zu können. Denn hier wird nicht die allge-

meine Fremdenfeindlichkeit als solche thematisiert,
was durchaus als chauvinistisch zu bezeichnen wäre,
sondern eine Fremdenfeindlichkeit innerhalb der Kunst.
Der Schlußgesang in dieser Parodie macht es sehr deutlich:

"Und drohe auch welsche Art wie nächtlich grimmer
Wolf unsere Hürde zu beschleichen, die tückischen
Krallen zu wetzen nach dem Hort teutscher Kunst, -
nein, Herz, sei unverzagt, nimmermehr wollen sie es
uns entfremden - die Pierre Lotis, die Oscar Wildes
und Maeterlincke, die Stindberge, Wedekinde und der
grämliche Ibsen und wie sie alle heißen mögen, diese
ausgestoßenen Stiefkinder bodenständiger unverfälsch-
ter Fabulierkunst, - nimmermehr entfremden das holde,
innigschlichte Bild unserer ... Veronika."50)

Das zeigt, wie perfekt Meyrink den herrschenden Ton
der parodierten Denkrichtung nachahmen kann. Die Fremdenfeindlichkeit ist zu der betreffenden Zeit (1908)
weniger im politischen und sozialen Sinne zu verstehen, sondern sie ist ein unzertrennlicher Teil der
ideologischen Richtung der Heimatkunst und wird nur
innerhalb der kunsttheoretischen Überlegungen vom
Heimatkünstler vehement vertreten.

Grund für die Ablehnung der modernen Autoren,
von denen hier einige namentlich genannt sind, war
die Bereitschaft dieser Autoren, auf die veränderten
psychischen und sozialen Probleme der Zeit einzugehen,
statt bei den 'holden' und 'innigschlichten' Bildern
zu verharren. Daß ihre Werke dementsprechend anders
ausfielen als gerade harmonisch, war unvermeidlich.
Dagegen wiederum wurden unter anderem auch die Klassiker ins Feld geführt, die angeblich 'dem Volke aus
der Seele' gesprochen hätten. Es besteht kein Zweifel,
daß es sich bei dieser Hochschätzung der Klassiker
entweder um Ideologisierung oder um Trivialisierung
der Klassik handelt, aus der man alles Problemati-
sche hinwegfiltriert hatte. Gerade das greift aber
Meyrink scharf an, wenn er auf Klassiker zu sprechen
kommt. Bereits in 'Schöpsoglobin' spricht Meyrink von

"unseren geschätztesten berittenen Dichter(n)".[51]
Meyrink geht mit den sentimentalen Gefühlen nicht
gerade zimperlich um. Jörn Uhl hebt ein Buch und legt
es gleich wieder ab mit der Bemerkung: "Es is wohl
Claudius, der Wandsbecker Bote:-- 'lieber Mond, du
gehst so stille' - der ruht nu man schon lange draußen
in Ottensen!"[52] In der Geschichte vom Wildschwein
Veronika parodiert Meyrink hauptsächlich Schiller.
Veronika unterbricht bezeichnenderweise eine Wilhelm-
Tell-Aufführung bei der fast zeremoniell gefeierten,
längst kitschig gewordenen Szene vom Apfelschuß. Der
Ernst des Textes wird durch den mundartlich-gefärb-
ten Sing-Sang ins Lächerliche gezogen:

"Mit dem Feil, dem Boochen   durch Gebürch und Dahl
kommt der Schütz gezoochen   frühüh, am Mohorgenstrahl"[53]

Aber auch beim Abschied vom Lande zitiert das Wildschwein aus dem Werke Schillers: "Lebt wohl, ihr Berge,
ihr geliebten Triften, -- ihr Wiesen, die ich wässer-
te --."[54] Es ist also ein ins Sentimentalische ver-
flachter Text, der aus seinem ernsten Zusammenhang
gerissen in einer banalen Situation verwendet wird.
Der dadurch entstehende Widerspruch kann nicht kraß
genug ausfallen. Es geht aber auch um trivialisierte
Naturpoesie, die in einer Zeit der wirtschaftlichen
und sozialen Veränderungen längst anachronistisch geworden war. Die Parodie beginnt mit den Worten:

"Vom Alpensee wehte kühl der Odem des keimenden Mor-
gens, und voll Unruhe irrten die Nebel umher auf den
nassen, schlummernden Wiesen."

Einige Zeilen weiter heißt es:

"Der Mond war quer über den Himmel geschlichen..."
"Schon quoll der erregende Hauch des Morgengrauens
aus der Erde, blutwarm stank es aus den Bauernhäu-
sern."[55]

Es ist nicht alleine die diffizile Ironie in den Bildern von "umherirrenden Nebeln" oder "schleichendem
Mond", sondern der lapidare Gebrauch des Wortes "stin-

ken", was die Illusion von der lieblichen Natur zu-
nichtemacht. Es sind eben die Züge des Idyllischen
im Naturverständnis und der kitschige Hang zur Ver-
neidlichung (schlummernde Wiesen), auf die es Meyrink
abgesehen hat.

Die Verniedlichung der Natur steht in einer direkten Beziehung zu den verniedlichenden Bildern einer
Familienidylle, wie sie im dritten Teil der Parodie
unter der Überschrift 'Stilles Glück' gezeichnet wird:

"Und willst du jetzt, geneigte Leserin, Zeugin sein
eines stillzufriedenen Glückes, - komm, folge mir in
das behagliche Stübchen, ...
Frau Veronika, wie immer in der geliebten Tracht
ihrer Heimat, wehrt den übermütigen Rangen, die,
zwölf an der Zahl, bei der stämmigen Gestalt ihres
Erzeugers doch alle der Mutter wie aus dem Gesicht
geschnitten, sie jauchzend umdrängen. Gesteht, ist
das nicht ein entzückendes Bild?! Ein erhebendes Symbol wahren dauernden Glückes zweier, die mit klarer
Besonnenheit ihren gegenseitigen schlichten Wert er-
kannten und jedem Tande abhold, stets ihrem Stande,
ihrem Stamme treu geblieben waren. Die nie zu hoch
hinaus gewollt ins Unreale und flugs zugegriffen,
wenn es galt, ehrlichen irdischen Vorteil beim Schopfe
zu fassen. Oh, könnte sich unser Auge, wohin es in
der Welt auch blicke, doch stets an solch inniger
Vollkommenheit erlaben!"56)

Meyrink hat in dieser Passage fast alles zusammenge-
drängt, was als Requisit der trivalen Heimatkunst un-
entbehrlich ist: die Vergewisserung, daß man sich mit
dem Leser in vollkommenen Einverständnis befindet
durch die vertraulichen Anredeformen, wobei der Leser
seinerseits auch gerade das erwartet hat, was der Autor vortragen will. Die Idylle der Behaglichkeit und
Harmonie, die eben in der Beschränktheit der vier Wän-
de bestehen soll. Und schließlich bleiben auch die
moralistischen Betrachtungen eines spießbürgerlichen
Pragmatismus nicht ausgespart, der aus dem Gegebenen
immer das Beste macht.

Naturidyllen und Familienidyllen bedingen sich
gegenseitig. In der Verquickung von Naturpoesie und

menschlicher Harmonie wird in einer Zeit offenkundiger
Disharmonien die ideologische Verbrämung dieser Kunst-
richtung sichtbar, als ob die Natur ausschließlich dazu da wäre, aus dem Menschen ein moralisches Wesen zu
machen. Eben diesen Aspekt hat Meyrink in einer anderen
Satire zu verdeutlichen versucht. Ihr Titel lautet
'Meine Qualen und Wonnen im Jenseits' (1913), und
er berichtet darin angeblich von seinen Erlebnissen
im Himmelreich:

"Also: keine Minute läßt die Natur den Pilgrim hier
unbelehrt. Kaum ruht dein Auge auf einem grünen Blatt,
schon wird es eines eingravierten Kernspruches gewahr,
der dich erhebt und in der Tugend bestärkt. Alles und
jedes hat seine Devise. Das Veilchen spricht: 'ich
bin die Bescheidenheit; komm, willst du es mir
nicht nachtun?' Kurz: Natur und Pädagogik sind zur
Harmonie vereint, Die Stengel der Rosen sind mit Plüsch
umwickelt, auf daß ihre Dornen dich nicht verletzen,
und auf den Wipfeln der Bäume sitzen gebesserte Lämmergeier, jubeln mit den Staren um die Wette und
schmettern hinaus ins Morgenrot ihr Lied: 'Üb immer
Treu und Redlichkeit'."57)

Die Satire endet mit der makabren Aufforderung an die
Leser, sich so schnell wie möglich aufhängen zu lassen, damit sie im Himmelreich einem "neuen unbekannten Stück von Schönherr" beiwohnen können, "das 'Glaube und Heimat' weit in den Schatten stellt." wobei
er eine solche Aufforderung noch mit "eiligem Hosi-
anna - Ihr aufrichtig verstorbener Gustav Meyrink"
unterzeichnet. Abgesehen davon, daß Meyrinks Satire
in solchen gedanklichen Auseinandersetzungen eine un-
übertreffliche Höhe erreicht, mag diese Satire denen
zu denken geben, die Meyrinks übersinnliche Welten
in einem allzu buchstäblichen Sinne verstehen.

Man kann es nur bedauern, daß neben den gele-
gentlich parodistischen Zügen in seinem Werk die drei
Frenssen-Parodien, die Geschichte 'Das Wildschwein
Veronika' und eine Hauptmann-Parodie seine einzigen
Parodien geblieben sind, und daß ein geplanter Band
mit Parodien für den Kurt-Wolff-Verlag nicht zustande

kam. Kurt Wolff war von sich aus Anfang 1914 an Meyrink mit der Bitte herangetreten, für ein geplantes
satirisches Buch kleine parodistische Skizzen zu
schreiben, und er dachte dabei in erster Linie an
Schönherr, Kellermann und andere zeitgenössische
Autoren. Zur Orientierung schickte er Meyrink die
zwei Bände der Parodien von Fritz Mauthner, ebenfalls
einem Prager.Meyrink nahm den Vorschlag mit Begeisterung auf und versprach, im Herbst des Jahres 1914
die Parodien zu liefern. Es ist interessant zu wissen,
welche Schriftsteller und Werke sich Meyrink dafür
ausgesucht hatte (aus dem Brief an den Verlag):

"Ganghofers Alpentrotteleien
Rosegger: Martin der Mann.
Gottfried Keller (Hector und Andromache auf dem Dorf,
                  Der 'violette' Heinrich.)
Wilde's Salome
Häckel's "Welträtsel"
S. Freud's erotische Complextheorien
Harden?
Ein theosophischer Vortrag von Dr.Rud. Steiner(?)
Carmen Sylva
Kleist: Das Erdbeben von Chile (in lauter Relativ-
                  sätzen)
Dann: eine ganz neuartige Parodienart, indem man zwei
heterogene Dichter niederträchtigerweise mitsammen
verschmilzt, z.B. Goethe und Wedekind ("Die Büchse
der Iphigenie auf Tauris" etc.)
Schönherr: (Vermutung und Heimat)
Zorngräber: Die 'letzten' Menschen
Otto Ernst: "Orangenschnute"
Hoffmannsthal: Der Tepp und der Tod."[58]

Bedenkt man dazu noch, daß Meyrink nach den Privat-
notizen[59] auch Dauthendey, Karl May (Old Tatterhand)
und die Gebrüder Mann in die Liste der parodierten
Autoren einbeziehen wollte, so wird einem klar, wie
abseits Meyrink seinen eigenen Standort gesehen haben
muß. Dieser Parodienplan wurde nicht realisiert, was
sehr wahrscheinlich mit dem Ausbruch des ersten Welt-
krieges zusammenhängt , der für die satirische Gattung
auf jeden Fall eine Zäsur bedeutete.

Die Geißelung des Spießers

Satire zeugt gewöhnlich von einer kompromiß-
losen Individualität, und Satiriker sind Individuali-
sten, die selbst auf ihre Kollegen nicht gut zu sprechen sind. Wenn Tucholsky in einer Rezension der dreibändigen Novellensammlung dennoch von der Faszination
der Meyrinkschen Prosa berichtet, so liegt hier kein
gewöhnlicher Fall vor. Tucholsky schreibt: "Wir kennen
ja nun die hundert Meyrinks: den lyrischen und den
hassenden und den lächelnden und den traurigen und
den grinsenden und den schlagenden und den tötenden.
Das Schönste aber an diesen reizenden Bändchen ist
der Titel. Es ist sinnig, anheimelnd, und der Gebisse-
ne merkt erst etwas von seinem zerissenen Hosenboden,
wenn der trauliche Autor schon in weiter Ferne ist,
das Hütel auf dem linken Ohr ..."[60] Dies sind zweifellos die Worte eines bedeutenden Satirikers über
seinen älteren Kollegen, wobei die Altersunterschiede
durch die begeisternde Übereinstimmung in der Grundposition der satirischen Richtung zur Nebensache werden. Das Übereinstimmende hängt wohl mit dem Begriff
des 'Spießers' zusammen. Tucholsky hebt eben das Pro-
vokatorische in dem Titel der Novellensammlung von
Meyrink besonders hervor. Der parodierte Titel der
bekannten Liedersammlung der Romantik ist alles andere
als 'romantisch'. Meyrink kann zwar auch von 'Wundern'
berichten, aber sie sind weniger erbaulich. Sie sollten nach der Intention des Autors vielmehr schockie-
rend wirken auf den sozialpsychologischen Typus des
'Spießers', dem in den künstlerischen Auseinandersetzungen der Zeit eine zentrale Bedeutung zukommt.
Meyrinks Beispiele stammen bevorzugt aus bestimmten
Berufsgruppen, doch richtet sich seine Kritik nicht
so sehr gegen die Berufe als solche als vielmehr gegen die negativen Züge in den zwischenmenschlichen
Verhaltensweisen von Angehörigen dieser Berufe. Ob

es sich um die selbstgenügsame Überheblichkeit des
Arztes, um das übersteigerte Selbstbewußtsein des
Armeeoffiziers oder um das chauvinistische Pathos
des Heimatkünstlers handelt, sie alle sind für Meyrink schlechthin 'Spießer', denen es offensichtlich
an einem der Zeit- und Sachlage entsprechenden Bewußtsein fehlt. Die Entlarvung dieses Mangels ist
der gemeinsame Nenner aller dieser divers ausgerich-
teten Satiren. Damit sind die Satiren gegen Wissen-
schaftler, Militärs oder Heimatkünstler gleichzeitig
Satiren gegen den Spießer im allgemeinen.

Einige markante Eigenschaften des 'Spießers'
hat Meyrink jedoch gezielt angegriffen, wenn er auf
ihn zu sprechen kommt. Da ist zunächst der Hang zur
'Sentimentalität' zu nennen. In dem Roman 'Der Golem'
schreibt Meyrink:

"Da kennen Sie das schleichende Gift der Suggestion
nicht. ... Nur das widerlichste Pathos wirkt auf solche Hundsfötter! ... Kein 'Kitsch', wie es die Maler
nennen, ist niederträchtig genug, als daß er nicht
der bis ins Mark verlogenen Menge Tränen entlockte -
sie ins Herz trifft! Glauben Sie denn, man hätte
nicht längst sämtliche Theater mit Feuer und Schwert
ausgetilgt, wenn es anders wäre? An der Sentimentalität erkennt man die Kanaille. Tausende armer Teufel
können verhungern, da wird nicht geweint, aber wenn
ein Schminkkamel auf der Bühne, als Bauerntrampel ver-
kleidet, die Augen verdreht, dann heulen sie wie die
Schloßhunde."61)

Auf das falsche Bewußtsein des Spießers zielt Meyrink,
wenn er seiner Wut gegen die Rührseligkeit freien
Lauf läßt, die sich ihr Objekt, an der Wirklichkeit
vorbei, nur in einem vorgeprägten Schema sucht. Es
ist eben diese gleiche Rührseligkeit, wenn sich der
Offizier seiner 'feschen' Kriegszeiten erinnert oder
der Heimatkünstler die verniedlichte Natur besingt.

In einer seiner frühen Erzählungen "Tut sich,
macht sich 'Prinzeß'" (1902) hat Meyrink auch die
äußere Erscheinung des Spießers karikiert. Darin

wird die Bahnfahrt eines 'Gigerls' mit zwei 'Spießern'
beschrieben, wobei die Gegensätze im äußeren Aussehen
und in der Lebensauffassung auf die jeweilige Gegen-
seite provozierend wirken.

"Sie billigten solchen Tand natürlich nicht. - Ein
charaktervoller Mann hat an den Knieen knollenartige
Ausbuchtungen der Hosen - er trägt breitkrempige Hüte,
wenn schmalkrempige modern sind, und umgekehrt. -
(Die meisten Hutläden nähren sich von solchen ehren-
festen Leuten.) -
Und wie affektiert, den kleinen Finger mit einem Ring
zu schmücken. - Wozu - um Gottes willen - hat man denn
einen Zeigefinger! - ....
Eine ältliche Dame blieb im Wagenkorridor stehen. -
Der Herr Baurat grüßte verbindlich durch die offene
Türe.
"Bitt' Sie, wer ist das?" fragte der Oberinspektor
neugierig. "Die - die kennen Sie nicht? Das ist doch
die Frau ... sie und ihre Schwestern haben doch alles.
- Bitt' Sie was, denn die, die haben's gut - das sind
- das sind ...." "Verdammte Spießbürger," ergänzte
doppelsinnig das Gigerl,..."62)

Hier werden nun einige Attribute des Spießers sichtbar gemacht. Die fixe Vorstellung davon, wie ein 'charaktervoller' Mann auszusehen hat, zeigt, daß für ihn
nur der Schein von Biederkeit und solidem Lebenswandel
zählt. Daß es sich um eine Scheinexistenz handelt
und nicht um Überzeugung, wird durch das neidische,
versteckte Sehnsüchte entlarvende Hinschielen auf
die Andersartigen deutlich. Der Spießer glaubt, besser
als die anderen zu sein, weil er auf der Seite des
'Charaktervollen' steht, und darin manifestiert sich
seine Borniertheit. Weil es dem 'Charaktervollen' jedoch an jeder Grundlage fehlt, wird es bloß zur Phra-
se. Auch seine sprachlichen Äußerungen bestehen aus
Phrasen wie 'die haben's gut'. Die Gegensätze zwischen 'Gigerl' und 'Spießer' im Aussehen entsprechen
den Gegensätzen im idealen Bereich. Während das Gigerl von den Ekstasen schwärmt und absichtlich spie-
lerische Erotik ins Gespräch bringt, lobt der Spießer
die bescheidenen Freuden an guten Mahlzeiten, über
Erotik ist er entsetzt, zumindest wenn er seine schein-
heilige Moral plötzlich entlarvt sieht.

Ein heiteres Beispiel der spießigen Gesellschaft
hat Meyrink in der satirischen Fabel 'Die Geschichte
vom Löwen Alois' gezeichnet. Es ist die Geschichte
von einem Löwen, der als Findelkind von einer Herde
Schafe aufgenommen und großgezogen wird. Der Löwe bedeutet in dieser Fabel eine starke Individualität,
während die Herde Schafe für die Gesellschaft im allgemeinen steht, die aber deutliche Züge von Spießer-
tum trägt. Daß die Herde Schafe ohne Hirten existiert,
ist als ein Seitenhieb Meyrinks auf die Demokratie zu
verstehen: "Hirten haben wir nicht, unberufen, die
dreinreden dürften," meinten die Schafe."[63] Nur diesem 'hirtenlosen' Zustand verdanken sie den widerna-
türlichen Einfall, ein Löwenkind großzuziehen. Nur
ein Widder (Herr Schmucke) ist dagegen. "Er legte den
Kopf schief und sagte melodisch: "Scheene Sachen werden da noch emol 'erauskommen," aber weil er immer
alles besser wußte, kümmerte sich niemand um ihn."
Herr Schmucke wirkt in seiner Besserwisserei ebenso
spießig wie die Frau Bovis, die den Löwen annimmt,
weil Erziehen ihre Leidenschaft ist. Bezeichnend für
den Spießer ist aber auch die peinliche Einhaltung
vorgegebener Normen innerhalb der Gesellschaft. Eine
uneheliche Geburt ist etwas Verpöntes und unterliegt
gesellschaftlichen Sanktionen. So erhält das Findelkind zwar einen Vornamen Alois; an der Stelle des
Familiennamens macht der 'Gemeindeschöps' aber drei
Kreuze. "Damit aber jeder sehen könne, daß hier wahrscheinlich eine uneheliche Geburt vorliege, schrieb
er es auf eine Extraseite."[64] Es sind vor allem die
diskreten Formen der Diskriminierung, die eine vollständige Integrierung verhindern, und dies, obwohl
sich Alois bemüht, sich so zu benehmen wie die Schafe,
um mit ihnen die gleichen Lebensstationen zu durch-
laufen: Erziehung in 'vaterländischer Ruhmesgeschich-
te', Träumen von 'Kadettenschule', Liebesneigung zu
einem Schaf namens 'Scholastika' und abschließend

Hochzeit. Nur ein einzigesmal kommen ihm Zweifel an
seiner Identität, als er einem alten Löwen begegnet,
der entsetzt ausruft: "Herr, so sagen Sie doch nicht
immer ... 'bäh'. Sind Sie denn wahnsinnig? Sie sind
doch ein Löwe, um Gottes willen."[65] Die Gesellschaft
der Schafe ist aber ihrerseits nicht bereit, ihn als
Löwen zu akzeptieren. Bei einem Brüllversuch wird er
ausgelacht, wobei er entschuldigend hinzufügt: "Par-
don, ich meine damit .... ich bin nämlich ein Löwe."
Hier springt jedoch der Pastor ein, der ihm ins Gewissen redet, damit er 'das Löwentum' in sich nieder-
wirft und in 'Demut' verharrt. Erst nach dieser von
Meyrink stark ironisierten, seelischen Bearbeitung
steht einer Hochzeit zwischen Alois und einem Schaf
nichts mehr im Wege. Es ist die Tochter des gleichen
Herrn Schmucke, der bereits am Anfang Ungutes prophezeit hatte. Auch jetzt ist er gegen die Verbindung
eingestellt, mit der spießbürgerlichen Vorstellung
von Gleichsetzung von materiellem und menschlichem
Wert: "Er is nix, er hat nix."[66] Gesellschaftliche
Aufwertung steht jedoch auf der Skala seiner Wertbe-
griffe höher als materielle Vorteile, so daß der se-
mitisch gezeichnete Herr Schmucke schließlich doch
von seiner Frau mit dem Argument überstimmt wird,
" er ist ja doch blond".

Auf diese Weise schließt sich ein engmaschiges
Netz von Institutionen einer spießbürgerlichen Gesellschaft um eine individualistische Natur, für die
es keinen freien Raum für ihre Entfaltung gibt. Institutionen der Erziehung, Sitte, Moral und Religion
ziehen einen Kreis um den Einzelnen, dem nichts anderes übrig bleibt, als sich mit der herrschenden
Mittelmäßigkeit zu arrangieren. Daß dieses Arrange-
ment nur auf Kosten der individuellen Eigenschaften
zustande kommen kann, entgeht dabei dem Autor nicht,
der immerhin versucht, die darunter liegende Unstimmigkeit mit symbolischen Tierbildern zu illustrieren.

Skepsis gegenüber der Zivilisation

Man kann bei der Satire Meyrinks noch einen
Schritt weiter in die Richtung des Allgemeinen gehen
und bereits in dieser frühen Phase seines Schaffens
das feststellen, was man im Zusammenhang mit der expressionistischen Literatur 'Zivilisationskritik'
nennt. Man muß dabei allerdings einschränkend hinzu-
fügen, daß es weniger ausdrückliche Kritik als vielmehr eine Art von Skepsis gegen die Zivilisation ist,
die in Meyrinks Simplicissimusnovellen durchschlägt.
Eine regelrechte Kritik an der Zivilisation wird erst
in den Romanen Meyrinks artikuliert. Es wäre gewiß
nicht falsch, die Geschichte vom Löwen Alois in dem
Sinne zu interpretieren, daß hier ein Widerspruch
zwischen Triebnatur und Instinktkultur vorliegt. Lediglich die allzu deutlich spießigen Züge der agierenden Personen würden diese Verallgemeinerung nicht zu-
lassen. Meyrinks andere satirische Fabeln wie 'Tschitrakarna, das vornehme Kamel' (1905) oder 'Amadeus
Knödlseder - Der unverbesserliche Lämmergeier' (1915)
kann man ebenfalls im Sinne dieser Zivilisationsskepsis
interpretieren. In solchen Fabeln wird der trügerische
Friede eines zivilisierten Zusammenlebens schonungs-
los entlarvt.

In der ersten Fabel von dem vornehmen Kamel besteht die Vornehmheit in der modisch schicken Erscheinung des Kamels, das als Musterbeispiel von 'Bushido'
gilt:

"Bushido? Das ist der neueste hysterische 'Holler'!
Bushido, das ist so ein moderner 'Pflanz' - eine besondere Art, sich fein zu benehmen, - japanischen Ursprungs. .... Man grinst freundlich, wenn einem etwas
Unangenehmes passiert."67)

Die Raubtiere, die miteinander friedlich Karten spie-
len, üben sich auch in 'Bushido', bis ein harter Win-
ter einbricht und das vornehme Kamel ihrer Intrige

zum Opfer fällt. Die zweite Fabel ist ein Jahrzehnt
später geschrieben worden, enthält aber auch die
gleiche Lehre. Der Lämmergeier betreibt wegen seiner
Kurzsichtigkeit ein Krawattengeschäft in einem Murmel-
tierstädtchen. Man ist von seinem 'tadellosen, bürgerlichen' Benehmen begeistert. Rührend ist die Bewunderung "wie erfreulich es doch sei, die segensrei-
che Wirkung gesitteten Lebenswandels selbst bei einem
erblich so schwer belasteten Individium" feststellen
zu können. Seine "Untertanentugenden - sparsam, flei-
ßig, erwerbsfreudig und mäßig (er trank bloß Limona-
de)" werden als Vorbild hingestellt. Erst am Ende
kommt auch hier die Wahrheit ans Licht:

"Grauenvoll, was sich da den Blicken bot!
Ein bestialischer Gestank entströmte der geöffneten
Kammer, und wohin sich das Auge wandte: ausgespienes
Gewöll, fast bis zur Decke hinauf abgenagte Knochen,
Gebein auf den Tischen, Gebein auf den Regalen, selbst
in den Schubladen und im Geldschrank: Gebein und Ge-
bein.
Entsetzen lähmte die Menge;jetzt war mit einem Schlag
klar, wohin alle die Vermißten gekommen waren." 68)

Meyrink beschreibt hier eine schauerliche Szene, wie
hinter der Fassade einer wohlgesitteten Bürgerlich-
keit das unfaßbare Bestialische geschehen kann. Vor
allem geschieht der Mord an ahnungslosen Opfern mit
einer mechanischen Selbstverständlichkeit, weil sich
der Lämmergeier der ihm von der Gesellschaft der
Murmeltiere zugewiesenen Rolle des integren Ge-
schäftsmanns gut angepaßt hat.

In beiden Fabeln siegt das Bestialische über
den zivilisatorischen Frieden, obwohl sie aus ganz
unterschiedlichen Zeiten (1905, 1915) stammen. Bei
der zweiten ist die Unverbesserlichkeit bereits im
Titel angegeben. Im Gegensatz zur ersten Fabel bricht
die Bestialität hier nicht eines Augenblicks eruptiv
durch, sondern ist von Anfang an vorhanden, bleibt
aber hinter dem Deckmantel der zivilisierten Bürger-
lichkeit versteckt. Während die erste Geschichte

durch die allgemeine Aussage einer satirischen Fabel,
der die Polemik fehlt, noch heiter wirkt, bietet die
zweite trotz der satirischen Schreibweise wenig Anlaß zur Heiterkeit. Der Inhalt der Satire geht über
Satirisches hinaus.

Durch die Aufdeckung dieses ideellen Hinter-
grundes eines grundsätzlichen Skeptizismus gegenüber
der modernen Zivilisation und der bürgerlichen Welt
gewinnen manche Partien der frühen Prosa Meyrinks
ihre besondere Bedeutung. Sie verweisen schon auf
die charakteristischen Themen der Romanwelt Meyrinks.
Bereits in seinen früheren Erzählungen wie 'Petroleum,
Petroleum' (1902), 'Der violette Tod' (1902), 'Der
Untergang' brechen die Visionen eines Weltuntergangs
durch. Ob es sich dabei um den sorgfältig kalkulierten Plan eines Terroristen handelt, der durch die
Sprengung der unterirdischen Trennwände von Ölreser-
ven die Meeresfläche mit Öl bedecken könnte, so daß
der Menschheit der Erstickungstod droht; oder um die
magische Kraft eines tibetanischen Zauberwortes, das,
durch die Presse weitergereicht, jedem Zuhörer den
sofortigen Tod bringt, ist nebensächlich. Die unheimlichen Visionen Meyrinks stammen aus einer vorexpres-
sionistischen Zeit und enden dementsprechend auch in
der Satire. Sie dokumentieren seine ideologiekriti-
sche Absicht, den Bürger in seinem angeblich gesicherten Wohlbefinden und, um mit Paul Zech zu sprechen, seiner
'Weltsicherheit' zu schockieren. Während das Unheimliche in Meyrinks Romanen hier seinen Ursprung hat,
gibt es vereinzelte Novellen und Skizzen, die eine
'mystische' Lebenshaltung verraten. Das sind Skizzen
wie 'Chimäre', 'Das ganze Sein ist flammend Leid'
(1902), 'Der Buddha ist meine Zuflucht' (1906). Sie
zeigen bereits in dieser frühen Phase seines Schaffens
eine Neigung zu resignativer, nach innen gekehrter
Selbstreflexion. Diese Hinweise mögen hier genügen,
denn relevant wird diese Problematik eigentlich erst
im Zusammenhang mit den okkultistischen Romanen
Gustav Meyrinks.

IV MEYRINKS BEZIEHUNG ZU PRAG UND SEINE
    'PRAGER' ROMANE

Meyrink und Prag

     In dem Roman 'Walpurgisnacht' schreibt Meyrink:
"Es gibt keine Stadt der Welt, der man so gerne den
Rücken kehren möchte, wenn man in ihr wohnt, wie Prag;
aber auch keine, nach der man sich so zurücksehnt,
kaum, daß man sie verlassen hat."[1] Das Kapitel, in
dem diese bekenntnishaften Zeilen stehen, ist mit der
bezeichnenden Überschrift 'Abschied' versehen. Das
Gefühl der 'Abstoßungs- und Anziehungskraft' der
Stadt Prag ist nun keineswegs Meyrinks persönliche
Erfahrung allein, sondern sie ist die gemeinsame Erfahrung einer ganzen Schriftstellergeneration aus
Prag, und fast, möchte man sagen, der deutschsprechenden Bevölkerung aus Prag um die Jahrhundertwende.

     Meyrink hatte zwar bereits 1904 der Stadt an
der Moldau den Rücken gekehrt, und war somit räumlich
von der Stadt seiner Jugend getrennt. Durch die zunehmende zeitliche Trennung jedoch näherte er sich
geistig wieder immer mehr dieser für ihn 'geheimnisvollen' Stadt. Prag bestimmte nicht nur die Auswahl
seiner Themen und Motive, sondern auch die Form seiner
'okkultistischen' Romane, die den satirischen Stil
seiner Simplicissimus-Periode mit der Zeit fast völlig verdrängte. Schließlich wird Prag in den meisten
seiner Romane zum Handlungsort. Selbst bei der einen
namentlich genannten Ausnahme von Amsterdam in 'Das
grüne Gesicht' unterscheidet sich die Judenstadt darin wiederum kaum vom Prager Ghetto. Es sind eine
Reihe von Faktoren, und zwar nicht allein biographischer Natur, sondern primär zeit- und geistesgeschicht-
licher Art, die eine solche Dominanz eines bestimmten
Ortes in der Literatur völlig legitim erscheinen las-

sen. Auf jeden Fall hat das Lokale in Meyrinks Romanen nicht im geringsten mit Provinzialismus oder
Lokalpatriotismus zu tun. Vielmehr versucht Meyrink
genauso wie manche anderen deutschen Schriftsteller
aus Prag die Besonderheit des Lokalen ins Allgemeine
und Symbolische zu objektivieren, mit allerdings
ziemlich unterschiedlichen Resultaten. Bei Meyrink
zum Beispiel wird die Besonderheit der Prager Lage
sowohl als solche thematisiert als auch ins Allgemein-Menschliche symbolisiert. Über beide Aspekte
wird man sprechen müssen, wenn man Meyrinks Beziehung
zu Prag erörtern will.

Wenn man dabei zunächst von der optischen Perspektive dieser gewiß altertümlichen Stadt ausgeht,
so soll Prag bereits auf den jungen Meyrink einen
nachhaltig tiefen Eindruck gemacht haben. Jahrzehnte
später (1928) erinnert er sich in einem autobiographischen Bericht:

"Als ich vor 45 Jahren aus dem nebeligen Hamburg vom Lotsen Schicksal in diese seltsame Stadt geführt, schon am ersten Tag eine lange Wanderung durch
die mir unbekannten Straßen unternahm, da blendete
mich eine helle Sonne, die in sengender Glut über den
altertümlichen Häusern brütete, - eine Sonne, die so
ganz anders schien als der frohe Himmelsglanz, den
ich von meiner Kindheit kannte aus dem hellen, sorgen-
losen Bayern. ...
Schon damals, als ich über die uralte Steinerne
Brücke schritt, die hinüberführt über die ruhevoll
fließende Moldau zum Hradschin mit seinem den finsteren Hochmut alter Habsburggeschlechter aushauchen-
den Schloß, da befiel mich ein tiefes Grauen, für das
ich keine Erklärung wußte. Jene Bangigkeit hat mich
seit diesem Tag nicht einen Augenblick verlassen, solange ich - ein Menschenalter hindurch - in Prag lebte. .. Sie ist nie mehr ganz von mir gewichen; sie
senkt sich heute noch auf mich herab, wenn ich an
Prag zurückdenke..."[2]

Prag hatte einen großen Teil seiner Vergangenheit in
seiner ursprünglichen Form bewahrt, als Meyrink 1885
nach Prag übersiedelte. Historische Gebäude aus dem
Spätmittelalter, der Renaissance und dem Barock sind

auch heute noch erhalten. Manche stammen aus der
Zeit, als Kaiser Karl IV. die Stadt zur Reichshaupt-
stadt machte. Durch die politischen Wirren der Nach-
folgezeit jedoch mußte sie ihre Stellung als Haupt-
stadt an Wien abtreten. Im Laufe der Zeit wurde Prag
eine Stadt ohne höhere Gesellschaftsschichten, nur
die Großbauten blieben als Denkmäler vergangener
Glanzzeit zurück. Die zum Teil leerstehenden oder
zweckentfremdeten Bauten wirkten ruinenhaft, düster
und gespenstisch. Meyrink ist seltsam fasziniert von
dieser gespenstisch konservierten Vergangenheit. "Ein
uraltes Palais, vor dem man fühlt: unmöglich kann darin seit Jahrzehnten ein Mensch gewohnt haben, so
dicht ist der grünspanüberzogene Türknauf mit aschigem
Staub bedeckt..."[3] In einem anderen Aufsatz schreibt
Meyrink: "Ich kenne keine Stadt, die wie Prag, wenn
man in ihr wohnt und mit ihr geistig verwittert ist,
einen so oft und in so merkwürdig zauberhafter Art
lockt, die Orte ihrer Vergangenheit aufzusuchen. Es
ist, als riefen die Toten uns Lebende bis an die Stellen, wo sie einst ihr Dasein verbracht..."[4]

Die Macht dieser Vergangenheit in Prag kurz vor
der Jahrhundertwende manifestierte sich aber noch auf
eine besondere Weise in dem architektonischen Kuriosum
des jüdischen Ghettos. Die Assanation des Ghettos
wurde erst in den neunziger Jahren in Angriff genommen und dauerte fast zwei Jahrzehnte. Daher kannten
die Prager Schriftsteller dieser Zeit das Ghetto aus
eigener Anschauung. In der Kafka-Forschung hat sich
ein bestimmter Zweig auf die Topographie Prags spe-
zialisiert und eine unübersehbare Fülle von Fakten
über Lokales in Prag geliefert. Danach stellte sich
das jüdische Ghetto mit seinen engverschachtelten
Häusern und deformierten Über- und Nebenbauten vor
seiner Assanation als eine exotische Kulisse dar.
"In den engen, verschlungenen Gäßchen", schreibt Wagenbach, "herrschte bis 1900 ein gespenstisches, tag-

fernes Leben, kennzeichnend schon die Häusernamen:
"Zum Mäuseloch", "Zum linken Handschuh", "Zum Tode",
"Zur Pfeffernuß".[5] Viel Lokales, das in den Roman
'Der Golem' eingegangen ist, verdankt seine Existenz
einer Vorlage der Ghetto-Wirklichkeit. In seinem Buch
'Kafka und seine Welt' schreibt Janouch:

"Mit Krach war ja diese Gegend immer wohlversorgt.
Denn im Hause gegenüber vor Kafka's Geburtsstätte
befand sich damals eine der berüchtigsten Unterwelts-
kneipen der Moldaustadt, das sogenannte Bataillon,
wo die Vertreter des ärmsten Lumpenproletariats stets
eine vorübergehende Heimstätte fanden.
Dabei ging es recht lebendig zu: man sang, trank und
trieb Tauschhandel. In den achtziger Jahren spielte
hier der blinde Zitherspieler Lojsitschek mit der un-
förmig dicken Harfenistin Mutter Kraus, die dann für
lange Jahre die 'Saitenrippen' für eine Violine ein-
tauschte: ... Nachdenkliche Gemüter, wie z.B. den
heruntergekommenen Juristen und Landtagsabgeordneten
Doktor Uher, der hier als Rechtsanwalt der Armen fun-
gierte, den ewig enttäuschten Doktor Uher, störte Pa-
neks musikalische Quetschkommode.... Das hinter der
Bataillonskneipe stehende Haus ZUM GRÜNEN FROSCH, wo
im Mittelalter die von den Prager Ratsherren besolde-
ten Henker und ihre Knechte wohnten, wirkte unter
solchen Umständen besonders düster."[6]

In dem Roman 'Der Golem' wird Meyrink zum scharfen
und übersensiblen Beobachter und Exponenten dieses
um die Zeit der Romanentstehung längst verschwundenen
Prags.

Neben der Düsterkeit der historischen Bauten
Prags waren die politischen Aussichten, einmal der
deutschsprechenden, besonders aber der jüdischen Bevölkerung in Prag nach der Jahrhundertwende mehr als
düster. Prag war die Stadt der drei Nationen, der
Deutschen, der Tschechen und der Juden, wobei das
zahlenmäßige Verhältnis der drei Gruppen eine erdrük-
kende Mehrheit der Tschechen aufwies. Die politische
und wirtschaftliche Macht konzentrierte sich bei der
deutschen Gruppe und damit war sie auf jeden Fall sozial wesentlich besser gestellt als Tschechen und Juden. Als Minorität sah sie sich aber einem ständig
wachsenden tschechischen Nationalismus ausgesetzt

und mußte mit Verbissenheit ihre tradierte gesellschaftliche Stellung gegenüber der Idee des National-
staates verteidigen. Gegenseitiger Haß konnte nicht
ausbleiben, und die daraus wachsenden Spannungen arteten in regelrechte Feindschaft aus. Während man die
Lage der deutschsprachigen Bevölkerung in ihrer de-
fensiven Haltung als kritisch bezeichnen kann, hatten
die Juden unter diesen Spannungen am meisten zu leiden. Sie wurden von keiner der beiden anderen Seiten
als ihnen zugehörige Gruppe akzeptiert, zumal die Juden selbst nicht in der Lage waren, sich zu entschlies-
sen, für welche Seite sie Partei ergreifen sollten.
Einige von ihnen sympathisierten zwar je nach ihrer
sozialen Stellung mit der einen oder anderen Seite,
aber die Uneinigkeit darüber ging mitten durch die
Familien. Die Lage der Juden in Prag war deshalb um
ein Vielfaches unerträglicher als die der Deutschen.
Eine vergiftete Atmosphäre von Haß und latenter Bedrohung kennzeichnete das gesellschaftliche und politische Klima im Prag der Jahrhundertwende. Paul
Leppin schreibt darüber: "Die Deutschen leben in
Prag auf widerstrebendem Boden. Die politischen Ener-
gien, die hier in den letzten Jahrzehnten fertigge-
worden sind, haben aus dem Zusammenleben beider Völ-
ker eine von beständigen Entfachungen durchbrochene
Spannung gemacht, Zwang, der von verhaltener Erregung
ausgeglüht, in erster Reihe Unbefangenheit des bürgerlichen Lebens beeinträchtigt."[7] Es ist daher verständlich, daß die meisten deutschen Schriftsteller
Prag den Rücken kehrten, sobald sie sich der uner-
träglichen politischen Umstände bewußt wurden. Mauthner, Rilke, Werfel und etwas später Brod, sie alle
verließen Prag. Kafkas Versuch, von Prag wegzugehen,
scheiterte an seinen, tragisch zu nennenden, Verhält-
nissen.

Der Entschluß, Prag zu verlassen, fiel Meyrink
nicht schwer. Durch den Ruin seines Bankgeschäftes
wurde er aus Prag geradezu vertrieben. Sein Zorn über
die ihm widerfahrene Kränkung ist in manchen seiner
frühen Erzählungen unüberhörbar. Die erste Form der
literarischen Auseinandersetzung mit dem Phänomen
Prag war daher satirisch. Da ist zum Beispiel die Novelle, die statt einer Überschrift nur die Initialen
G.M. trägt, die man für seine eigenen Initialen halten
würde. In der Novelle selbst stehen sie jedoch für
einen reichen Amerikaner, George Mackintosh, der für
eine Kränkung durch die Prager eine seltsame Rache-
aktion durchführt. Durch geschickt lanzierte Gerüchte,
es befände sich Gold unter der Stadt Prag, erwirbt er
eine Reihe von Gebäuden, läßt sie niederreißen und
verschwindet daraufhin spurlos. Erst ein Luftphoto-
graph entdeckt das Geheimnis der Aktion, indem er aus
der Vogelperspektive aus der Form der niedergerissenen
Häuser die besagten Initialen G.M. herausliest. Die
Motive, warum der Amerikaner auf diese Art der Stadt
Prag seinen Namen aufstempeln wollte, könnten fast
genau die von Meyrink sein:

"Langsam, aber sicher war er damals weggeekelt worden;
- alle hatten daran mitgearbeitet, - der mit der Mie-
ne der Freundschaft, jener mit Tücke und falschen Gerüchten, aber jeder mit einem Quentchen vorsichtiger
Verleumdung - und alle diese kleinen Niederträchtig-
keiten ergaben schließlich zusammen eine so große Gemeinheit, daß sie jeden anderen Mann wahrscheinlich
zerquetscht hätte, den Amerikaner aber nur zu einer
Abreise bewog. ....
Er war schrecklich verhaßt, und anstatt diesen Haß
zu verringern, indem er sich landläufigen Ideen angepaßt hätte, stand er stets abseits der Menge und kam
alle Augenblicke mit etwas neuem: - Hypnose, Spiritismus, Handlesekunst, ja eines Tages sogar mit einer
symbolischen Erklärung des Hamlet. Das mußte natür-
lcih die guten Bürger aufbringen."8)

Diese Novelle ist gewiß das einzige Dokument aus der
Frühzeit von Meyrinks Schaffen, das das Gefühl einer
immerhin literarisch vollzogenen Genugtuung so direkt

ausspricht. Es gibt aber von Meyrink noch die satirische Studie 'Prag' - eine optimistisch gehaltene
Städteschilderung in vier Bildern. Die literarische
Form der Reisebilder wird bei Meyrink genauso wie
bei seinem Vorgänger Heine zum Mittel der satirischen
Polemik. In der Studie selbst werden alle drei Gruppen, ob deutsche Offiziere oder wohlhabende jüdische
Bürger oder tschechische Patrioten verspottet. Dabei
gewinnt eben der eine Satz aus der obenzitierten
Stelle an Bedeutung, wenn von dem fiktiven Amerikaner
berichtet wird, daß 'er stets abseits der Menge' stand.
Die kompromißlose Unbürgerlichkeit als Tugend ist
nichts anderes, als das jeder Versuch einer Identifi-
zierung mit den existierenden Gruppen in Prag für Meyrink fragwürdig geworden war. Meyrink stand in der
Tat abseits aller Lager. Er spottet über die Deutschen
als Chauvinisten, über die Juden auch, insofern sie
den bürgerlichen Kreisen angehörten und die gleiche
Lebensweise nachahmten, die er bei den Spießbürgern
mißbilligte. Für die tschechische Bevölkerung und
ihren inzwischen lautstark gewordenen Nationalismus
konnte er sich ebensowenig erwärmen, zumal er als
Deutscher für sie ein Fremder war. Mitten in die
Stadt der drei Nationen gestellt, entfremdete sich
Meyrink allen drei Gruppen auf fast die gleiche Art
wie später Kafka, wobei Kafka allerdings diesen Iden-
titätsverlust in ganz anderen Dimensionen durchlebt
hat. Daß Meyrink bestimmte deutsche Verhältnisse als
Satiriker direkt angreifen konnte, zeigt, daß er trotz
aller Vorbehalte gegenüber der deutschen Gruppe sich
ihr zugehörig fühlte.

Zur Debatte steht in diesem Zusammenhang aber
auch ein bestimmter Aspekt der Prager deutschen Literatur, der hier erwähnt werden muß, weil er Meyrink
genauso betrifft wie die anderen Prager Schriftsteller
dieser Zeit. Es geht dabei um den Zusammenhang der so-

ziokulturellen Struktur Prags um die Jahrhundertwende
mit der Neigung zum Mystischen in den Schriften der
Prager Schriftsteller. Paul Eisner hat, und zwar mit
Recht, die These von einem dreifachen Ghetto für die
jüdischen Schriftsteller Prags vertreten. Peter Demetz
hat seinerseits in einem Überblick über die Prager
deutsche Literatur die 'Naturarmut und Neigung zum
Mystizismus' als die hervorstechenden Eigenschaften
der Prager Schule festgestellt.[9] Brod hat beide Thesen in einer lapidaren Weise für falsch erklärt und
bringt in seinem Buch über den 'Prager Kreis' als
Widerlegung nur zweitrangige Beispiele der Naturpoesie.[10] Die Forschung über die deutsche Literatur
Prags hat die obenerwähnten Thesen inzwischen mehrfach bestätigt.[11] Es bleibt jedoch zu erwähnen, daß
schon die betonte Darstellung der sozialen Wirklichkeit im Naturalismus die Natur aus der Dichtung langsam verdrängte. Der Mystizismus der Prager Schriftsteller ist also weniger eine Folge des Mangels an
Kontakt mit der Natur als vielmehr der sozialen Ghet-
to-Situation dieser Schriftsteller selbst und auch
der Gruppe, für die sie ihre Werke verfaßten. Hinzu
kommt aber noch eine lange Tradition der Mystik in
Prag selbst. Dem jüdischen Prag fiel dabei eine ziemlich wichtige Rolle als Vermittler der Mystik zu. Damit sind nur zwei Faktoren genannt, die für Meyrinks
okkultistische Mystik in Frage kommen und die mit der
Stadt Prag zusammenhängen. Über andere Gründe wird
in einem eigenen Kapitel zu sprechen sein. Der Begriff
des 'Ghettos' nimmt jedoch in den Überlegungen über
die deutsche Literatur Prags eine Schlüsselposition
ein. Hier geht es um die literarische Artikulation
einer Ghettoerfahrung besonderer Art, wie sie in den
Romanen 'Der Golem' und 'Walpurgisnacht' Gestalt angenommen hat. Das jüdische Ghetto im Roman 'Der Golem'
hat bestimmt nicht die Funktion einer beliebigen Kulisse. In 'Walpurgisnacht' bildet eben der 'sterile'

Adel ein soziologisches Ghetto. Räumliche Ghettos,
wie das jüdische, waren zwar im Zeichen des politischen Liberalismus längst verschwunden. Dafür waren
aber andere Ghettos an seine Stelle getreten. Man
lebte im Ghetto, weil man Jude war, oder weil man
Deutsch sprach, oder weil man zu der bevorzugten Ge-
sellschaftsklasse gehörte. Solche Ghettos übten, weil
sie unsichtbar blieben, einen noch grausameren Zwang
aus, als das wirkliche Ghetto. Dies war nun zwar eine
spezifische Prager Lage um die Jahrhundertwende. In
ihrer Umsetzung in der Literatur der Zeit wird sie
aber ins Symbolische gehoben. Nur so ist die Äußerung
Kafkas zu verstehen, die bezeichnenderweise im Zusammenhang mit Meyrinks Roman 'Der Golem' gefallen ist:

"In uns leben noch immer die dunklen Winkel, geheimnisvollen Gänge, blinden Fenster, schmutzigen Höfe,
lärmenden Kneipen und verschlossenen Gasthäuser. Wir
gehen durch die breiten Straßen der neuerbauten Stadt.
Doch unsere Schritte und Blicke sind unsicher. Innerlich zittern wir noch so wie in den alten Gassen des
Elends. Die ungesunde alte Judenstadt in uns ist viel
wirklicher als die hygienische neue Stadt um uns.
Wachend gehen wir durch einen Traum, selbst ein Spuk
vergangener Zeit."12)

Das Bild des Ghettos läßt sich hier sowohl zeitge-
schichtlich als auch existenziell interpretieren. Ins
Existenzielle gewendet wird bei Meyrink die menschli-
che Psyche durch das 'Zimmer ohne Zugang' symbolisiert.
Dem zeitgeschichtlich aktuellen Ghetto vom 'deutschen
Prag' ist er entflohen.

Aus dem bereits Erörterten läßt sich ablesen,
worauf das zu Beginn dieses Abschnitts erwähnte Gefühl
von 'Anziehung' und 'Abstoßung' in Meyrinks Beziehung
zu Prag beruht. Die seltsame Faszination Meyrinks durch
das Stadtbild seiner Jugendzeit steht in direktem Gegensatz zu der unverhohlenen Abneigung gegen die uner-
träglich gewordenen gesellschaftlichen Verhältnisse
der Prager Gegenwart. Aus der Liebe zu Prag wird eine
Art Haßliebe, die man in allen seinen Äußerungen über

Prag spüren kann. Das Prag der Vergangenheit und das
seiner Erinnerungen liebte er, über die Prager Gegenwart konnte er nur noch seinen Unmut ausdrücken. In
'Walpurgisnacht' schreibt er:

"Er ist von unten. Aus Prag - Da sind sie alle so
ähnlich. ... Wenn einer dem anderen begegnet, grinst
er hämisch, bloß damit der andre glaubt, man weiß
was über ihn. Hast d' es noch nie bemerkt, ... daß
in Prag alles wahnsinnig is? Vor lauter Heimlich-
keit? Du bist doch selbst verrückt, Buberl, und weißt
es bloß nicht! -- Freilich, hier oben auf dem Hradschin, da ist eine andere Art Wahnsinn. - Ganz anders
als unten. So - so mehr ein versteinerter Wahnsinn.
- Wie überhaupt hier alles zu Stein geworden ist. --
Aber wenn's einmal losbricht, dann is es, wie wenn
steinerne Riesen plötzlich anfangen zu leben und die
Stadt in Trümmer schlagen."13)

Es ist interessant zu beobachten, wie nah solche Wendungen in Meyrinks Überlegungen über Prag mit der
mythischen Parabel Kafkas 'Das Faust im Wappen' verwandt sind. So oft Meyrink auf Prag als Stadt zu sprechen kommt, drängen sich ihm Bilder von Haß und Grau-
samkeit auf. "Böhmen ist der Herd aller Kriege - Auch
jetzt wieder war's der Herd und wird's immer bleiben."14) Vor solchen Verallgemeinerungen schreckt
Meyrink nicht zurück. In einem Zeitungsinterview aus
dem Jahre 1922 präzisiert er seine Einstellung noch
einmal: "Für mich ist Prag, ich kann mir nicht hel-
fen, die Stadt der Verbrecherintelligenz, und ihre
Atmosphäre ist die Atmosphäre des Hasses ... Jahrelang war es mein heißester Wunsch gewesen, Prag für
immer den Rücken kehren zu können, aber wie mit Ker-
kermauern hielt es mich fest. ... Wenn mich jemand
fragt: 'Würden Sie gern wieder in Prag leben?', so
antworte ich: ja, aber nur in der Erinnerung; in
Wirklichkeit nicht eine Stunde."15) Bei aller Abneigung gegen die Prager Gegenwart liebte Meyrink die
Stadt seiner Erinnerungen, eine Stadt, die seine
geistige Welt tief geprägt hat. In den Romanen 'Der
Golem' und 'Walpurgisnacht' beschwört er manches aus
dem Prag seiner Erinnerung. In dem 'Engel vom west-

lichen Fenster' taucht ebenfalls das mittelalterliche
Prag in seiner glanzvollen Zeit wieder auf. Auch der
letzte, Fragment gebliebene Roman hat Prag zum Handlungsort. In dieser Hinsicht unterscheiden sich Meyrink und Kafka trotz ihres gemeinsamen Hanges zur
hintergründigen Phantastik. Während das Lokale bei
Kafka hinter dem Symbolischen vollkommen verschwindet, findet man bei Meyrink das Lokale in verschiedenen Varianten von der spöttisch-ironischen Wiedergabe bis zur Verfremdung ins Dämonisch-Gespenstische
wieder. Auch bei ihm ist der Hang zum Symbolischen
deutlich sichtbar. So kann man bei Meyrink das Lokale
als solches erkennen, weil es namentlich genannt wird,
ohne daß man allerdings von einer Identifikation der
fiktionalen Wirklichkeit mit einer vorgefundenen sprechen könnte.

Der Golem

Lange bevor Meyrink beim Simplicissimus sein
Debüt als satirischer Schriftsteller gab, trug er
sich mit dem Gedanken, einen Roman zu schreiben.[16)]
Während die Ausführung dieses Vorhabens vor der Simp-
licissimus-Mitarbeit vielleicht dadurch verhindert
wurde, daß ihm damals noch jede Erfahrung im Schreiben fehlte, wurde sie später durch zweierlei Faktoren verzögert. Erstens konnte Meyrink von seiner wirtschaftlichen Lage her nicht das schreiben, was er
gern geschrieben hätte, sondern er mußte vertragsge-
mäß Novellen für den 'Simpl' liefern oder, aus dem
gleichen Grund, das umfangreiche Werk von Charles
Dickens übersetzen. Zweitens stellte er vom Konzept
her an den Roman bestimmte formale Forderungen, die
er bei der knappen Form der Novelle nicht zu berücksichtigen brauchte. Davon wird noch zu sprechen sein.
Ergebnis dieser Verzögerung ist die lange Entstehungszeit seines ersten und nach dem übereinstimmenden Ur-

teil seiner Kritiker besten Romans 'Der Golem', auf
den sich diese lange Entstehungszeit auch sicherlich
günstig ausgewirkt hat. Die Entstehungsgeschichte
dieses Romans soll hier kurz skizziert werden.[17]

Am 19.1.1907 übermittelt Meyrink an Alfred Kubin eine Bitte der ebenfalls vom Langen-Verlag herausgegebenen Zeitschrift 'Der März', er möge zunächst
ohne Verbindlichkeit einige Bilder zu seiner neuen
Novelle schicken, die zusammen mit den Illustrationen
später auch als Buch erscheinen sollte.[18] Drei Tage
später jedoch warnt er in einer Postkarte Kubin davor, "sich nicht voreilig an Langen zu binden" und
stellt zunächst einen anderen Verleger in Aussicht,
der sich erst in dem nächsten Brief vom 8.2.1907 als
der Verlag Rutten und Loening herausstellt. Die Arbeit an dieser Novelle oder vielmehr an dem Roman geriet ins Stocken. Das an Kubin geschickte Manuskript
(nach dem Brief vom 19.1.1907 26 Maschinenseiten um-
fassend)war als 1/6 bis 1/8 der Gesamtlänge gedacht.
Der geplante Umfang ging also bereits damals über den
im ersten Brief erwähnten Begriff der 'Novelle' hinaus, so daß man mit Recht von einem Roman sprechen
kann. Aus einem autobiographischen Aufsatz von Kubin
erfährt man, was aus den gezeichneten Bildern geworden ist. Kubin schreibt: ... "da meinen Freund eine
sterile Periode überkam, verwendete ich daher die
schon fertigen Bilder für meinen eigenen Roman 'Die
andere Seite'."[19] Für Kubin bestand anscheinend kein
Hemmnis, die dem 'Golem' zugedachten Bilder für den
eigenen Roman zu verwenden, denn beide Romane schildern die Räume des Grauens. Die Schwierigkeiten, die
Meyrink mit der Fortsetzung seines ersten Romans hatte, und über die u.a. Max Krell sowie Wilhelm Kelber
zu berichten wissen, kündigten sich bereits in dem
zuletzt zitierten Brief Meyrinks an Kubin an. Meyrink schreibt darin:" Oft schmeisse ich ein Capitel

3-4 mal weg." Die allzu selbstkritische Haltung Meyrinks verhinderte die unbefangene Fortführung seines
Romans. Nach dem Bericht von Max Krell war es der Si-
nologe Felix Nöggerath, der 'den Knäuel' mit 'einer
Art Sternenkarte' entwirrte,[20] während nach der Aussage von Mena Meyrink[21] und Schmidt Noerr[22] diese
Hilfe von seinem Wiener Freund Fritz Eckstein kam,
der auf einem "Schachbrettmuster" die auftretenden
Figuren eintrug und "einen Vorschlag für eine Reihe
weiterer Kapitel" machte, der von Meyrink angenommen
wurde. Ein solches Schachbrettmuster ist für den zweiten Roman Meyrinks 'Das grüne Gesicht' in den Nach-
laß-Schriften vorhanden.[23] Buskirk bezieht noch die
Namen von Roda-Roda und, für den kabbalistischen Hintergrund, von Max Brod in die Liste der Helfenden
mit ein. Fest steht also auf jeden Fall, daß Meyrink
bei dem Verfassen seines ersten Romans Ratschläge sowie Unterstützung von einigen Freunden erhielt. Erst
nach viereinhalbjähriger Unterbrechung nach dem Brief
an Kubin wurde in der Zeitschrift 'Pan' "ein gerade
abzuschließender Ghettoroman von Meyrink mit dem Titel 'Der Stein der Tiefe'" angekündigt, den der Autor
aus Protest gegen den schlechten Lesergeschmack zunächst in England veröffentlichen wollte.[24] Abgeschlossen wurde der Roman im September 1913 und erschien zunächst als Serie in den 'Weißen Blättern'.
In Buchform kam 'Der Golem' erst im Jahre 1915 auf
den Markt.

In der langen Entstehungszeit hat also der Golem Roman von seinem Konzept her bestimmte Wandlungen
durchgemacht, die hier festgestellt werden sollen.
Anders als in seinem bisherigen Schaffen (Simplicissimus-Novellen und die gemeinsam mit Roda-Roda verfaßten
satirischen Komödien) ging es Meyrink hier von vorneherein um eine Form, die der Ernsthaftigkeit seines
Anliegens entsprach. Der in der Zeitschrift 'Pan'
angekündigte Titel des Romans 'Der Stein der Tiefe'

weist darauf hin. Wenn dieser Titel später durch
'Der Golem' ersetzt wurde, so deshalb, weil sich das
Gewicht bei dem Roman auf Grund der Bewußtseinslage
der Zeit vom Mystisch-Reflexiven jetzt mehr auf das
Unheimlich-Gespenstische verlagerte. Interessant in
dieser Hinsicht ist aber auch die Entwicklung vom
Konkreten zum Allgemein-Abstrakten. Ursprünglich
ging Meyrink von der Idee eines Romans mit Illustrationen aus. Bei der endgültigen Gestaltung in Buchform ist er froh darüber, "daß der Golem ohne Vignet-
ten erscheinen wird". Er empfiehlt dem Verleger sogar: "Bitte, überlegen sie, ob es nicht gut wäre, die
Kapitelüberschriften (Schlaf, Tag, Wach, Licht, etc.)
jedesmal, damit das Abstrakte, das in ihrer Einsil-
bigkeit liegt, noch besser herauskommt, - auf leere
Seiten - in die Mitte - vor die betreffenden Kapitel
zu setzen?"[25] Noch im Pan-Fragment lautete eine Ka-
pitelüberschrift "Der Trödler Wasserturm", die in
der endgültigen Fassung zu 'Prag' zusammenschrumpfte.
Alle Kapitelüberschriften des Romans mit einer einzigen Ausnahme, wo nur der Buchstabe I voransteht, bestehen aus einem einsilbigen Wort, wie 'Nacht, Schnee,
Angst, Trieb'. Das weist wiederum auf die expressionistische Richtung vom Konkret-Spezifischen zum Allgemein-
Typischen hin. Nun etwas zu den formalen Forderungen,
die Meyrink für die Komposition seines Romans an sich
gestellt haben dürfte.

Bei den theoretischen Überlegungen zu seinem
letzten Roman, der Fragment blieb, schreibt Meyrink:

"Durch abwechslungsreiche und sich im Effekt steigern-
de Handlung allein kann ein Roman nicht jene Spannung
erhalten, die er meines Erachtens haben muß, wenn er
Anspruch erheben will, ein vollkommenes Kunstwerk genannt zu werden; es gehört noch dazu, daß die Schilderung an sich originell, stimmungsvoll, lebendig,
optisch wirkend und derart erregend ist, daß der Leser vom ersten bis zum letzten Satz im Banne gehalten
wird.
Ein weiteres Ingrediens eines Kunstwerkes ist -

wenigstens bin ich dieser Meinung -, daß der Handlung
sowohl wie den handelnden Personen ein kosmischer
tieferer Sinn verborgen zu Grunde liegt. Natürlich
soll dieser Sinn nur für den feinfühligen Leser offenbar werden; aufdringlich soll die tiefere Bedeutung
niemals wirken."26)

'Spannung' und 'der tiefere Sinn' werden bei Meyrink
nicht als etwas Gegensätzliches aufgefaßt. Man kann
über das Bestreben nach Spannung in Meyrinks Romanen
unterschiedlicher Meinung sein. Sie birgt in sich bestimmte Gefahren, und manches negative Urteil über
seine Romanform verdankt ihr seinen Ursprung. 'Der
tiefere Sinn' hat genauso seine Tücken, wenn er nicht
von einem wohlfundierten Gehalt getragen wird. Er
kann, wenn er direkt vermittelt wird, zur Didaktik
herabsinken. Verschlüsselt man ihn aber zu sehr, so
verflüchtigt er sich ins Unverständlich-Mystische.
Man muß grundsätzlich einräumen, daß Meyrink nicht
in allen seinen Romanen eine glückliche Kombination
dieser von ihm aufgestellten Grundprinzipien gelun-
gen ist. Möglicherweise beruht das Desinteresse der
Literaturkritik an einigen Romanen Meyrinks und das
mäßige Interesse beim Publikum auf der bewußten oder
unbewußten Wahrnehmung einer Diskrepanz zwischen Ideal und Verwirklichung. In den Prager Romanen 'Der Golem' und 'Walpurgisnacht' läßt sich diese Kluft nicht
feststellen. Man ist versucht zu glauben, daß Meyrink
eine eigentümliche Sicherheit des Stils gewinnt, solange er sich an das große Thema 'Prag' hält, und das
tut er ja in diesen beiden Romanen. In den anderen
Romanen, wo er sich von Prag etwas entfernt, verläuft
sich die Handlung in fast unentwirrbaren, phantastischen Konstruktionen. Meyrinks geistige Welt ist also
zu sehr mit Prag verbunden geblieben. In dem Roman
'Der Golem' ist es vor allem das jüdische Prag, das
Meyrink zu Visionen von unbeschreiblichem Grauen verdichtet. Die Grundprinzipien von der Spannung und dem
'tieferen Sinn' formieren sich in diesem Kunstwerk zu

einem Geflecht von regelrechter Kriminalgeschichte
und mystischen Versenkungslehren, wobei das Mystische durch die Kriminalhandlung bedingt wird, denn
nur in der Begegnung mit den Erniedrigungen und Ab-
gründen des Menschlichen wird dem Ich-Erzähler der
Zwang zur inneren Versenkung bewußt. Die innere
Struktur des Romans wird jedoch bestimmt von einer
leitmotivischen Thematik der lauernden Angst, die es
verdient, daß man näher darauf eingeht.

In der Vorankündigung der Zeitschrift 'Pan'
fiel das Wort von einem 'Ghettoroman', und man muß
sich fragen, inwieweit Meyrinks Roman das Bild des
einstigen jüdischen Ghettos wieder heraufbeschwört.
Als Motiv ist es in der Literatur der Zeit, speziell
der Prager Schriftsteller keine Seltenheit. Um fast
die gleiche Zeit (1914) schreibt Paul Leppin über
das Ghetto: "-- Ein schiefes und düsteres Gewinkel,
aus dem kein Wetter den Geruch nach Moder und feuch-
tem Gemäuer wegzublasen vermochte und wo im Sommer
den geöffneten Türen ein giftiger Atem entströmte.
Der Schmutz und die Armut stanken hier um die Wette,
und aus den Augen der Kinder, die hier aufwuchsen,
blinzelte eine stumpfe und grausame Verderbtheit."[27]
Die Häßlichkeit des Ghettos dient Leppin zu einem
Bild der sozialen Anklage, indem er die erbärmlichen
Zustände schildert. Bei Meyrink ist zwar auch eine
unterschwellige soziale Anklage vorhanden. Das scheinbar Tote einer deformierten Architektur belebt, ja
dämonisiert er zu einem Bild von heimtückischer Bosheit. Die Ghettohäuser werden mit 'verdrossenen alten
Tieren' verglichen:

"Unter dem trüben Himmel sahen sie aus, als lägen sie
im Schlaf, und man spürte nichts von dem tückischen,
feindseligen Leben, das zuweilen von ihnen ausstrahlt,
wenn der Nebel der Herbstabende in den Gassen liegt
und ihr leises, kaum merkliches Mienenspiel verbergen
hilft. "[28]
"Mir war als starrten die Häuser alle mit tückischen

Gesichtern voll namenloser Bosheit auf mich herüber -
die Tore: aufgerissene schwarze Mäuler, aus denen die
Zungen ausgefault waren, Rachen, die jeden Augenblick
einen gellenden Schrei ausstoßen konnten, so gellend
und haßerfüllt, daß es uns bis ins Innerste erschrek-
ken müßte."[29)]

Die Schilderung sagt wenig über die Häuser selbst
aus, mehr über den Eindruck des Betrachters, der aus
Angst und Grauen besteht. In seinem Auge wird die
architektonische Fassade zu einem Bild der Bedrohung.
Die Architektur ist kein Raum der Häuslichkeit oder
Geborgenheit. Sie hat bedrohliche Züge angenommen,
und ist in ein feindliches Verhältnis zum Menschen
getreten. Die Reflexionen über die Unheimlichkeit
der Architektur enden mit dem Eingeständnis ihrer
Herrschaft über die Menschen, die den Häusern ihr
provisorisches Leben und Fühlen verdanken. Die Verwandlung von leblosen Gegenständen in gespenstische
Dämonen ist ein Beleg dafür, wie nah Meyrinks Roman
mit der Literatur des Expressionismus verwandt ist,
auch wenn er auf das übersteigerte Pathos und die
parataktische Satzstruktur vollkommen verzichtet.
Expressionistisch ist es, einem den Menschen entfremdeten Raum Züge des Gespenstischen zu verleihen.
Der Raum wird als etwas Fremdes, gleichsam Bedrohli-
ches erlebt, dem die Menschen in hilfloser Abhängig-
keit ausgeliefert sind. Trotz der lebendigen Wiedergabe mancher wirklichen Vorlagen ist die Darstellung
des jüdischen Ghettos im 'Golem' keineswegs ein Abbild des historischen Ghettos. Das Ghettobild im 'Golem' ist vielmehr gezeichnet von der modernen Erfahrung einer lauernden Angst, die nur von der Bewußtseinslage der Zeit her zu motivieren ist. Nicht
um seiner exotischen Häßlichkeit willen wird das
Ghetto heraufbeschworen, das düstere Bild mit heim-
tückisch-gespenstischen Zügen vermittelt eher eine
zur Zeit der Romanentstehung gegenwärtige Erfahrung
von Angst und Grauen.

'Angst' ist überhaupt das große Thema dieses
Buches, das in einer Reihe von Variationen die Erfahrung der Angst sowohl darstellt als auch thematisiert. Ein Kapitel trägt sogar die Überschrift 'Angst',
und zahlreich sind die Belege, die die Erfahrung der
Angst vor etwas Unbestimmten, Lauerndem artikulieren:

"Das Lauern ringsum trank jeden Laut. ...
Und immerwährend dasselbe entsetzliche Lauern in der
Luft - pausenlos, lückenlos, wie das Rinnen von Wasser. .. Es ist das Entsetzen, das sich aus sich selbst
gebiert, die lähmende Schrecknis des unfaßbaren Nicht-
Etwas, das keine Form hat und userm Denken die Grenzen zerfrißt. Dasselbe markverzehrende 'Nichts', das
nicht war und doch das Zimmer mit seinem grausigen
Leben erfüllte."30)

"Nur dieses blutlose, furchtbare Lauern nicht mehr
fühlen!"31) Neben den düsteren Ghettohäusern und
der thematisierten Angst gibt es aber auch andere
Räume, die seit jeher zur Literatur der Angst gehören. In den englischen Schauerromanen sind sie fast
immer als notwendige Requisiten vorhanden. Das sind
die lichtlosen, unterirdischen Gänge, die bei dem
einzelnen Menschen, der sich gewöhnlich dorthin ver-
irrt, durch die herrschende Dunkelheit und somit feh-
lende Orientierung Gefühle der Angst hervorrufen. Auch
im 'Golem' fehlen solche Gänge nicht. Es ist allerdings
nicht das Gruseln schauerromantischer Geschichten, das
die Wanderungen durch diese Gänge auslösen; sie sym-
bolisieren vielmehr das Untertauchen des Ich-Erzählers
in die Regionen seines eigenen Bewußtseins. Er taucht
unter und findet den Zugang zum 'Zimmer ohne sichtbaren Zugang'. Dieser Raum symbolisiert bei Meyrink die
menschliche Psyche. Der Kampf des Ich-Erzählers Pernath mit dem Golem um seine Identität und die Erfahrung der Angst sind miteinander eng verknüpft. Über
dieses Thema wird noch zu sprechen sien. In dem jetzi-
gen Zusammenhang geht es hauptsächlich um die Darstellung der Räumlichkeiten und ihre Funktion als Vermittler der Angsterfahrung. Das Motiv der Gefangenschaft

im Sinne der räumlichen Enge als ein epochales Merk-
mal im 'Golem' darf dabei nicht fehlen. Hinzukommt
die fast kafkaeske Situation, daß der Gefangene bis
zuletzt darüber im Unklaren gelassen wird, weswegen
man ihn gefangen hält. Das Eingesperrtsein auf engem
Raum mit völliger Ungewißheit über das Bevorstehende
wird als etwas Existentielles empfunden:

"Da gab es die gewissen Momente, die jeder von uns
kannte, wo plötzlich einer oder der andere aufsprang
und stundenlang auf und nieder lief wie ein wildes
Tier, um sich dann wieder gebrochen auf die Pritsche
fallen zu lassen und stumpfsinnig weiter zu warten -
zu warten - zu warten."[32]
Es lag etwas seltsam Fremdartiges in dem Gedanken, daß
es Menschen gab da draußen, die tun und lassen durften,
was sie wollten - die sich frei bewegen konnten und
da und dort hingehen und es dennoch nicht als unbe-
schreiblichen Jubel empfanden."[33]

Zusammenfassend läßt sich über die Darstellung des
Raumes bei Meyrink sagen, daß man hier eine Verwandlung im Sinne einer dichterischen Umdeutung des Prager Ghettos im 'Golem' vorfindet. Die Beschaffenheit
des Raumes wird zum Indikator eines seelischen Zustandes, der letztlich von der Erfahrung der Angst
und des Grauens bestimmt wird. Raum ist keine beliebige Kulisse einer Handlung, sondern bestimmt die
inneren Vorgänge der agierenden Personen.

Wenn man die Golemgestalt in Meyrinks Roman mit
der ursprünglichen Sage vom 'Golem' vergleicht, stellt
man fest, daß hier ebenfalls eine dichterische Umdeutung vorliegt. Meyrinks dichterische Umformung der
Sage[34] geht von der Prager Überlieferung aus, wonach
eine künstliche, aus Lehm hergestellte Figur dem le-
gendären Rabbi Löw durch die Kraft eines magischen
Wortes manche Dienste habe leisten können. "Es sei
aber doch kein richtiger Mensch daraus geworden, und
nur ein dumpfes, halbbewußtes Vegetieren habe ihn belebt."[35] Diese Lehmfigur wird im Unterschied zu anderen Autoren, die die Golemsage auch dichterisch ver-

wendet haben,[36] erst bei Meyrink zu einem zyklisch
erscheinenden Gespenst, das ein erhebliches Maß an
Unheimlichkeit ausstrahlt. In der symbolischen Figur
des Golem kommt Literarisches, Psychologisches und
Mystisches zusammen. Durch eingestreute Bemerkungen
und Erklärungsversuche wird immer nur jeweils eine
Seite des Golem beleuchtet. Literarisch lebt die inzwischen gespenstisch gewordene Gestalt der Sage bei
Meyrink weiter. Psychologisch gesehen stellt der Golem die willenlose Triebnatur des Ich-Erzählers dar.
Auf mystischer Ebene schließlich spielt sich die Begegnung des Ich-Erzählers mit dem Golem ab, von dem
er sein eigenes Ich zurückerobern muß. Er verkörpert
die dumpfe Aggressivität, die unerklärbar und ohne
Kontrolle durch bewußten Willen oder Vernunft existiert. Das dumpfe, halbbewußte Vegetieren seines
Wesens wurde bereits erwähnt. An einer anderen Stelle
spricht Meyrink vom Golem als dem "Symbol der Massen-
seele".[37] Er vergleicht schließlich alle gewöhnlichen
Menschen mit Golem, insofern sie in einer dumpfen,
halbbewußten Weise ihr Leben verbringen.

"Und wie jener Golem zu einem Lehmbild in derselben
Sekunde erstarrte, in der die geheime Silbe des Lebens aus seinem Mund genommen ward, so müßte auch,
dünkt mich, alle diese Menschen entseelt in einem
Augenblick zusammenfallen, löschte man irgendeinen
winzigen Begriff, ein nebensächliches Streben, vielleicht eine zwecklose Gewohnheit bei dem einen, bei
einem andern gar nur ein dumpfes Warten auf etwas
gänzlich Unbestimmtes, Haltloses - in ihrem Hirn
aus."[38]

Die Formen des Bewußtseins entscheiden über das Dasein des Menschen. Der gewöhnliche Mensch, so folgert
Meyrink daraus in radikaler Schärfe, hat zwar angeblich das Bewußtsein eines integren 'Ichs' In Wirklichkeit besitzt er jedoch gar nichts, sondern wird nur
von der blinden Energie eines 'Golems' getrieben. Den
sogenannten freien Willen gibt es gar nicht von vornherein. Er ist vielmehr eine Täuschung, die die Zwän-

ge nur verbirgt. Der Roman präsentiert eine ganze Ga-
lerie von getriebenen Figuren, die naturgemäß keine
Charaktere, sondern Typen sind: der gierige Wassertrum, die wollüstige Rosina, der eifersüchtige Loisa
und der haßerfüllte Charousek. Ihr ganzes Denken
kreist um diese eine spezifische Eigenschaft. Nur der
Mystiker Hillel ist darüber stets erhaben. Der Held
des Romans, Athanasius Pernath, erreicht diese Stufe
erst gegen Schluß des Romans, nachdem er für eine
sündige Verirrung durch den Trieb mit der Gefangenschaft gebüßt hat. Daß es sich bei dem Golem um keine
fremde, außerhalb des Menschen existierende Macht
handelt, wird dadurch offenkundig, daß er nur dann
in Erscheinung tritt, wenn einer (Pernath) sich in-
tensiv in seine Gestalt hineindenkt, oder daß er nur
solange lebt, wie der, dem er erscheint, sich im
Starrkrampf befindet (Frau Hillel). Angst und Schrek-
ken verbreitet der Golem nur dann, wenn den Menschen
seine Existenz durch besonders gruselige Geschehnis-
se evident wird, besonders solchen Menschen, die sich
dieser blinden, unerklärbaren Energie nie recht bewußt werden.

Die nächste Frage ist, wer sich denn überhaupt
ihrer bewußt wird. Hier setzt die Mystik Meyrinks ein.
Nur mancher Begnadete, der dem Golem als Doppelgänger
ins Antlitz gesehen und ihn überwunden hat, darf sich
rühmen, ein wahrhaft bewußt handelnder Mensch zu sein.
Der Ich-Erzähler Pernath erlebt diesen notwendigen
Kampf in dem erwähnten Zimmer ohne Zugang:

"-- jetzt hat er sich dennoch - .. Gestalt erzwungen
- der Pagat - und hockt in der Ecke und stiert herüber zu mir mit meinem eigenen Gesicht.
...
So starrten wir uns in die Augen - einer das gräßli-
che Spiegelbild des anderen --
Schritt vor Schritt habe ich mit ihm gerungen um mein
Leben - um das Leben, das mein ist, weil es nicht
mehr mir gehört."39)

Der Golem als Doppelgänger hängt mit Problemen der
Identität zusammen. In immer neuen Varianten beschreibt Meyrink diesen Kampf. So vergleicht er ihn
einmal dem Kampf Jakobs mit dem Engel. Im Grunde handelt es sich dabei um eine bewußte Überwindung des
Trieblebens durch innere Sammlung und, was noch hinzukommt, um eine Vereinigung des männlichen und weib-
lichen Prinzips in einem Individuum. Nicht umsonst
steht die Vision des Hermaphroditen am Beginn und
das Bild des ägyptischen Gottes Osiris am Schluß des
Buches. In der asketischen Überwindung der Triebhaftig-
keit wird aber auch die Angst überwunden. Man ist
nicht mehr Sklave seines Lebens, sondern kann seine
Lebensweise aus freiem Willen bestimmen, die aber
weniger dem Leben an sich zugewandt ist. Dies besagt
eben der letzte, paradox klingende Satz im vorigen
Zitat. Das wahre Leben beginnt eben dort, wo einem
das gewöhnliche Leben gleichgültig wird, und man es
schon gar nicht als einen ständig in Sicherheit zu
bringenden Besitz betrachtet.

Erst von diesem Sachverhalt her erhält die Parabel zu Beginn des Romans ihre zentrale Bedeutung.
Der Ich-Erzähler ist über der Lektüre einer Buddha-
Biographie eingeschlafen. Die folgende Parabel aus
der Lektüre verfolgt ihn noch in seinem Traumbewußt-
sein:

"Eine Krähe flog zu einem Stein hin, der wie ein
Stück Fett aussah, und dachte: Vielleicht ist hier
etwas Wohlschmeckendes. Da nun die Krähe dort nichts
Wohlschmeckendes fand, flog sie fort. Wie die Krähe,
die sich dem Stein genähert, so verlassen wir - wir,
die Versucher - den Asketen Gotama, da wir den Gefallen an ihm verloren haben."40)

Die unreflektierte, lebenszugewandte Begegnung mit
der Welt wird als Versuchung gewertet, und diese
Welt ist voller Versucher. Nur wer der Versuchung
standhält, hat nach Meyrink das Recht auf ein eigenes
Leben. Die Versucher werden mit dem häßlichen Raub-

vogel verglichen, der nach Beute späht. Die innere,
in sich ruhende Schwere der asketischen Persönlichkeit kann ihm jedoch nicht zum Opfer fallen.

Durch einen erzähltechnischen Kunstgriff erhalten diese mystischen Lehren und Lösungsversuche
einen merkwürdig schwebenden und utopischen Charakter. Wer voreilig an eine solche einfach erscheinende, glückliche Lösung glaubt, würde sich getäuscht
sehen, denn der wirkliche Ich-Erzähler ist ein anderer, als der, dessen Leben erzählt wird. Der Ich-
Erzähler durfte nur Kraft eines magischen Hutes das
Leben des anderen, mit dem Namen 'Athanasius Pernath'
erleben. Pernath seinerseits lebt nach dem Roman an
einem Ort, wo kein Mensch ein Haus vermuten kann.
Die sogenannte glückliche Lösung, die einer Erlösung
des Einzelnen gleichkommt, wird dadurch wiederum im
Bereich der Utopie aufgehoben.

Wenn man abschließend fragt, was in dem Roman 'Der
Golem' eigentlich von Prag vorhanden ist, so kann
man nur auf sehr Weniges verweisen. Die Umdeutung des
Prager Ghettos und der Golemsage wurde bereits besprochen. Auch die Darstellung des jüdischen Prag erfährt
eine Steigerung ins Allgemein-Menschliche. Es sind
keine individuellen Charaktere, sondern Typen von
extremen Verhaltensweisen, gleichgültig, ob es sich
dabei um Verbrecher oder Mystiker handelt. Es gibt
aber auch im 'Golem' satirische Partien, die gezielt
gegen Prager Zustände gerichtet sind. Überhaupt steht
'Der Golem' am Schnittpunkt von Meyrinks satirischem
und, wenn man es behelfsweise so nennen darf, okkultistischem Schaffen. Meyrink hat es auch hier besonders auf die sogenannten 'besseren Kreise' abgesehen.
So verschwindet zwar durch das Treiben des Raubmörders
Babinski manches Mitglied aus den vornehmen Familien.
Gedacht wird dabei jedoch in erster Linie an den Vorteil, daß man jetzt weniger zu kochen brauchte. Cha-

rousek, der im Ganzen diese angriffslustige Richtung
vertritt, vermacht ein Drittel seines Millionenerbes
den zwielichtigen Gestalten aus dem Verbrecher-Milieu,
damit sie endlich den Zugang zur 'Prager Gesellschaft'
finden. Der Untersuchugsrichter im 'Golem' trägt den
Namen 'Karl Freiherr von Leisetreter', und überhaupt
gerät die k.und k. Bürokratie in diesem Roman in ein
ziemlich schiefes Licht. So wird zum Beispiel berichtet: "Einmal kam auch der Landgerichtspräsident mit -
ein hochgewachsener, parfümierter Halunke der 'guten
Gesellschaft', dem die gemeinsten Laster im Gesicht
geschrieben standen, und sah nach, ob - alles in
Ordnung sei: 'ob sich immer kaner derhenkt hobe',
wie sich der Frisierte ausdrückte."[41] Der Angriff
enthält also direkte Polemik. Die soziale Kritik
Meyrinks hält sich jedoch in gewissen Grenzen. Solche Zustände werden als Gegebenheiten einer scheußli-
chen Welt dargestellt, die von ihren vorbestimmten
Kategorien von gut und böse kaum etwas verlieren
kann. Die Bürokratie im 'Golem' nimmt aber ganz
schauerliche Formen an, wenn die Gefängnisbehörde
dem Untersuchungshäftling Pernath seinen im Juli verfaßten Freispruch erst im November aushändigt und
diese Verzögerung mit dem Argument begründet: "Die
Verlesung der Verfügung hat sich bis heute hinausge-
zogen, weil Ihr Name mit einem 'Päh' beginnt und naturgemäß im Alphabet erst gegen Schluß vorkommen
kann."[41a] Dieses groteske Beispiel zeigt, zu welchen
Ungeheuerlichkeiten ein von sterilem Beamtentum regle-
mentierter Staat fähig sein könnte.

Die Darstellung dieser Auswüchse eines Beamten-
apparats sind in der deutschen Literatur dieser Zeit
keine Seltenheit. Kafka und Musil verarbeiten sie auf
ihre spezifische Art; es gibt aber auch konkretere
Darstellungen dieser Zustände. Der Roman 'Falsche
Gewichte' von Joseph Roth ist ein Beispiel dafür. An

ihn fühlt sich der Leser erinnert, wenn er Meyrinks
Art der Kombinierung von sozialer Kritik mit apo-
kalyptischer Phantastik betrachtet. In dem eben erwähnten Roman von Joseph Roth schildert der Autor
die Gehässigkeiten zwischen slavischem Proletariat
und österreichischem Beamtentum in Szenen von melo-
dramatischer Intensität. Das Ganze verdichtet sich
schließlich zu der apokalyptischen Vision eines Blut-
regens. Dies ist auch eine literarische Variante zu
dem großen Thema des Zerfalls der Donaumonarchie,
das Kubin, Trakl, Musil und andere in jeweils verschiedener Art vermittelt haben. Auf den Beitrag Meyrinks zu diesem Thema möchte ich jetzt eingehen, indem ich seinen zweiten Roman 'Das grüne Gesicht' (1916)
zunächst übergehe und seinen dritten Roman 'Walpurgisnacht' (1917) bespreche.

'Walpurgisnacht'

   Am 27. November 1915 schreibt Hermann Bahr an
einen österreichischen Staatsmann:

Euer Exzellenz!
   Ich bin sehr froh, daß ich in Prag war, ich
atme jetzt erst wieder auf, denn ich weiß jetzt, daß
das alles nicht wahr ist, was man sich seit Wochen,
seit Monaten ängstlich aufgeregt bei uns über Böhmen
in die Ohren raunt. Es ist nicht wahr, daß Böhmen
innerlich für Österreich verloren ist. ... .. in
Österreich will das tschechische Volk seine nationalen Bedürfnisse erfüllen, auf Österreich hofft es und
bleibt für Österreich bereit, .."

Dieser Brief ist zusammen mit einem Aufsatz über Böhmen, in dem Hermann Bahr den 'österreichischen Gedanken' von Universalität gegen den Nationalstaat in
ganz anderen Dimensionen ausdenkt, im Jahre 1916 in
der Zeitschrift 'Neue Rundschau'[42] erschienen. Um
fast die gleiche Zeit muß Meyrink an seinem Roman
'Walpurgisnacht' geschrieben haben, in dem er ein
ganz andersartiges Bild von der böhmischen Lage zeich-

net. Meyrink läßt in diesem Roman die alten Gespenster
und Dämonen von Gewalt und Rebellion in einer 'kosmi-
schen Walpurgisnacht', so wie er sich ausdrückt, zu
neuem Leben erwachen. Der Roman trägt zwar das Wort
'phantastisch' im Untertitel. Für den Kenner der Prager Verhältnisse jedoch muß der Roman seinerzeit etwas Unheimlich-Beunruhigendes gehabt haben, denn er
steigert die latent vorhandenen Bestrebungen der nationalen Autonomie der Tschechen zu Bildern von gru-
seliger Phantastik. Daß man durchaus berechtigt ist,
den Roman nicht nur auf seine menschliche Thematik,
sondern auch auf seinen Stellenwert als Dokument der
Zeitgeschichte zu untersuchen, wird einem durch die
Überlegungen Meyrinks nahegelegt, die er während des
Verfassens anstellte.

In dem schwarzen Notizbuch[43] stehen folgende
Eintragungen: "Zu entwickelnde Symbole: Walpurgisnacht; Pinguin; Demokratie (Prag) stürzt den versteinerten Adel". Es kam ihm also ganz entschieden
auf die politischen Probleme seiner Zeit an. Das Wort
'Pinguin', der Spitzname für den Helden des Romans,
belegt, daß Meyrink die komischen Seiten des Romans
bereits bei der Konzeption vorgesehen hatte. In der
Tat ist der Roman zusammengesetzt aus sowohl komischen als auch schauerlichen Effekten. Es herrscht
nicht mehr die gespannte Atmosphäre des Prager Ghettos, die ganze Handlung spielt in der Burg am Hradschin. Die Figurenkonstellation des Romans weist auf
zwei klare Fronten: auf der einen Seite der 'ver-
steinerte Adel', auf der anderen dessen tschechische
Dienerschaft sowie sonstiges Proletariat. Auf die
bürgerlichen Kreise Prags hat Meyrink in diesem Roman ganz verzichtet. Der Adel, der sich zwar zum
Deutschtum bekennt, stammte ursprünglich aus verschiedenen Ländern Europas, hatte aber mit den Habs-
burgern zusammen gekämpft und war dann hier ansässig

geworden. Die sprachliche Unsicherheit im Prager
Deutsch treibt hier noch seltsamere Blüten. Schon
zu Beginn des Romans erfährt der Leser davon durch
folgende Konversation:

"Was macht er so den ganzen Tag?"
"No. Er spielt sich halt mit den Kindern in den
Choteks-Anlagen."
"Mit 'die' Kinder", verbesserte der Pinguin.
"Er - spielt - sich - mit - denen - Kindern", fiel
die Gräfin verweisend ein und betonte jedes Wort
mit Nachdruck. Die beiden alten Herren schwiegen
beschämt.44)

Das unvermeidliche Reflexiv als Einfluß des Slavi-
schen fehlt hier genausowenig wie die Unsicherheit
darüber, wie die Endung eines Dativplurals aussehen
sollte. Meyrink liefert in dem Roman eine Reihe solcher komischer Beispiele für den Prager Jargon und
erwähnt noch den einheimischen Begriff von 'sakra-
mensky chlap' dafür.45) Das Komische steckt aber
nicht allein in dem sprachlichen Jargon dieser auf
'Ehre und Tradition' bedachten adligen Personen, sondern es liegt vielmehr in dem krampfhaften Versuch,
ihre menschlichen Verfehlungen und bürgerlichen Schwä-
chen der Umgebung ständig zu verheimlichen. Der Baron
Ellswanger hat seinen Bruder umgebracht, um an sein
Erbe heranzukommen, die Gräfin Zahradka ihren Gatten.
Ihr Adoptivsohn Vondroj ist eigentlich ihr uneheliches
Kind. Kein Mensch darf jedoch davon etwas erfahren.
Aber auch eine so kleine, harmlose Schwäche wie das
Tragen einer Perücke veranlaßt den Hofrat von Schirn-
ding, bei Gelegenheit manche Bemerkungen über seinen
Haarschnitt fallen zu lassen. Daraus ergibt sich eine
heitere menschliche Komödie. Fast jede adelige Person
im Roman leidet an der fixen Idee: 'Mag die Welt auch
untergehen, wenn nur ich nicht bloßgestellt werde.'

Besonders großer Wert wird auf eine von dem
übrigen Volk vollkommen abgekapselte Lebensweise gelegt. Jeder unnötige Kontakt wird streng vermieden.

In der Darstellung von Meyrink nimmt dieses Bestreben groteske Formen an. So richtet man, wenn man
eben erfahren will, was in der Stadt vorgeht, ein
Fernrohr auf die Stadt, die man verächtlich als die
'Welt' tituliert und die Gegend der Prostituierten
als die 'Neue Welt'. Der Begriff des 'versteinerten
Adels' hat also durchaus seinen Sinn in dem Roman,
und Meyrink konnte kaum daran zweifeln, daß dieser
Adel dem Untergang geweiht war. Auf der anderen Seite steht das tschechische Proletariat, das zu heimlichen politischen Sitzungen in dem Hungerturm Dali-
borka zusammentrifft. Meyrink konnte ihm genausowenig Sympathien entgegenbringen, geschweige denn
sich mit seiner politischen Programmatik identifi-
zieren. Dennoch zeugt es von einem ausgeprägt wachen
politischen Bewußtsein Meyrinks, den man seit seinem
Roman 'Das grüne Gesicht' für die literarische Öffentlichkeit verloren gab, daß er am Vorabend der russischen Revolution einen sozialistischen Aufstand in
Prag proben läßt. Bezeichnenderweise ist ein Russe
als treibende Kraft der Revolution dabei. Die Schriften Kropotkins werden zitiert, sozialistische Paro-
len deklamiert. Der Aufstand wird gut vorbereitet und
mit allen grausamen Konsequenzen auch durchgeführt.
Erst gegen Ende des Romans erscheinen die kaiserlichen Soldaten, die den Aufstand niederschlagen.

Meyrink war mit dem Anarchisten Erich Mühsam
jahrelang befreundet, der ursprünglich ein Nachwort
für die Gesamtausgabe von Meyrink schreiben sollte,[46]
und kannte daher sozialistische oder sozialanarchisti-
sche Lehren ziemlich gut. Seine eigene Einstellung
dazu war jedoch grundsätzlich negativ. Ein Arbeiter,
der im Roman 'Walpurgisnacht' das revolutionäre Treiben des Russen durchschaut hat, mag vielleicht am
ehesten die Haltung Meyrinks vertreten haben. Über
den russischen Anführer sagt er:

"Worauf es ihm einzig und allein ankam, war: sich
selbst an die Spitze der Bewegung zu setzen, gleichgültig, welchen Namen sie tragen würde.
--- mit nihilistischen Schlagworten eine törichte
Menge aufzupeitschen, um dann aus dem Wirrwarr der
Folge eine Machtstellung für sich herauszufischen...
das.., war das wahre Rezept aller Anarchistenlehre.
Der verborgene Wahlspruch der Nihilisten: 'Geh du
weg und laß mich hin' war längst auch der seinige
geworden."47)

Der Spruch am Schluß wird auch im Roman 'Das grüne
Gesicht' fast wortwörtlich zitiert und als 'sozialisti-
sches Motto' abgelehnt. Meyrink faßt somit Anarchisten,
Nihilisten und Sozialisten in einer einzigen Kategorie
zusammen, was man nur aus seiner tiefen Abneigung gegen den 'Pöbel' erklären kann. Im Sozialismus sieht
er einen bloßen Wechsel der herrschenden Personen und
verspricht sich davon kein Heil. Für Meyrink ändert
sich die Herrschaft selbst kaum, ob sich der Herrschende nun durch Besitz legitimiert oder durch Ideologie,
wobei Meyrink auch bei dem Ideologen nur niedrige Be-
weggründe - "die Gier des Knechtes" - vermutet. In
seinen Vorüberlegungen zu diesem Roman stand:
'Demokratie (Prag) stürzt den versteinerten Adel'.
Demokratie ist hier keineswegs im Sinne einer fest-
stehenden Institution nach Art der parlamentarischen
Demokratie gemeint, sondern einfach als noch unorga-
nisierte Macht des Volkes. Am politischen Denken Meyrinks ist interessant, daß er zwar vom Sturz des versteinerten Adels überzeugt war und ihn auch kommen
sah, in der Veränderung der Herrschaftsverhältnisse
aber letzthin nur das Machtstreben der einzelnen Personen sah. Man würde sicherlich darin die literarisch
artikulierte Form der sozialen Anklage sehen, daß
der kaiserliche Leibarzt durch sein Fernrohr zufällig
eine Frau mit einem toten Kind zu sehen bekommt. Andrerseits würde derjenige, der von Meyrink eine objektive Darstellung des Proletariats und seiner Probleme erwartet, vollkommen enttäuscht sein. Er hatte eben

für die Aktionen der Masse kein Verständnis. "Unver-
söhnlicher Haß gegen den lärmenden Pöbel, der in einem Atem begeistert sein kann und nach Raub und Plün-
derung lechzt, stieg heiß in Polyxena auf."[48] Schon
in dem Roman 'Das grüne Gesicht' vertrat er die Maxi-
me: "Das Gegenteil von dem, was der große Haufen tut,
ist an sich schon richtig."[49] Radikaler kann man
seinen Unwillen über den 'Pöbel' nicht formulieren.
Zu sehr ist Meyrink letztlich doch an den individuellen ethischen Problemen des Menschen interessiert,
als daß er sich je für ein gemeinschaftliches Unternehmen begeistern würde. Die fiktiven grausamen Ge-
schehnisse im Hradschin veranlassen Meyrink, die blut-
rünstigen Legenden und Überlieferungen der böhmischen
Geschichte wieder auferstehen zu lassen. Mit Recht hat
Gerhard Fritsch festgestellt, daß in der Vision von
dem fiktiven Aufstand in Prag, der in Blut und Chaos
endet, Meyrink vom Skurril-Komischen zum Chiliasti-
schen übergeht,[50] wobei dieses Chiliastische ebenfalls komische Züge trägt. So wird zum Schluß ein
armer Geiger als König gekrönt und auf das ausge-
stopfte Pferd von Wallenstein gesetzt. Da die Militärs am Ende die Ordnung wiederherstellen, relati-
viert sich das Ganze zu einer traumatischen Vision.

Vor dem Hintergrund dieser Ereignisse vollzieht
sich allerdings wiederum der innere Verwandlungspro-
zeß eines Einzelnen, dessen komischer Spitzname 'Pinguin' bereits erwähnt worden ist, wobei diese Bezeichnung nicht nur komisch, sondern auch mystisch zu verstehen ist. Denn er wird äußerlich damit karikiert,
aber auch innerlich charakterisiert, daß er zwar Flü-
gelansätze besäße, aber noch nicht 'fliegen' könne.
In diesem doppelten Sinne von Komik und Mystik wird
die innere Entwicklung dieses eigenbrötlerischen Son-
derlings beschrieben, bis er eben 'fliegen' kann. Er
trägt den Namen Thaddäus Flugbeil, und unschwer wird
der Meyrink-Leser darin die Fortsetzung der Ärztesa-

tiren aus seiner Simplicissimus-Zeit erkennen können.
In dem Arzt Dr. Wassory dagegen hat Meyrink eher eine
unheimliche Figur geschaffen, die die Menschen durch
vorgetäuschte Staroperationen an gesunden Augen blen-
det, und dafür möglichst viel Geld aus ihnen heraus-
preßt. Ziemlich harmlos sind spöttische Betrachtungen
über den Namen des pensionierten, kaiserlichen Leib-
arztes, Flugbeil, dem der Autor seine größten Sympathien entgegenbringt, denn er ist schließlich der einzige, der im Roman die starren Fronten zwischen dem
'versteinerten Adel' und dem zerlumpten Proletariat
zu durchbrechen versucht. Eine heruntergekommene, ge-
alterte Dirne, die böhmische Liesel, bewahrt noch ein
jugendliches Bildnis von ihm als treues Andenken vergangener Zeiten. Von dieser Szene wird er einesteils
peinlich berührt, andrerseits aber auch innerlich auf-
gewühlt. Der Sprung über die Standesgrenzen fiel auch
ihm gewiß nicht leicht:

"Einen Moment lang kämpfte der kaiserliche Leibarzt
mit sich. Mitleid und altgewohnte Angst um den seit
mehr als einem Jahrhundert hochgehaltenen flecken-
losen guten Ruf des Namens Flugbeil lagen im Streit
miteinander.
Dann reckte sich ein freier, selbstbewußter Stolz,
den er fast wie etwas Fremdes empfand, in ihm empor.

'Schwachsinnige Trottel, besoffene Schlemmer, treulo-
se Dienstboten, abgefeimte Wirte, Erpressergesindel
und Gattenmörderinnen, wohin ich schaue - weshalb soll
ich eine Ausgestoßene, die jetzt noch mitten in ihrem
Schmutz und Elend, mein Bild in Ehren hält und küßt,
nicht freundlich aufnehmen?!'"51)

Dieser Entschluß kommt aber ziemlich spät, und bevor
er ihn in die Tat umsetzen kann, wird die böhmische
Liesel von der meuternden Masse erschlagem, als sie
das Burgtor allein verteidigen will. Der kaiserliche
Leibarzt verläßt in heroisch-pathetischer Haltung
sein Haus und befiehlt seinem Kutscher, geradeaus zu
fahren, was gewiß doppeldeutig zu verstehen ist. Und
als das Rad der Kutsche bricht, schreitet er zwischen

den Gleisen einem heranbrausenden Zug entgegen, der
ihn zermalmt. Der mystisch verklärte Tod darf einen
darüber nicht hinwegtäuschen, daß es sich schließlich
um Prag handelt. Der kaiserliche Leibarzt sieht die
Unmöglichkeit ein, sich im gehässigen Streit der Parteien auf eine Seite zu stellen. Ebensowenig gibt es
Raum für individuelle Menschlichkeit, denn sie wird
ja ständig von Ereignissen überrollt, über die sie
keine Macht hat. Der Weg der inneren Wahrhaftigkeit
und des Protestes gegen eine dem Einzelnen entfremdete Welt endet auch hier, wie nicht selten in der
expressionistischen Literatur, im Selbstmord.

V DER ZUSAMMENHANG VON KRITISCHER WELTSICHT UND
   OKKULTISTISCHER MYSTIK IN MEYRINKS ROMANEN

Der okkultistische Befund

Man weiß aus biographischen Unterlagen, daß
Meyrink zeit seines Lebens den okkulten Lehren nach-
ging. Ebenso steht fest, daß er in einer Reihe von
schriftlichen Aufsätzen und privaten Äußerungen die
Vorzüge mancher Formen des Okkultismus hervorhob und
sie als Mittel zu außergewöhnlichen Erfahrungen ansah. Eduard Frank hat die meisten dieser Aufsätze in
einer Anthologie, die auch Meyrinks Romanfragment
enthält, unter dem Titel "Das Haus zur letzten Latern' herausgegeben. Einige Bemerkungen zum Inhalt
dieser Essays über den 'Okkultismus' seien vorausge-
schickt. Der Hauptteil besteht aus Zitaten, d.h. aus
Aussagen anderer, hauptsächlich englischer Autoren
über paranormale Phänomene wie z.B. Mediumismus,
Trance-Zustände, Austreten aus dem Körper. Dies trifft
sowohl für die im Jahre 1907 erschienenen Aufsätze
wie 'Fakire' und 'Fakirpfade'[1] als auch für die übrigen Essays zu, die Meyrink in den zwanziger Jahren
geschrieben hat, als der Okkultismus in Mode kam und
hohe Wellen schlug. Die bedeutendste unter diesen
Studien ist die Schrift 'An der Grenze des Jenseits',
die 1923 beim Verlag Dürr und Weber in Buchform erschien. Meyrink präzisiert darin den Begriff des Okkultismus und grenzt ihn gegen den der Mystik ab.
Über die Beziehung dieser beiden Begriffe schreibt
er: " ... der Weg des Mystikers mündet nicht ein in
den des Okkultismus, wohl aber fließt der Strom 'Okkultismus' zuletzt in den Ozean der Mystik."[2] Aber
auch hier wird derjenige Leser, der etwas über Meyrinks persönliche Erfahrung mit dem Okkultismus wissen will, enttäuscht sein, denn das Büchlein ist wie-

derum eine Zusammenstellung von Berichten aus anderen
Schriften, darunter u.a. von Paracelsus. Es enthält
jedoch eine eindeutige Aussage Meyrinks dazu, was er
selbst von solchen Phänomenen hält:

"Sind derlei Phänomene wirklich und wahrhaftig echt?
Beruhen sie auf Tatsachen? ist heute die allgemeine
Frage. Ich würde es nicht wagen, diese Frage zu be-
jahen, wenn ich mich nicht selber überzeugt hätte,
und zwar in einwandfreiester Weise... Es gibt für
mich keinerlei Zweifel mehr, daß die Phänomene des
sogenannten Apportes, der Durchdringung 'fester'
Stoffe durch andere ebenfalls 'feste' Stoffe, das
freie Schweben von Menschen und schweren Gegenständen (vieles bei voller Beleuchtung!), das Auftreten
von 'Spuk'-erscheinungen wildester Art, das Werfen
von Gegenständen in Zickzacklinien, das Materiellwer-
den von Händen, die sich wieder auflösen usw., ja sogar das Erscheinen von Tierformen (in einem Falle
faustgroßer Spinnen, die aus der Luft auf Steinboden
herabfielen und zergingen) nackte Tatsachen sind."3)

Das ist sicherlich eine direkte Aussage, die
man ernst nehmen muß. Ausführliche Bekenntnisse autobiographischer Art enthält eine bisher unveröffent-
lichte Schrift von 75 Seiten mit dem Titel 'Die Verwandlung des Blutes', in der Meyrink skizzenhaft seinen Werdegang als Okkultist beschrieben hat. Beide
Schriften münden zum Schluß in unverhohlene Bewunderung für bestimmte Yoga-Formen, die er auch dem am
Okkultismus interessierten Leser nahelegen möchte,
wobei er eine Kombination von Hatha-Yoga, dessen
Übungen hauptsächlich aus Körperstellung und Atem-
technik bestehen, und Raja-Yoga, der in der Konzen-
tration der Gedanken besteht, empfiehlt. Interessant
ist in dieser Hinsicht auch eine Stelle in einem Brief
von Herbert Fritsche vom 6.3.1931:

"Wie merkwürdig, einige Tage vor dem Eintreffen Ihrer
Sendung habe ich den festen Entschluß gefaßt, nun ein-
mal mein Hingeneigtsein zu metaphysischen Dingen auch
im alltäglichen Leben praktisch Ernst werden zu lassen.
... Da kommt Ihr Brief, in dem Sie mir schreiben, daß
Yoga das einzige sei, das zu tun der Mühe lohnt."4)

Über Meyrinks intensive Beschäftigung mit Yoga kann

also kein Zweifel bestehen. In seinen theoretischen
Schriften fällt allerdings eine Polemik nach zwei
Seiten auf. Einerseits greift er auf diesem Gebiet
manche Scharlatane und Schwindler an, die mit fal-
schen oder betrügerischen Versprechungen den Leuten
Geld aus der Tasche ziehen wollen. Der Titel eines
Aufsatzes wie 'Hochstapler der Mystik' verrät diese
Richtung. Auch manche Ausfälle Meyrinks gegen die
'Anthroposophie' und ihren Gründer gehören hierher.[5)]
Überhaupt ist Meyrink nicht gut auf Sekten zu sprechen, die nach seiner Meinung die Möglichkeit einer
nur individuell realisierbaren Erfahrung kommerziali-
sieren. Seine schärfste Polemik richtet er indes gegen einen platten Materialismus und eine blinde Wissenschaftsgläubigkeit, wovon noch zu sprechen sein
wird.

Wenn man von Meyrinks eigener Beschäftigung
mit dem Okkultismus und seiner theoretischen Darle-
gung auf die literarische Umsetzung des Okkultismus
in seinem Werk übergeht, so findet man ein stark ge-
wandeltes Verhältnis Meyrinks zur Verwendung von
okkultistischen Motiven zwischen der Zeit seiner Mitarbeit beim 'Simplicissimus' und der Zeit seiner späteren Romane. Okkultistische Motive dienten damals
fast ausschließlich satirischen Zwecken. Damals konnte man noch in einer Erzählung lesen: "Sie sind ein
Phantast, junger Mann, und verlieren den Boden der
Wirklichkeit unter den Füßen! Frönen sie wohl gar dem
Spiritismus? ... Nein, als ob die Lehrsätze der Physik gar nicht existierten."[6)] Eben diese Lehrsätze
der Physik sind in den Romanen ausgeschaltet. Satirische Kritik ist auch hier zwar vorhanden, aber der
Okkultismus wird davon weniger direkt berührt. Man
kann nicht ausschließlich den ersten Weltkrieg für
Meyrinks Wendung von der Satire zu esoterischen Lehren im Roman verantwortlich machen. Denn 'Der Golem'

war bereits vor dem Krieg vollendet. Daß Meyrink es
durchaus verstand, auch nach dem Ausbruch des Krieges
satirisch zu schreiben, beweisen die satirischen Partien im Roman 'Walpurgisnacht'. Sein zweiter Roman
'Das grüne Gesicht' enthält allerdings viel an Ini-
tiationslehren und esoterischem Gedankengut, mehr
noch der Roman 'Der weiße Dominikaner'. Auch in seinem letzten Roman 'Der Engel vom westlichen Fenster'
sind sie vorhanden. Jeder Roman vertritt die esoterische Lehre aus jeweils einer anderen Schule (Kabbala,
Chassidismus, Taoismus oder Alchemie). Was soll man
von einer Szene halten, in der der Held des Romans
von unsichtbaren Gestalten in einen mystischen Orden
aufgenommen wird? Die 'Walpurgisnacht' ausgenommen,
wiederholt sich diese Szene in allen Romanen. Das
Zeremoniell-Okkultistische wird nicht in einer erkennbaren Form, etwa wie die Freimaurer bei Tolstoi,
beschrieben. Der wahre Gehalt solcher phantastischen
Zeremonien entzieht sich dem Verständnis des Lesers.
Auch wenn es sich tatsächlich um eine außergewöhnli-
che Erfahrung im okkultistischen Sinne handeln sollte, wie sie Meyrink in seinen theoretischen Schriften
propagiert, so läßt sie sich, wie der Autor ebenfalls
mehrfach betont hat, nicht in Worten vermitteln. Ob
es sich um 'das Bewußtsein der Unsterblichkeit' handelt oder um 'eine Begegnung mit dem wahren Ich', ihr
konkreter Sinn läßt sich aus der literarischen Chiffre
kaum ermitteln. Chiffren dieser Art sind jedoch in
der Literatur jener Zeit keine Seltenheit. Die Prager
deutsche Literatur ist dafür besonders bekannt. Hier
stellt sich jedoch die grundsätzliche Frage nach der
Verwendung okkultistischer Lehren in den Romanen Meyrinks, wie sie Max Brod in seinem Nachruf auf Meyrink
formulierte: "War sein Okkultismus ein bloßer Bürgerschreck, eine Attrappe -- war er ernst gemeint, Ausdruck einer wesenhaften Gläubigkeit?"[7] Diese Frage
hatte tatsächlich bereits zu seinen Lebzeiten vielen

Kopfzerbrechen verursacht und ist eigentlich seither
nie aus der Diskussion um Meyrink verschwunden. Denn
die möglichen Positionen, die sich in der Frage der
Echtheit des Okkultismus bei Meyrink ergeben, lassen
mehrere Varianten der Interpretation zu. Man könnte
zwar leicht vorbringen, daß seine Romane fiktive Tex-
te sind, und nichts liegt näher, als sie unter literaturkritischen Aspekten zu betrachten. Gestützt
auf manche Äußerungen Meyrinks wurden jedoch auch
ganz andere Wege beschritten.

Eduard Frank, der wesentlich zum Bild Meyrinks
als eines Okkultisten beigetragen hat, zitiert eine
Aussage Meyrinks, die er K.G. Bittner gegenüber gemacht haben soll: "Ich gebe gerne zu, meine Novellen
im 'Wunderhorn' verleiten zu der Annahme, ich jong-
liere bloß mit metaphysischen Problemen, denn wer
könnte die Gründe kennen, weswegen ich seinerzeit für
den 'Simplizissimus' schrieb. Ich war von Kindheit
an tief überzeugt von 'jenseitigen Dingen' und nichts
liegt mir ferner, als Spott mit dergleichen zu treiben. Daß ich eine Maske vornahm , war eine Hinterlist
von mir; ich wollte den 'Simplizissimus' mir als Fo-
rum erschleichen, um die mir heilige Sache dem Publikum gewissermaßen von rückwärts beizubringen."[8] Danach wäre die Satire also eine Maske für die Esoterik,
und nicht umgekehrt. Dennoch wirft eine solche Aussage wiederum viele Fragen auf. Die Mitarbeit beim
Simplicissimus läßt sich unmöglich als 'Maske' abtun.
Und was bedeutet schließlich 'die heilige Sache'.? Ist
sie überhaupt identisch mit dem Okkultismus? Es gibt
auch andere Äußerungen Meyrinks zur gleichen Problematik. Vor einer eigenen Stellungnahme möchte ich sie
ebenfalls zitieren. In einem Brief an Freiherrn von
Tautphoeus schreibt Meyrink:

"... Freilich habe ich mit voller Absicht alle diese
Dinge gesagt. Warum? Seite 129, 130 Zeile 4 bez. 13

von unten 'Walpurgisnacht' steht es genau. Vor Jahren
traute ich mich noch nicht, deshalb verhüllte ich dergleichen oft hinter Satyren (sic) ... Und profanieren?
Ich hätte profaniert, wenn mir's nicht ernst gewesen
wäre. Bitterer Ernst. Ich habe künstlerisch gefaßt,
so gut ich konnte, allerdings geht meine Auffassung
von Kunst nicht Hand in Hand mit der allgemein als
gültig geeichten Auffassung von Kunst. Man sagt,
spannende Handlung schließt Kunst aus. Warum denn um
Gottes willen? Bloß weil die meisten Literaten keine
Phantasie haben? ... es ist gut so, wenn nur ein Einziger dadurch zum Leben erweckt wird, hat das Werk
seine Schuldigkeit getan."[9] Die oben angegebene
Stelle in 'Walpurgisnacht' besagt nichts anderes,
als daß die Zeit jetzt reif sei, daß jeder Mensch
zum 'wahren' Leben erweckt wird. Im Grunde handelt
es sich dabei um die theosophische Geisteshaltung
zum 'Übersinnlichen'. Die fiktive Wirklichkeit seiner Romane scheint jedoch zunächst im Widerstreit
mit solchen ernsthaften Lehren zu stehen. Daher mußte
er sich den Vorwurf der Profanierung gefallen lassen.
Meyrink besteht auf seiner Ernsthaftigkeit, betont
jedoch gleichzeitig die - soweit sie ihm möglich war -
künstlerische Gestaltung dieses Ernstes.

Hier ist es an der Zeit, einen wirklichen 'Okkultisten' als Zeugen einzuführen, mit dem Meyrink
eine Zeit lang befreundet war. Gemeint ist damit Bo
Yin Ra, der mit dem bürgerlichen Namen J.Schneider-
franken hieß. Meyrink hat im Jahre 1919 seine Schrift
'Das Buch vom lebendigen Gott', die sehr vieles über
die okkultistische Praxis enthält, herausgegeben und
mit einer Einleitung versehen. Bo Yin Ra erlaubte
nach eigener Aussage Meyrink eine gewisse Zeit den
okkultistischen Stoff aus seinen Büchern künstlerisch
zu verwerten. Da er jedoch mit Meyrinks Darstellungs-
weise nicht einverstanden gewesen sei, habe er Mey-

rink gebeten, auf diese geistige Anleihen zu verzichten, was dann auch geschehen sei. Der Grund ihrer
Entfremdung war 'die übergroße Verschiedenheit' in
der Auffassung geistiger Dinge. Bo Yin Ra schreibt:

"In späteren Jahren hat sich übrigens Meyrink mir
gegenüber sehr entschieden dahin ausgesprochen, daß
er 'nicht im Traum' daran denke, die in seinen okkulten Romanen behandelten Lehren und Erlebnisse selbst
als richtig, oder als erlebensmöglich anzusehen, obwohl er für alles in seiner Bibliothek literarische
Belege, zum Teil sehr seltener Art, besitze. 'Als
Romanschriftsteller' behalte er sich jedoch vor, das
Material zu verarbeiten, das ihn 'besonders reize',
wobei er jede e i g e n e Verantwortung für die
aus literarischen Quellen entnommenen und von ihm
künstlerisch dargestellten Lehren a b l e h n e.
Seiner Auffassung nach, sei es jedoch ' e i n f a c h
k ü n s t l e r i s c h e F o r d e r u n g ', daß
der Autor eines Romans oder einer Erzählung den Eindruck erwecken müsse, als sei er selber überzeugt von
den Dingen, die sein Stoffgebiet ausmachen. Ihm falle
es leicht, diese Forderung zu erfüllen, da er ja tatsächlich von der E x i s t e n z einer, dem Menschen normalerweise unzulänglichen, okkulten Welt
überzeugt sei, deren Einflüsse er oft sogar beim
Schreiben seiner Sätze spüre.
    Man wird dem Gesamtwerk des dahingegangenen
Dichters nur dann gerecht, wenn man die in seinen Romanen und Erzählungen stofflich mitverwendeten
L e h r e n nur auf die Gestalten bezieht, denen er
diese Lehren in den Mund legt. Er selbst aber wollte
sich niemals etwa als Lehrer okkulter oder mystischer
Anschauungen, sondern als freier K ü n s t l e r
beurteilt sehen, dem jede Stoffbenützung erlaubt ist,
durch die er in künstlerischer Gestaltung sein Werk
bereichern kann."10)

Dieses etwas ausführliche Zitat ist insofern wichtig,
als hier ein bedeutender Okkultist für die nicht-
okkultistische Betrachtungsweise von Meyrinks Werk
plädiert und den fiktiven Textcharakter wiederher-
stellt. Hier wird gewissermaßen eine Gegenposition
zur Interpretationsweise des Okkultismus vertreten.
Damit ist aber auch von der Lage der überlieferten
Dokumente her das methodische Vorgehen der Literaturkritik berechtigt. Zusammenfassend kann man feststellen, daß Meyrink keineswegs den Okkultismus pa-

rodiert oder mit ihm Spott treibt. Er hat durchaus ein
ernstes Anliegen, das er dem Leser vermitteln möchte
und das mehr im Bereich des Sittlichen liegt. Danach
würden seine Romane nicht im Gegensatz zu seiner satirischen Periode stehen, denn auch die Satire zeugt
von einem moralischen Rigorismus, welcher Art er auch
sein mag. In der Frage der Priorität zwischen Kunst
und Okkultismus steht Meyrink eindeutig auf der Seite
der Kunst. Dies geht sowohl aus seiner brieflichen
Mitteilung als auch aus der Aussage von Bo Yin Ra hervor. Daß diese Kunst mit ihrer eigentümlichen Kombination von 'Spannung' und tieferem Sinn - wie sie im
letzten Kapitel erörtert wurde - wiederum auf Skepsis
stieß, wenn es darum ging, sie als Kunst zu akzeptieren, ist ebenso evident. Dieses individualistische
Abseitsstehen ist aber ein immer wieder betonter Zug
Meyrinks. Für die Literaturkritik ist es dennoch wichtig, trotz der vorgetragenen okkultistischen Lehren
den fiktionalen Charakter des Textes nicht aus dem
Blickfeld zu verlieren. Darin unterscheiden sich die
Romane doch wesentlich von Meyrinks theoretischen
Schriften über den Okkultismus.

Ein Hauptunterschied zwischen den theoretischen
Darlegungen des Okkultismus und der Verwendung von okkultistischen Motiven in den Romanen ist die mystische
Komponente, die in den Romanen hinzukommt. Sie fehlt
in der Theorie vollkommen. Das, was sich an gedankli-
cher Tiefe in den Romanen findet, wird man vergeblich
in sachlichen Auseinandersetzungen Meyrinks mit okkultistischen Lehren suchen. Es ist daher angebracht, daß
man in den Romanen eher von 'okkultistischer Mystik'
spricht als von Okkultismus. Über die 'okkultistische
Mystik' hinaus enthalten die Romane noch sehr viel an
fiktionaler Wirklichkeit und an kommentierenden Reflexionen. Um Meyrinks Romane verstehen zu können,
muß man den inneren Zusammenhang zwischen diesen drei

Bereichen von Fiktion, Reflexion und Mystik herausar-
beiten, womit man sich von der rein okkultistischen
Betrachtungsweise ziemlich entfernt hätte.

Entwürfe eines negativen Weltbildes

Schon bei den früheren Satiren Meyrinks hat man
feststellen können, daß er auf teils polemische, teils
kritische Weise die negativen Seiten des Menschlichen
darstellte.Bei den späteren Fabeln nahm diese Darstellung eine Wendung ins Allgemeine, wobei das Negative
nicht mehr an eine bestimmte Klasse oder Berufsgruppe
von Menschen gebunden war. Die Angriffe seiner späteren Satiren waren gegen die sogenannte zivilisierte,
bürgerliche Welt in ihrer Gesamtheit gerichtet. Das
Negative wird zudem nicht als eine vorübergehende Zeit-
erscheinung gesehen, sondern als etwas Konstantes im
Menschen postuliert. Meyrinks literarische Fiktionen
sowie seine kritischen Reflexionen in den Romanen sind
durch eine solche negative Grundeinstellung zu seiner
Umwelt bestimmt. Ein auffallender Zug seiner Wirklich-
keitsdarstellung in den Romanen ist die Selektion des
Häßlichen. Die Bevorzugung des Spelunken- und Verbre-
cher-Milieus dient nur diesem Zweck. Das Abstoßend-
Häßliche ist in solchen Schilderungen klar erkennbar:

"Schwaden beißenden Tabakrauches lagerten über den
Tischen, hinter denen die langen Holzbänke an den
Wänden vollbesetzt von zerlumpten Gestalten waren:
Dirnen von den Schanzen, ungekämmt, schmutzig, bar-
fuß, die festen Brüste kaum verhüllt von mißfarbigen
Umhängetüchern, Zuhälter daneben mit blauen Militär-
mützen und Zigaretten hinter dem Ohr, Viehhändler mit
haarigen Fäusten und schwerfälligen Fingern, die bei
jeder Bewegung eine stumme Sprache der Niedertracht
redeten, vazierende Kellner mit frechen Augen und
blatternarbige Kommis mit karierten Hosen."11)

Nach dem Prinzip der Reihung werden hier Personen mit
häßlichen Attributen auf einem kleinen Raum zusammen-
gedrängt dargestellt. Die bestimmenden Adjektive des

Gesamteindrucks sind 'zerlumpt', 'schmutzig', 'miß-
farbig' und 'frech'. Das, was auf den Ich-Erzähler ab-
stoßend wirkt, wirkt auf den Leser gleichermaßen negativ. Ausgesuchte Häßlichkeit fehlt auch bei der Beschreibung der einzelnen Romanfiguren nicht. Man denke
etwa an die Häßlichkeit von Wassertrum im 'Golem' oder
an folgende Beschreibung der Kellnerin Antje im Roman
'Das grüne Gesicht': "... ein unförmliches, geschmink-
tes Weibsbild in rotseidenem Rock bis zum Knie, mit
fettem Hals, einem flachsgelben Zopf, Hängebusen und
zerfressenen Nasen-Flügeln,-- 'die Hafensau', wie sie
von den Stammgästen genannt wurde."[12] Meyrink schreckt
vor Ordinärem oder Trivialem nicht zurück, insofern
sich darin die Häßlichkeit der Welt manifestiert, was
den Ich-Erzähler wiederum in seiner Abkehr von der
Welt bestärkt.

Weit schlimmer als die äußerlichen Häßlichkeiten
sind jedoch die moralischen Verwerflichkeiten, die man
in Meyrinks Romanen vorfindet. Dem Moralisten Meyrink
genügen da keine mittelmäßigen Beispiele. Die Gestalt
von Dr. Wassory ist bereits erwähnt worden. In schauerlichen Farben schildert Meyrink von Haß und Gier
getriebene Menschen. Überhaupt führt er immer wieder
das Thema von der Scheinintegrität und Heuchelei des
'Spießbürgers' in seinen Romanen aus. Eine mit gelehrten Titeln getarnte pornographische Bücherserie
veranlaßt ihn zu der Bemerkung: "Wahrhaftig, man
glaubt die 'Grundlage des zwanzigsten Jahrhundert'
vor sich zu haben: außen brummeliges Gelehrtengetue
und innen - der Schrei nach Geld oder Weibern."[13]
Man spürt aber auch den Satiriker Meyrink, wenn man
die Schilderung der Personen liest, die sich auf solche Trivialitäten einlassen: "Nervös fuhr der eine
der beiden wohlbeleibten Handelsherren von seinem
Guckkasten empor ... und wollte sich schnell entfernen,
nach Kräften bestrebt, seinem durch den überstandenen

optischen Genuß ein wenig ins Schweinskopfartige zer-
flossenen Gesichtsausdruck wieder das altgewohnte Ge-
präge des unentwegt auf geradlinig strenge Lebensauffassung gerichteten Edelkaufmanns zu verleihen, ..."[14]
In dem Roman 'Der weiße Dominikaner' besteht die Handlung neben dem okkultistischen Strang in der Entlarvung der perversen Verhältnisse einer bürgerlichen
Familie. Eine ehemalige Schauspielerin läßt sich und
ihren Liebhaber von einem einfachen, gutmütigen Hand-
werker aushalten, der dafür Tag und Nacht schuften
muß. Während die Frau mit dieser unmöglichen Verbindung bloß die Schande eines unehelichen Kindes ver-
decken wollte, ist der Mann seinerseits dafür grenzen-
los dankbar, daß sich eine Frau mit einer solch glanzvollen Vergangenheit zu ihm habe herablassen können.
Es sind fast immer Beispiele der Doppelbödigkeit des
menschlichen Charakters, die zur Täuschung anderer
Personen führen. Hinter dem Schein der moralischen
Integrität oder manchen pathetischen Gesten der Hilfs-
bereitschaft lauern, nach Meyrinks Ansicht, nur Gefahren für denjenigen, der auf den Schein unvoreinge-
nommen eingeht. Menschliche Abgründe sind überall da,
wo man sie am wenigsten vermutet. Es sind daher auch
stets die negativen Gefühle von Angst und Ekel, die
die Helden von Meyrinks Romanen bei ihrer Begegnung
mit der Welt empfinden.

    Am auffälligsten sind solche Gefühle jedoch bei
dem Thema der Sexualität, das der Antierotiker Meyrink kaum umgehen kann. In der Darstellung der Geschlechtlichkeit des Menschen macht Meyrink den Leser
stets auf das Abstoßende aufmerksam. Nicht ohne Grund
stehen die Kapitel 'Angst', 'Trieb', 'Weib', 'Lust'
und 'Qual' im Roman 'Der Golem' in einer direkten
Reihenfolge. Man beachte etwa die folgende Schilderung
von Rosina:

" ... sie stand mit dem Rücken gegen das Stiegenge-
länder und bog sich lüstern zurück.

Ihre schmutzigen Hände hatte sie um die Eisenstange
gelegt - zum Halt -, und ich sah, wie ihre nackten
Unterarme bleich aus dem trüben Halbdunkel hervor-
leuchteten. Ich wich ihren Blicken aus.
Mich ekelte vor ihrem zudringlichen Lächeln und die-
sem wächsernen Schaukelpferdgesicht.
Sie muß schwammiges, weißes Fleisch haben wie der
Axolotl ..."15)

Die bezwingende Macht des Geschlechts wird im 'Grünen
Gesicht' vom 'Zulu-Neger', in 'Walpurgisnacht' von
'Polyxena' (einer Art Vampir), in dem 'Weißen Dominikaner' von 'Medusa' und in dem Roman 'Der Engel vom
westlichen Fenster' von der 'Fürstin Chotokalungin'
(Göttin Isais) repräsentiert. In den beiden letztge-
nannten Romanen geht es um einen regelrechten Kampf
zwischen dem eigenen 'Ich' und dieser Gegenmacht des
Geschlechts. Während Christopher Taubenschlag 'die
geistige Vollendung' nur dadurch zu erlangen vermag,
daß er im Zustand der 'Jungfernschaft' stirbt, muß
sich der Ich-Erzähler in 'Der Engel vom westlichen
Fenster' noch mit letzter Kraft auf das eigene 'Ich'
besinnen, um der Macht der Göttin Isais zu entkommen.
"Der Geschlechtstrieb", so philosophierte Meyrink im
'Weißen Dominikaner'," ist die Wurzel des Todes; sie
auszutilgen ist das vergebliche Bemühen aller Asketen.
Sie sind wie der Sisyphus, der ruhelos einen Felsen
den Berg hinaufrollt, um voll Verzweiflung sehen zu
müssen, daß er vom Gipfel wieder in die Tiefe stürzt
..."16) Mit dem mythischen Bild der Absurdität will
Meyrink die Vergeblichkeit der Anstrengungen gegen
den Geschlechtstrieb verdeutlichen.

Die sozusagen weltlichen Liebesepisoden in Meyrinks Romanen bestehen in erster Linie aus Ängsten
vor einer erdachten Trennung, die dann auch tatsächlich erfolgt, so daß man auch hier die Angst als
einen Wunsch verdrängter Sexualität interpretieren
kann. Dieses Thema hat epochalen Charakter, und Meyrinks Helden leiden trotz der eindeutigen Parteinahme

für die sublimierte Form der Erotik an dem inneren
Zwiespalt, den ein Verzicht auf den Sexus mit sich
bringt. Das Phantom von Luzifer in 'Walpurgisnacht'
stellt sich als Gott des Geschlechts vor, wobei er
auch die Erklärung hinzufügt: "Die unerkennbare, tiefe
Wurzel jedes Wunsches ruht stets im Geschlecht, wenn
auch die Blüte - der wache Wunsch - scheinbar nicht
mit Geschlechtlichkeit zu tun hat."[17] Solche Maximen
sind ohne die Psychoanalyse Freuds nicht denkbar, und
Meyrink scheint sie auf eigene Weise interpretieren
zu wollen, auch wenn er sich nirgends festlegen möchte. Das Wort 'scheinbar' im letzten Zitat bewahrt die
Zweideutigkeit dieses Sachverhaltes, indem er den Ursprung des 'wachen Wunsches' entweder ebenfalls auf
die Geschlechtlichkeit zurückgeführt sehen will, oder
durch die Einschränkung 'wenn auch' diesen von der
Geschlechtlichkeit abheben möchte. Dennoch ist das
Werk ausgesprochen antierotisch, was bereits von den
zeitgenössischen Rezensenten gelegentlich als Tugend
gepriesen wurde. Die Möglichkeit dadurch bedingter
innerer Konflikte bei Meyrinks Romanhelden führt zu
einer Negation der Welt. Meyrinks Einstellung zur
Erotik und seine Mystik stehen in direkter Beziehung.
Negierung der Sexualität und Sublimierung der Erotik
in 'übersinnlichen' Bereichen bedingen sich gegenseitig. Die Vereinigung der Geschlechter wird nur in der
verklärenden Form der 'mystischen Hochzeit' also in
einem transrealen Bereich vollzogen. Zudem wird in
den Romanen das symbolische Bild vom 'Hermaphroditen'
als Doppelgeschlechtlichkeit des einen Ichs interpretiert. Die erkenntnismäßige Durchdringung dieses Prinzips ist es, worauf es dem Helden der Romane in erster Linie ankommt. Auf die direkte Konfrontation mit
dem Thema Geschlecht reagieren sie dagegen mit Ekel
und Angst. Eine Stelle aus dem Roman 'Der Golem' ist
sehr charakteristisch für diese Einstellung. Der Ich-
Erzähler befindet sich in einem Lokal und beobachtet

die auf Zerstreuung und Amüsement bedachten Personen:

"... die Hälse werden lang, und zu dem tanzenden Paar
gesellt sich ein zweites, noch seltsameres. Ein wei-
bisch aussehender Bursche in rosa Trikots, mit langem
blondem Haar bis zu den Schultern, Lippen und Wangen
geschminkt wie eine Dirne und die Augen niedergeschla-
gen in koketter Verwirrung - hängt schmachtend an der
Brust des Fürsten Athenstädt.
Ein süßlicher Walzer quillt aus der Harfe.
Wilder Ekel vor dem Leben schnürt mir die Kehle zusammen. Mein Blick sucht voller Angst die Türe..." 18)

Die intensivierte Anzüglichkeit dieses Vorgangs besteht in der transvestitenhaften Verkleidung der
männlichen Person in eine weibliche Rolle, wobei an
dem Sachverhalt der Ablehnung der Sinnenlust selbst
wenig geändert wird. Auch in dem Roman 'Das grüne Gesicht' wird von dem 'Ekel am Dasein'[19] gesprochen.

    Solche negativen Gefühle von Angst und Ekel in
der Begegnung mit der Umwelt sind ein Teil der Grund-
erfahrung des Leidens an der Welt, das wiederum von
dem Bewußtsein des Leidens in der Welt geprägt ist.
Diese Grunderfahrung ist ein unablöslicher Teil der
Romane Meyrinks. Pernath hat über eine unglückliche
Jugendliebe die Erinnerung verloren. Im 'Grünen Ge-
sicht' kann Meyrink ein schauerliches Beispiel der
Judenverfolgung in Odessa erzählen. Vor Eidotters
Augen soll man seine ganze Familie lebendig verbrannt
haben. Auch in anderen Romanen fehlt es an solchen
Schauerlichkeiten nicht. Sie können gelegentlich in
Form von sozialer Anklage auftreten. In den meisten
Fällen wird aber die Erfahrung des Leidens als etwas
Unvermeidbares und Konstantes in der Welt postuliert.
Ja es wird sogar als etwas für den Weg zur 'geistigen
Vollendung' Notwendiges empfunden. Diese Erfahrung
des Leidens an der Welt ist keine vereinzelte Er-
scheinung bei Meyrink, sondern sie steht in zeitge-
schichtlichen sowie geistesgeschichtlichen Zusammen-
hängen. Meyrinks esoterische Mystik zielt immer wie-

der auf die Utopie eines über jedes irdische Leid
erhabenen Zustandes der Indifferenz.

Bei Meyrink mündet diese Erfahrung des konstan-
ten Leides in der Welt schließlich in jene indische
Reinkarnationslehre, die seit ihrer philosophischen
Auslegung durch Schopenhauer und Nietzsche aus der
europäischen Geistesgeschichte nicht mehr wegzudenken
ist. Das menschliche Leben besteht danach aus dem
Kreislauf von Geburt und Tod; die Geschichte insge-
samt ebenfalls aus solchen Kreisläufen von Geburten
und Toden. Gespenstische Figuren der Lehre von der
Wiedergeburt kann man in Meyrinks Romanen erleben.
'Rosina' im 'Golem' gleicht sich seit drei Generatio-
nen. Taubenschlag im 'Weißen Dominikaner' ist der zwölfte Sproß in einer Generationskette, der dem gleichen
einen Ich zum 'Ziel' verhelfen muß. Die schauerliche
Geschichte vom Inzest in 'Meister Leonhard' ist nicht
ohne symbolische Bedeutung, wenn da berichtet wird:
"Wie ein roter Faden zieht sich der stetig wiederkeh-
rende Hinweis durch alles, daß es ein ganzes Geschlecht
ist, das hier seit Jahrhunderten von Verbrechen zu Verbrechen gepeitscht wird, - vom Vater auf den Sohn das
finstere Vermächtnis vererbt, nicht zur innern Ruhe ge-
langen zu können, da jedesmal ein Weib, sei es als Gat-
tin, Mutter oder Tochter, bald als Opfer einer Blut-
schuld, bald als Urheberin selbst, den Weg zum geistigen Frieden durchkreuzt..."[20] Nur durch die Erkenntnis des wahren Ichs wird dieser tradierte Fluch aufgehoben. In seinem letzten Roman 'Der Engel vom westlichen Fenster' schließlich hat Meyrink zwei parallele
Reihen von Romanfiguren geschaffen, von denen eine Reihe im Mittelalter gelebt hat, die andere in der Gegenwart lebt. Sichtbar ist solche Parallelität und Konti-

nuität des gleichen 'Ichs' in John Dee und Ich-Erzähler, Gardner und Gärtner, Jane und Johanna, Mas-
cee und Lipotin. Der 'Doppelroman' Meyrinks, wie er
ihn selbst bezeichnet, besteht eben aus der Konstanz
einiger Grundkonstellationen des Menschlichen, wobei
die Historizität der agierenden Personen wie John Dee,
der eine historische Figur war, zu Gunsten einer My-
thisierung aufgehoben wird. Wiederholung der gleichen
menschlichen Problematik in veränderten Zeitläufen
wird aber in unserem Zusammenhang als ein Teilaspekt
eines negativen Weltbildes gesehen. Indem die sinnbe-
zogene, lineare Geschichtsauffassung durch eine zykli-
sche Vorstellung von der Geschichte ersetzt wird, wird
einem durch die ständige Repetierbarkeit ihrer Vorgänge ihre Absudität bewußt. Der Gedanke von der 'ewigen
Wiederkehr des Gleichen' macht eben die Sinnlosigkeit
des gewöhnlichen Lebens allzu offenkundig.

Damit sei der skizzierte Überblick über Meyrinks
Entwürfe eines negativen Weltbildes abgeschlossen. Ich
möchte jetzt die Kultur- und Zeitkritik Meyrinks behandeln, die er in den Reflexionen seiner Romane artikuliert hat.

Die Kultur- und Zeitkritik Meyrinks

Wenn man von der fiktionalen Wirklichkeit der Romane auf den reflektierenden Teil übergeht, so erfährt
man etwas über die auslösenden Faktoren seiner negativen Analyse der Welt. In den Reflexionen setzt Meyrink
zu einer sehr umfassenden Kulturkritik an, die zunächst
gegen den Begriff der Kultur als Ganzes gerichtet ist.
Ausgelöst wird diese direkte Form der Kritik, die an
die Stelle der bis dahin üblichen Satire getreten ist,
durch den Ausbruch des ersten Weltkriegs. Meyrinks
zweiter Roman 'Das grüne Gesicht' ist der literarische
Versuch einer Auseinandersetzung mit den Ereignissen

des Krieges. Meyrinks Wendung zur Esoterik, die bereits beim 'Golem' erfolgt war, gewinnt durch diesen zeitgeschichtlichen Hintergrund an Intensität.
Das jede Kommunikation vermeidende, sonderlings-
hafte Benehmen von Meyrinks Romanhelden wird von den
betreffenden Personen zum Teil selbst als Akt des politischen Protests verstanden, weil sie sich kaum in
der Lage sehen, auf die veränderte politische Lage
eine politische Antwort zu geben. Zum Teil verzichten
sie aber auch bewußt auf eine solche Möglichkeit. Bereits zu Beginn des Romans 'Das grüne Gesicht' behauptet der Ich-Erzähler von sich:

"-Da laufe ich nun schon drei Wochen in Amsterdam herum, merke mir absichtlich keine Straßennamen; frage
nicht, was ist das oder jenes für ein Gebäude, wohin
fährt dieses oder jenes Schiff, oder woher kommt es,
lese keine Zeitungen, um nur ja nicht als 'Neuestes'
zu erfahren, was schon vor Jahrtausenden in blau genau
so passiert ist; ich wohne in einem Hause, in dem jede
Sache mir fremd ist, bin schon bald der einzige -- Privatmann, den ich kenne; ...und warum tue ich das alles?
Weil ich es satt habe, den alten Kulturzopf mit zu
flechten: erst Frieden, um Kriege vorzubereiten, dann
Krieg, um den Frieden wieder zu gewinnen usf."21)

Die Vorstellung vom sinnlosen Kreislauf von Krieg und
Frieden, die ebenfalls von der Idee der 'ewigen Wiederkehr des Gleichen' bestimmt wird, bestärkt die Helden
von Meyrinks Romanen in ihrer kontemplativen Innerlichkeit. Der Monolog wird zum dominierenden Erzählprinzip.
Die ziemlich spärlich verwendeten Dialoge haben ebenfalls einen monologischen Charakter.

Der Roman 'Das grüne Gesicht' spielt bezeichnenderweise in Amsterdam, also im neutralen Ausland, und
schon die Auswahl dieses Ortes erlaubt es Meyrink dem
"Schwelgen in den Krämpfen vorgeschriebener Begeisterung"22) womit er die Haltung der Inlandspresse zu
Kriegsereignissen charakterisiert, zu entfliehen. Immer wieder schlägt aber der zeitgeschichtliche Hintergrund durch:

"Was war, im Grunde genommen, eigentlich so Schreck-
liches geschehen?, fragte er sich. Nichts, was nicht
weit schlimmer in ähnlicher Art nach längeren Zeitläufen in der Geschichte der Menschheit immer wieder-
gekehrt wäre: das Wegwerfen einer Maske, die nie etwas anderes bedeckt hatte als bewußte oder unbewußte
Heuchelei, sich als Tugend gebärdende Temperamentlo-
sigkeit oder in Mönchsgehirnen ausgebrütete aske-
tische Ungeheuerlichkeiten! - ein krankhaftes Gebilde,
so kolossal, daß es schließlich einem zum Himmel ragen-
den Tempel geglichen, hatte ein paar Jahrhunderte lang
Kultur vorgetäuscht; jetzt fiel es zusammen und legte
den Moder bloß. War das Aufbrechen eines Geschwüres
denn gräßlicher und nicht weit weniger fruchtbar als
sein beständiges Wachsen?" 23)

Die apokalyptischen Visionen am Ende des Romans, sind

nur als Konsequenz von Meyrinks radikaler Kulturkritik

zu verstehen.

   Neben der Kritik an der Kultur als Ganzem werden

aber auch die einzelnen Institutionen der Kultur von

Meyrinks kritischer Ablehnung nicht verschont, gleichviel

ob es sich dabei um den Staat, die Kirche, die Wissen-

schaft oder die Kunst handelt. Meyrinks Kritik an den

wichtigsten Einrichtungen der Kultur zeigt eben seine

tiefsitzende Skepsis gegen das Gemeinschaftliche über-

haupt. So wird im 'Grünen Gesicht' der Plan eines 'künf-

tigen Staates' besprochen, der jeweils nur aus einer

einzigen Person bestehen soll. Hinter der skurrilen Idee

verbirgt sich nichts anderes, als daß der Arbeit an dem

eigenen Ich gegenüber einer Tätigkeit, die nach außen

gerichtet ist, auf jeden Fall der Vorzug zu geben ist.

In der Erzählung 'Meister Leonhard' schreibt Meyrink:

"Wohin er blickt, hinter allem sieht er verborgen das
Kreuz des Staates aus vier laufenden Menschenbeinen gebildet: überall ein sinnloses Zeugen und Gebären, ein
sinnloses Wachsen, ein sinnloses Sterben; er fühlt,
daß der Schoß, aus dem das Leiden entspringt, dieses
ewig sich drehende Windrad ist, aber die Achse, um die
es kreist, bleibt ihm unfaßbar wie ein mathematischer
Punkt."24)

Der Staat ist für Meyrink ein Instrument der Manipula-

tion, um die Menschen in unaufhörlicher Geschäftigkeit

von den Fragen über den Sinn und Zweck ihres Daseins
abzulenken. Er ist nicht nur das Produkt des menschlichen Handelns sondern auch seine motivierende Kraft.
Mit dem Bewußtsein vom Staat als einer dem einzelnen
entfremdeten Institution der Macht wird er für Meyrink
zum Vertreter der unreflektierenden Tat. Meyrink lehnt
aber 'Aktionismus' jeder Schattierung strengstens ab,
und dies bereits vor dem Ausbruch des ersten Weltkriegs.
Er bezeichnet es als "Erbfehler der Menschheit", "die
Tat für einen Riesen... und den Gedanken für ein Hirn-
gespinst "[25] zu halten. Am Schluß des Romans
'Der weiße Dominikaner' durchschaut Taubenschlag noch
im letzten Augenblick die Falschheit eines reformisti-
schen Ordens, der gegen 'blinden Gehorsam' 'ein Paradies auf Erden' verspricht. Der Grundsatz "Die geistige Einstellung ist alles, die Tat allein ist nichts."
[26] wird in dem Roman anhand einiger Beispiele anschau-
lich illustriert. Dies ist auch ein Beleg für Meyrinks
politisches Denken hinter esoterischen Masken.

Meyrink bezeichnet alle sogenannten 'Ideale' die
letzthin zur Tat drängen, für grundsätzlich falsch. Im
'Grünen Gesicht' empfiehlt er eine Art geistiger Hygie-
ne, die man gegen die Bazillen und Epidemien auf intel
lektuellem Gebiet durchführen müsse.[27] Das Wort 'Ideal'
ist aber bei Meyrink von vorneherein mit negativem Inhalt besetzt. Es bedeutet für ihn die ideologische Ver-
sklavung des einzelnen im Sinne einer politischen Idee,
womit allzu häufig Mißbrauch getrieben worden ist. Interessant ist in diesem Kontext aber auch ein Kapitel
im Roman 'Walpurgisnacht', das die Überschrift 'Aweyscha' trägt. Hinter dem exotisch klingenden Namen, der
im Roman von einem Tartaren auf esoterisch-mystische
Weise erklärt wird, verbirgt sich die unheimliche, magische Macht einer Person, die sie auf andere Menschen
durch Gesten oder Reden auszuüben vermag.
Meyrink schreibt:

"Alles, was die Menschen gegen ihren Wunsch tun, kommt
aus dem Aweyscha her - ob so oder so. - Wenn die Menschen eines Tages übereinander herfallen wie die Tiger,
meinst du, sie täten es, wenn nicht irgendwer Aweyscha
mit ihnen gemacht hätte?!
'Sie tun es, denke ich, weil sie - nun, weil sie eben
begeistert sind für - für irgend etwas; für eine - Idee
vielleicht.'
'Nun, das ist doch Aweyscha.'
'Also ist Begeisterung und Aweyscha dasselbe?'
'Nein; zuerst kommt Aweyscha. Daraus entsteht dann Begeisterung. - Man merkt es meist nicht, wenn jemand
Aweyscha mit einem macht. Aber die Begeisterung, die
fühlt man, und daher glaubt man, daß sie in einem von
selbst entstanden ist. - Weißt du, es gibt verschiedene Arten Aweyscha. - Manche Menschen können Aweyscha
bei anderen machen, bloß indem sie eine Rede halten. -
Aber es ist doch immer noch Aweyscha, bloß ein mehr
natürliches. - Mit jemand, der sich nur auf sich selbst
verläßt, kann kein Mensch auf der Welt Aweyscha machen."28)

Die Bezeichnung 'Aweyscha' wird in dem Roman 'Walpur-

gisnacht' zum Schlüsselbegriff, mit dem das politische

Handeln der rebellierenden Personen motiviert wird. Po-

litisches Handeln wird Meyrinks Ansicht nach weniger

von vernünftigen Überlegungen, sondern von unerklär-

baren, irrationalen Kräften bestimmt, die Meyrink un-

ter dem mystischen Begriff 'Aweyscha' zusammenfaßt. Die

Erklärung zeigt aber auch, wie das Wort 'Begeisterung',

das seit dem späten 18. Jahrhundert mit positivem In-

halt besetzt war, eine Umkehrung erfährt. Der etymo-

logisch verwandte Begriff 'Geist' wird hier nicht mehr

in der Bedeutung von 'Geistigem' verstanden, sondern

in der 'Gespenstischen'. Begeisterung ist somit die ir-

rationale Macht der dem einzelnen Ich wesensfremden

Geister, von denen es zu Aktionen getrieben wird, die

es in nüchternem, besonnenem Zustand nie unternehmen

würde. Esoterik und Spuk dienen hier ebenfalls als Mas-

kierung einer kritischen Haltung, die von einem wachen

politischen Bewußtsein zeugt. Man kann das nur als Ent-

fremdung des Menschen durch seine Selbstobjektivationen

interpretieren, wenn Meyrink in dieser Weise gegen den

Staat Partei ergrift. Wenn er schließlich auch den Be-

griff der 'Organisation' als solchen ablehnt,[29] so
ist damit eine Stufe erreicht, die Meyrink beinahe in
die Nähe der politischen Haltung seines Freundes
Erich Mühsam rückt. Den politischen Begriff des Anar-
chismus kann man mit gewissen Vorbehalten auch für die
radikale individualistische Haltung von Meyrinks Romanfiguren verwenden, da sie aus einer bestimmten politischen Lage für die Ablehnung der Politik, ja sogar aller gemeinschaftlichen Bindungen plädieren.

Eine solche Gemeinschaft ist auch die des Glaubens, nämlich die Kirche, die Meyrink ebenfalls kritisiert. In dem biographischen Kapitel wurde ausgeführt,
wie nah der Okkultismus eigentlich beim religiösen
Sektenwesen steht. Dieser Aspekt seines Werkes hatte
von jeher bestimmte Kreise angezogen. So unterscheidet
Eduard Frank in seiner Meyrink-Monographie die drei
Stadien des Gottesbegriffs in Meyrinks Werk.[30] Es
handelt sich dabei aber um Begriffe wie 'Der Lotse
hinter der Tarnkappe', das 'Schicksal' oder ähnliches.
Man kann aber solche Begriffe unmöglich auf einen Ursprung aus der christlichen Transzendenz zurückführen.
Bei genauerer Betrachtung wird man eher eine Polemik
gegen die christlichen Kirchenlehren feststellen müssen. Der Roman 'Der weiße Dominikaner' enthält eine
Reihe von Auseinandersetzungen mit der kirchlichen
Form der Frömmigkeit. So lehnt zum Beispiel Taubenschlag ab, regelmäßig zur Beichte zu gehen, weil er
von seiner Unschuld überzeugt ist. Die christlichen
Dogmen wie Erbsünde, Beten, Gnade oder Erlösung werden hier entweder abgelehnt oder neue definiert. Aber
auch den zentralen Begriff 'Gott' der semitischen Reli-
gionen ist Meyrink kaum bereit in dieser Form zu akzeptieren. In seinem Nachlaß sind Pläne zu einer Komödie
vorhanden, die unter anderem folgendes enthalten sollte:

"Ein Mensch à la Stirner oder Keith
Vorletzter Act schließt, indem dieser M. Nachthemd
und Schlafmütze anzieht und sich schlafen legt, --
damit im letzten Act er in diesem Aufzug (offenbar
also im Traum in Tibet oder sonstwo 'im Himmel z.B.')
auftreten kann. Hier erscheint ihm der liebe Gott mit
Hausbrot und langem Bart und Heiligenschein. -- In
dem sich entwickelnden Gespräch zeigt sich des lieben Gottes gänzliche harmlose Unwissenheit über die
Welt und auf des Stirner's Frage: Wieso kommen Sie
eigentlich dazu, der liebe Gott zu sein, antwortet
G. verschüchtert: 'Man hat mich eben dazu gemacht'."
31)

Diese Stelle, die von provozierender Respektlosigkeit
Meyrinks gegenüber frommen Lehren zeugt, ist nicht die
einzige. Man lese etwa die Zeilen aus 'Meister Leonhard':

"...die Eindrücke des nächtlichen Erlebnisses wühlen
zu tief durch ihre nagende Innerlichkeit; wohl ist
die Vogelscheuche da nicht länger der Herr der Welt,
aber der Herr der Welt ist selber nur mehr eine jämmer-
liche Vogelscheuche, schreckhaft bloß für die Furcht-
samen, unerbittlich gegen die Flehenden, mit Tyrannen-
macht gekleidet für die, die Sklaven sein wollen und
sie mit dem Nimbus der Macht behängen, - ein erbärm-
liches Zerrbild allen, die frei und stolz sind."32)

Diese Bemerkungen gehen in die gleiche Richtung wie
in dem Roman 'Das grüne Gesicht', wo betont wird, daß
die 'Starken' keine Religion mehr nötig hätten. 33)
Im gleichen Roman wird vom Ausbruch des 'Religions-
wahnsinns'34)gesprochen. Kritik an überlieferten Formen des Glaubens ist mehrfach in Meyrinks Werk vorhanden. Hier setzt er Nietzsches Kritik an der christlichen Transzendenz fort. Er will zwar durch seine okkultistischen Lehren auch eine Art Transzendenz vermitteln,
aber was Meyrink beschreibt, hat mit religiösen Lehren
keinen Berührungspunkt mehr. Auf sie trifft eher der
Begriff von 'diesseitiger Mystik' zu, wie sie Kurt Pinthus in seinem Nachwort zu Meyrinks Werk beschreibt. 35)
Das Geistige ist eine stets gegenwärtige, innerhalb
der Welt vorhandene Seite der Wirklichkeit, die keine
Personifizierung im religiösen Sinne zuläßt. Transzen-

denz liegt Meyrinks Ansicht nach stets sehr nah bei
der Immanenz und nicht in außerirdischen Räumen. Die
Eigentümlichkeit von Meyrinks Weltansicht bringt es
mit sich, daß er den religiösen Glauben auf der einen Seite ebenso kritisieren muß wie auf der anderen
den Materialismus der Zeit. "...was ist besser, die
Pest des Materialismus, die über die Menschheit gekommen ist, oder dieser fanatische Glaube, der da
urplötzlich aus dem Boden wächst und alles zu verschlingen droht? Man steht da wirklich zwischen Scylla und Charybdis."[36] Beide Richtungen lehnt Meyrink
ab. Es ist vor allem die Art der gesicherten Überzeugung, die Meyrink kritisiert, gleich ob eine solche
Überzeugung zu fanatischem Glauben neigt, oder zum
platten Materialismus.

Der Materialismus ist aber ohne die Entwicklung
der modernen Wissenschaft undenkbar, und nichts liegt
hier näher als auf Meyrinks Wissenschaftskritik einzugehen. Meyrink zieht den Anspruch der Wissenschaft
in Zweifel, einzige legitime Quelle der Erkenntnis zu
sein, und dies sowohl aus dem Blickwinkel eines Außen-
seiters, der bereits die Fragestellung der Wissenschaft
für falsch ansieht, als auch von der Perspektive einer
wissenschaftsinternen Diskussion um das bisherige
physikalische Weltbild, das gerade um diese Zeit ins
Wanken gerät. An der Fragestellung kritisiert er bei
der Wissenschaft, womit in erster Linie die Naturwis-
senschaften gemeint sind, den Hang zum Herausfinden
von einzelnen Detailkenntnissen, die sich nach Meyrinks
Ansicht ins Unendliche verlieren. Die visionäre Ahas-
ver-Gestalt im 'Grünen Gesicht' behauptet von Menschen:
"Es sind Abwärtsstarrer und wollen die Unendlichkeit,
die im Kleinen verborgen liegt, ergründen. Daß im Buch
der Würmer Millionen von winzigen Wesen leben und in
diesen wieder Milliarden, haben sie ergründet, aber
noch immer wissen sie nicht, daß es auf diese Art kein

Ende nimmt."[37] Der Medizin-Student Charousek dis-
tanziert sich von der Wissenschaft mit dem Argument:
"...ich habe mich nicht dumm machen lassen von der
Wissenschaft, deren höchstes Ziel es ist, einen
- 'Wartesaal' auszustaffieren, den man am besten
niederrisse"[38]. 'Wartesaal' als Sinnbild der Hoff-
nung, mit einer Vielzahl von Einzelergebnissen und
Bruchstücken des Wissens irgendwann einmal das gros-
se Rätsel der Welt auflösen zu können - diese Vorstellung führt seiner Meinung nach in die falsche
Richtung. Es muß daher, so argumentiert Meyrink, sowohl eine andere Form der Erkenntnis, als auch eine
prinzipiell andere Art des methodischen Vorgehens
geben. Beides geht bei Meyrink in Richtung einer auf
meditativer Basis begründeten Suche nach einem inneren Ruhepunkt im Menschen selbst.

In dieser Haltung dient Meyrink der Zusammen-
bruch des bisherigen mechanistischen physikalischen
Weltbildes als Beweis für die Fragwürdigkeit eines
auf sinnlicher Wahrnehmung basierenden Empirismus
gegenüber einem spiritualistischen Weltbild. In der
bereits erwähnten Schrift über den Okkultismus
schreibt Meyrink:

"Überdies ist unseren Herren Gelehrten in allerletz-
ter Zeit ein so dicker Strich durch ihr bisheriges
mechanisches Weltzerrbild gemacht worden, und der
sogenannte 'gesunde' Menschenverstand hat sich als
dermaßen blind und krank und unzurechnungsfähig her-
ausgestellt (durch Professor Einsteins 'Relativitäts-
lehre'), daß der Dämonenglaube eines mongolischen
Schamanen gegenüber der bisherigen europäischen
wissenschaftlichen Erklärung physikalischer Vorgänge wie eine Offenbarung anmutet."[39]

Man merkt, daß es Meyrink angesichts einer wissenschaftsinternen Diskussion über das alte und das neue
Weltbild nicht schwerfällt, sich über die gestürzte
Fassade des wissenschaftlichen Positivismus zu freu-
en. Meyrink ist bestimmt nicht verlegen, handgreif-

liche Beispiele für die Fragwürdigkeit unserer Raum-
und Zeitbegriffe vorzuführen. Wenn der Ich-Erzähler
im 'Grünen Gesicht' sein 'tiefes Mißtrauen gegenüber
den Sinnen' mit dem Argument begründet, daß ein Geschehen im weit entfernten Weltraum uns durch das
Fernrohr als gegenwärtig vorgetäuscht wird, während
es in Wirklichkiet aber vor Jahrmillionen stattgefunden haben müsse, so will er damit bloß die Unmöglichkeit einer objektiven Erfassung der Wirklichkeit de-
monstrieren. In den erkenntnistheoretischen Fragen
steht Meyrink also genauso wie viele Expressionisten
der neukantianischen Schule nah, in der der Primat
des erkennenden Subjekts gegenüber dem Erkennbaren
wieder betont wird. Meyrink schreibt:

"Eine objektive Wirklichkeit gibt es überhaupt nicht,
sondern nur eine subjektive. Alles, was Form hat, ist
nur subjektiv, von mir aus gesehen, wirklich und niemals objektiv-wirklich. Daß ich z.B. manche Dinge pho-
tographieren kann und andere nicht, ändert daran natürlich gar nichts.....
So unwirklich nun im Sinne der Objektivität ein Leben nach dem Tode ist, wie es die Medien schildern,
so unwirklich ist aber auch alles, was uns als ir-
disch erscheint. Das eine ist eine Halluzination so
gut wie das andere. Von solchem Gesichtspunkte aus
sind die okkulten Phänomene, selbst die ungewöhnlich-
sten, faßbar und erklärlich."40)

Gegenüber dieser Gleichsetzung ist jedoch Vorsicht geboten. Erkenntnistheoretische Kritik an der Objekti-
vierbarkeit der Wirklichkeit gibt Meyrink auf jeden
Fall die Berechtigung zum Nicht-Sinnlichen, Geistigen
und Ideellen, ja zu manchen phantastischen Formen der
subjektiven Wirklichkeiten.

    Erst vor diesem erkenntnistheoretischen Hinter-
grund kann man auch Meyrinks Kunstkritik verstehen,
die ich als letztes erwähnen möchte. Wann auch immer
Meyrink auf seine Kunstauffassung zu sprechen kommt,
ist er bemüht, sich von den herrschenden Tendenzen in
der Kunst zu distanzieren. Auf seine Erörterungen zu

diesem Thema auf Seite 132 sei hier verwiesen. Er
grenzt sich einerseits aus ideologiekritischen Gründen von der klassischen Richtung ab, und bekennt, daß
er "für Klassiker ... nicht das geringste Verständnis"
hatte.[41] Andererseits sind für ihn die zeitgenössischen Künstler noch zu sehr an die empirischen Erfahrungen gebunden. In dem Vorwort zum 'Gespensterbuch' schreibt er:

"Armselig der Dichter, dessen Gebiet nicht größer ist
als die sichtbare Natur.
Wirklich immer wieder müssen Gastwirte, Felder, Oberlehrer, Kühe und Kommerzienratstöchter geschildert
werden? - Als ob's noch nicht genug Gastwirte, Felder,
Oberlehrer, Kühe und Kommerzienratstöchter gäbe!" [42]

Unsichtbare Wirklichkeiten statt der sichtbaren Natur
will Meyrink in der Kunst dargestellt sehen. Ihm genügt die Wortmagie im Akt der sprachlichen Benennung
nicht, die neben der Natur eine Welt der Kultur ent-
stehen läßt, er will sich auch in der Thematik von
dem Kriterium der Sichtbarkeit entfernen. Zu bald
stößt Meyrink an die immer vorhandenen und noch enger
werdenden Mauern der sichtbaren Wirklichkeit. Es ist
für ihn sehr bezeichnend, daß er die Wurzel des Okkultismus mit dem 'Trieb des Menschen nach Freiheit' begründet.[43] Es ist eben die Freiheit des Geistigen,
Ideellen, das sich jedoch durch die Ablehnung der
sichtbaren Bereiche der Natur ins Mystische und Phantastische verliert. Die oben zitierte Stelle beweist
aber auch, daß das Bestreben nach andersartiger Wirklichkeit auch einen satirischen, ideologiekritischen
Sinn hat, indem Meyrink die phantastische Kunst einem
fast schulmeisterlichen Verwalten der Kunst entgegen-
setzt. In dem Vorwort zu der Reihe der 'Bücher und
Romane über Magie' setzt sich Meyrink sehr scharf
mit solchen Schulmeistern der Kunst auseinander, die
alle bisherigen Kunstwerke auf ihre Nützlichkeit und
Brauchbarkeit hin geprüft und in handgreifliche Mo-
rallehren umgewandelt hätten. Der dialektische Prozeß

der dabei möglichen Erkenntnis wird stets zur Nebensache, und Meyrink erspart ihnen den Vorwurf nicht,
daß es dieser dogmatischen Kanonisierung der Kunst zu
verdanken sei, wenn 'heute niemand mehr Goethes Faust
II. Teil, Spinoza oder Schopenhauer' lese. Er schreibt:
"Die Ziegenmilch der frommen Denkungsart ist sauer geworden, Herr Schulmeister; Sie haben zu lange Ihre
ewigen: 'Du mußt, du sollst' in den Topf gespuckt."[44]
Die Darstellung des Phantastischen und Mystischen in
der Kunst bei Meyrink ist unter anderem auch eine aus
seiner Ideologiekritik motivierte Antwort auf bestimmte dogmatische Fixierungen, die keine Abweichungen
dulden. Als real hingestellte Fiktionen werden hier,
genauso wie bei seinen Satiren, zum Mittel der Provokation gegen einen gesichert geglaubten Empirismus.
Ihre eigentliche Bedeutung geht aber über die Ideologiekritik hinaus. Die okkultistische Mystik Meyrinks
ist in erster Linie durch eine grundsätzlich negative
Weltsicht bedingt, die nicht allein in der dargestellten fiktiven Wirklichkeit sichtbar wird, sondern vor
allem in einer umfassenden Kultur- und Zeitkritik der
kommentierenden Reflexionen. Meyrinks Mystik steht somit nicht im Widerspruch zu seinem satirischen Schaffen, sondern sie ist nur die konsequente Fortsetzung
seiner Satire, wobei letztlich beide auf einer Position der Negativität beruhen.

Okkultistische Chiffren

Wenn man zum Schluß auf die Mystik Meyrinks einen
Blick wirft, so wird es ganz unmöglich sein, daraus
handfeste Lehren zu entnehmen. Mystik hat bei ihm in
erster Linie die Funktion einer Zertrümmerung der Wirklichkeit , jener Wirklichkeit, die dem Menschen ent-
fremdet ist. Die sozusagen 'mystische Wirklichkeitsferne' kann Meyrink niemals als Vorwurf treffen, weil
er die Orientierung nach einer gegebenen Wirklichkeit

nicht als Maßstab des menschlichen Handelns akzeptiert.
Verlust der Wirklichkeit wird keineswegs als Verlust
empfunden, vielmehr wird die bewußte Zertrümmerung
der Wirklichkeit als ein Akt der Befreiung von einer
entfremdeten Wirklichkeit gefeiert. Die bekenntnishaften Worte Miriams im 'Golem' sind dafür sehr bezeichnend:

"Wenn sie das Wort 'Wunder' nur hörten, wurde ihnen
schon unbehaglich. Sie verlören den Boden unter den
Füßen, sagten sie. Als ob es etwas Herrlicheres geben
könnte, als den Boden unter den Füßen zu verlieren!
Die Welt ist dazu da, um von uns kaputt gedacht zu
werden, ... dann erst fängt das Leben an."45)

Man muß sich fragen, welches andere Leben damit gemeint sein könnte als ein reiches Innenleben. Zwischen
diesem Innenleben und der Außenwelt besteht ein klarer
Widerspruch. Äußere Natur und innere Vorstellung sind
niemals deckungsgleich. Die innere Vorstellung ten-
diert zu einer Verselbständigung ihres Inhalts gegenüber einer ihr fremdgewordenen Natur:

"Ist denn die Natur schön? Nun ja, die Bäume sind
grün, und der Himmel ist blau, aber das alles kan-
ich mir viel schöner vorstellen, wenn ich die Augen
schließe. Muß ich denn, um sie zu sehen, auf einer
Wiese sitzen?"46)

Als Schriftsteller wird Meyrink von dem Grundsatz Per-
naths geleitet, der sich die Frage stellt: "Wie konnte
ich auch nur von der Möglichkeit sprechen, die unfehl-
bare Richtschnur der geistigen Vision an den groben
Mitteln des Augenscheins nachmessen zu wollen!"47) Von
der Welt - der 'kaputt gedachten Welt' - bleibt dabei
in den Romanen wenig übrig. Es sind vielmehr lauter
negative Positionen, die das Ich dazu einnimmt. Pro-
blematisierung des Ich-Begriffs und chiffrierte Uto-
pien über die Möglichkeiten der Erkenntnis des wahren
Charakters des Ichs sind somit die zentralen Themen
seiner Romane.

Hinter der chiffrierten Aufforderung zum 'Wach
sein' oder 'Immer bewußt bleiben', die sich fast in

allen seinen Romanen wiederholt, kann man sowohl etwas Individuell-Menschliches als auch etwas Politisches vermuten. Daß man berechtigt ist, die Forderung
nach einer 'erhöhten Bewußtheit', die wenig mit 'Wissen' zu tun hat, auch im politischen Sinne zu deuten,
wird einem durch den Begriff des 'Instinktes' nahegelegt, den Meyrink immer wieder gebraucht, wenn er auf
den praktischen Nutzen des Okkultismus zu sprechen
kommt. In dem Essay 'Die Verwandlung des Blutes'
schreibt er:

"Seit Jahrtausenden ist das Streben der Menschheit
darauf gerichtet, dem Leiden auf Erden zu entrinnen
durch Erkennen und Durchschauen der Naturgesetze zum
Zwecke, sie sich dienstbar zu machen ... erstaunlicher
noch der Rückschritt in allem, was den Instinkt des
Menschen anbetrifft.... Immer mehr verläßt sich der
Mensch auf die Denkdrüse.. ... das uralte Vorurteil
gegenüber verborgenen Kräften." 48)

Meyrinks Plädoyer für die verborgenen Kräfte und die
Förderung der menschlichen Instinkte im Gegensatz zu
der polemisierten 'Denkdrüse' gehören zusammen. In
der Schrift 'An der Grenze des Jenseits' schreibt
Meyrink:

"Eine Eigenschaft, die beim Menschen mehr und mehr
verschwindet, je schneller die sogenannte Zivilisation fortschreitet, ist der Instinkt.
Das deutsche Volk, von dem wir ruhig sagen können, es
ist heute das zivilisierteste der Erde, besitzt fast
gar keinen Instinkt mehr. Die Beweise dafür hat es
vor, während und nach dem Krieg ununterbrochen bei-
gebracht, und ich zweifle nicht, daß es noch weiterhin derartige Beweise in erdrückender Menge liefern
wird. Es ist skeptisch geworden, aber skeptisch nach
der falschen Richtung hin; es ist skeptisch geworden
dem inneren Ahnungsvermögen gegenüber; es hat einen
kurzsichtigen Kommisverstand zum Despoten über 'das
Feinfühlen der Seele' gesetzt. Und so ist jenes feine
Wittern der Gefahr, wie es jeder Fuchs, jede Katze,
jeder Vogel oder Fisch besitzt, sogar beim einzelnen
Deutschen verlorengegangen. Mag heute ein Kerl kommen,
der 'gezeichnet' ist von Gott, vom Teufel und von der
Natur und dem der Halunke auf einen Kilometer weit
anzusehen ist, der Deutsche wird ihm auf den plumpsten
Schwindel hereinfallen."49)

Diese Schrift mit solch ernst zu nehmender Warnung
ist im Jahre 1923 erschienen. Drei Jahre später, als
die Vorzeichen der nationalsozialistischen Herrschaft
konkreter wurden, hat Meyrink im 'Simplicissimus' die
satirische Studie 'Der Astrolog' veröffentlicht, in
der 'furchtbare Katastrophen für Europa in unmittel-
barer Nähe prophezeit werden. Diese Studie über den
Astrologen 'Hasenkopf', den er bewußt als 'Hosenknopf'
variiert, schließt mit der Betrachtung: "... du oder
deinesgleichen wird der lang ersehnte Führer für das
deutsche Volk werden und es nach glücklicher Beseiti-
gung jeglichen Instinktes wieder empor zum Lichte
führen. Das Walter Scott-Heil!"[50] Für Meyrink war
die Götzendämmerung des Nationalsozialismus auch eine
Form des Aberglaubens, der da im Kommen war, und der
die restlichen Instinkte ausrotten sollte. Meyrinks
letztes Romanfragment handelt von einem diabolischen
Weltherrscher, der auf dem Wege psychischer Beein-
flussung die absolute Herrschaft gewinnt. Meyrinks
skurrile Phantastik und politische Zeitgeschichte
sind auf eine undurchschaubare Art miteinander verknüpft. 'Instinkt' bedeutet für Meyrink auf jeden
Fall eine letztmögliche Instanz für richtiges Handeln
gegenüber dem rationalen Kalkül. In einer Zeit der
zunehmenden Zivilisiertheit des Menschen lehnt er jedoch die Devise 'Zurück zur Natur' ab. "Dadurch", so
argumentiert Meyrink, "wird höchstens der Appetit und
die Verdauung gefördert, der Instinkt niemals."[51]
Der Okkultismus wird für ihn das bevorzugte Mittel, in
einem Zustand politischer Ratlosigkeit und vielfälti-
ger Ideologien die Instinkte des Menschen wieder aus-
zubilden. Durch die In-Frage-Stellung eines eng ausge-
legten Wirklichkeitsbegriffes war er auf jeden Fall
geeignet, Toleranzräume für andere Denkstrukturen,
die der Gefahr einer monotonen Gleichschaltung entrinnen können, zu schaffen. Okkultismus wäre somit
selbst eine Chiffre für das Ideal der individuellen

Unfixiertheit gegenüber allen institutionellen Fixierungen.

Wenn man von diesen höchst eigenwilligen politischen Gedankengängen Meyrinks zum Werk des Autors zurückkehrt, so erlaubt es ebenfalls keine eindeutigen Fixierungen. Beobachtet man Meyrinks Romanhelden auf der Suche nach ihrem wahren 'Ich', so stößt man gelegentlich auf den Mythos von einem ursprünglichen, ungebrochenen Sein vor jeder stattgefundenen Spaltung und Trennung durch das Bewußtsein. In einer der frühesten Erzählungen 'Der Fluch der Kröte' (1903) besteht der Fluch eben darin, daß die Kröte den Tausendfüßler mit der Frage in Verwirrung stürzt:

"Sage mir doch - o Verehrenswürdiger, wie es sein kann, daß Du beim Gehen immer weißt, mit welchem Fuß Du anfangen mußt, welcher der zweite sei, - und dann der dritte,- welcher dann kommt als vierter, als fünfter, als sechster,- ob der zehnte folgt oder der hundertste, - was dabei der zweite macht und der siebente, ob er stehen bleibt oder weitergeht, - wenn Du beim 917ten angelangt bist, den 700sten aufheben und 39sten niedersetzen, den 1000sten biegen oder den vierten strecken sollst -"[52]

Der Tausendfüßler kann von da ab kein Glied mehr rühren. Diese mit Wortwiederholungen geschmückte, nach Indien verlagerte Fabel dient Meyrink als Beispiel dafür, wie die Harmonie des unbewußten Lebens durch den Akt der rationalen Reflexion zu Grunde geht. In den zwanziger Jahren greift Meyrink diese Thematik nochmals auf. In der symbolischen Erzählung vom 'Uhrmacher' (1926) steht auf dem Deckel der Uhr, die stehen geblieben ist, der lateinische Spruch 'Summa Scientia Nihil Scire.'[53] Am Ende der Erzählung zeigt der Uhrmacher - eine Art mystischer Führer - dem Überbringer der Uhr nunmehr seine Variation des Spruches, die folgendermaßen lautet: "Nihil scire - omnia posse./Nichts mehr wissen - alles können!" Dies ist auch der Grundsatz des unsichtbaren mystischen Ordens am Ende des Romans 'Der Engel vom westlichen Fenster'. Interessant ist

aber auch die Ergänzung des Wortes 'mehr' in der deutschen Übertragung des lateinischen Spruches. Diese
eigenwillige Übersetzung deutet auf ein Wissensmüdig-
keit und -überdruß, die man vor dem geistesgeschichtlichen Hintergrund verstehen kann. Dem rationalen
Wissen wird somit auf jeden Fall die Fähigkeit der
Lebensbewältigung abgesprochen. Die Suche nach dem
'wahren Wissen' endet mit der Absage an das Wissen,
die im Erzählzusammenhang jedoch nur in einem phan-
tastisch-utopischen Bereich (Aufnahme in den unsichtbaren Orden) angesiedelt wird. Dennoch wird dieser
Mythos von einem ursprünglichen Sein vor jedem rationalen Bewußtsein in Meyrinks Romanen zu einer Frage
der verlorenen Erinnerung und somit der verloren ge-
gangenen Identität des Menschen.

Einige Romanschlüsse projizieren nur die Utopie
von einer wiederauffindbaren Identität. Ihr utopischer
Charakter wird durch die literarische Phantastik un-
terstrichen. Über ihre tatsächliche Realisierbarkeit
gibt kein Text genaue Auskunft. In der Erzählung
'Meister Leonhard' zeigt Meyrink den pantheistischen
Weg der Erkenntnis 'des großen Ichs' hinter allen Erscheinungen. Im Roman 'Walpurgisnacht' zeichnet er
den Weg der inneren Wahrhaftigkeit, trotz allem. Bei
den anderen Romanen wird die Chiffre 'geistiger Vollendung' eines einzelnen Menschen zu einer Utopie der
gleichzeitig durchschauenden Wahrnehmbarkeit sowohl
der materiellen als auch der ideellen Welt. Dies ist
auch der Sinn okkultistischer Symbole wie des Janus-
kopfes oder des Baphomet. Die Überlegungen Meyrinks
beim Verfassen von 'Das grüne Gesicht' werfen darauf
ein klärendes Licht: "Hauptsache: Haub. muß den Zwiespalt der beiden Leben überwinden."[54] Sichtbares Ergebnis einer solchen Stufe ist bei Meyrink die Befreiung des Menschen von der Erfahrung des Leidens.
Aber auch der Weg zu einem solchen Ziel ist wiederum

ohne Leiden undenkbar. Der letzte Roman 'Der Engel
vom westlichen Fenster' zeigt nicht nur das Leiden,
sondern auch die bitteren Enttäuschungen auf diesem
Wege. Darin wird nämlich das Leben einer historischen
Figur John Dee zu einer mythischen Geschichte einer
tragischen Person stilisiert, die nach und nach sämtliche möglichen Ziele eines erfüllten Daseins für ge-
scheitert erklären muß. Sie gipfeln bei dem Romanhelden in der Erkenntnis: "An allen Zusagen der Sterbli-
chen wie der Unsterblichen habe ich Schiffbruch er-
litten bis zuletzt."[55] Diese Erfahrung des Scheiterns
führt letztlich wiederum zu der einzig möglichen Gewißheit vom 'ursprünglichen Ich', auf die sich der
Ich-Erzähler zurückzieht. Meyrinks okkultistische
Mystik mündet somit genau dort, wo die Denkrichtung
vieler seiner Zeitgenossen endet. Sein Prager Kollege
Mauthner z.B. war bereits vor Meyrink in seinem 'Bud-
dha-Roman' zu dem Ergebnis gekommen:

"Keine Gemeinde, keine Kirche ist eine Zuflucht. Zuflucht ist allein bei der Liebe; und keine Liebe ist
in einer Kirche, bei den Priestern, bei den Brahmanen.
Du sollst nicht einer Kirche sein, nicht eines Ver-
eins, nicht eines Glaubens. Behalt' mich lieb. Aber
auch meiner sollst du nicht sein. Sei du! Sei dein!
Nur sich selbst kann einer erlösen. Selber kämpfen.
Immer nur für sich selbst: leben, sterben, erlösen."[56]

Meyrink artikuliert in seinen Romanen die gleiche Erfahrung, die im Rückgriff auf das einzig mögliche 'Ich'
für die übrige Welt nur aus Negationen besteht. Mit
dem Blick auf die Existenzphilosophie, die um diese
Zeit erst einsetzt, gehört diese Erfahrung zur Geistesgeschichte der Zeit. Meyrinks Forderung nach einer
stets kritischen , fast 'über-wachsamen', asketischen
Lebensweise darf jedoch auch über das Zeitgeschichtliche hinaus Gültigkeit beanspruchen.

ANMERKUNGEN

I   ZUR REZEPTIONS- UND FORSCHUNGSGESCHICHTE

1) Engelsing: Die Zeitschrift in Nordwestdeutsch-
   land in "Archiv für die Geschichte des Buch-
   wesens". 4 (1965), S. 1021 - hier zitiert nach
   - Jobling, Ann Allen, A Playful Judgement,
   Satire und Society in Wilhelmine Germany.
   Columbia University Dissertation 1974, S. 9

2) Hermann Sinsheimer: Gelebt im Paradies. S. 227

3) Erich Mühsam: Unpolitische Erinnerungen. S. 127

3a) Karl Wolfskehl: Briefe und Aufsätze. S. 203

4) Max Brod: Streitbares Leben. S. 291

5) Otto Julius Bierbaum in seiner Rezension zu
   Meyrinks "Orchideen" in: "Die Zeit", Wien,
   vom 6. Nov. 1904

6) Von Hermann Hesse stammen Rezensionen zu
   "Orchideen", zu der Dickens Übersetzung, zum
   Roman "Das grüne Gesicht"und ein Aufsatz von
   Meyrinks 50. Geburtstag.

7) Hermann Hesse: Rezension zu Meyrinks "Orchideen"
   in: Neue Züricher Zeitung vom 20. August 1904

8) In dem Antwortschreiben auf eine Umfrage
   "Wie denken Sie über den Simplicissimus?" in
   "Simplicissimus" 25. Jg. 1920/21) Nr. 1 S. 14

9) s. Meyrinks Brief vom 18.2.1908 an Langen-Verlag - in der Monacensia-Abt. der Stadtbibliothek, München.

10) "Der Golem"erschien 1915 in Buchform. Bis 1917
    erreichte er die Auflagezahl von 145 Tsd.
    (s. Meyrinkiana XVIII, 2)

11) s. Kurt Wolff: Vom Verlegen im allgemeinen und
    von der Frage: Wie kommen Verleger und Autoren
    zusammen? In u.a. EXPRESSIONISMUS Aufzeichnung
    und Erinnerungen der Zeitgenossen hrg. v.
    Paul Raabe. Olten und Freiburg im Breisgau
    1965 S. 287

12) Der Vertrag befindet sich im Kurt-Wolff-Nachlaß
    in "German Collection"der Universitätsbibliothek
    Yale.

13) Bernhard Zeller im Vorwort zu Kurt Wolff: Brief-
    wechsel eines Verlegers. Fft. a. M. 1966 S. XXIX

14) ebd.

15) ebd.

16) ebd. S. 108

17) Kasimir Edschmid: Lebendiger Expressionismus. S. 12

18) Brief Meyrinks vom 22.9.1915 an Frl. Johanna Kanoldt. in der Monacensia-Abt. der Stadtbibliothek, München

19) Bei dem Gerichtsprozeß gegen Bartels hat Mayrink folgende Auflagenzahlen angegeben: Der Golem: 1915-22 ...165 Tsd. Das grüne Gesicht 99 Tsd. Walpurgisnacht 1917/18 75 Tsd. Der weiße Dominikaner: 1921 28 Tsd. (Meyrinkiana XVIII,2)

20) s. bibl. Angabe zu 11) S. 287

21) Kurt Wolff Nachlaß in German Collection von Yale University Library.

22) s. bibl. Angabe zu 11)

23) ebd. S. 288

24) a) Herwart Walden: Wovon man nicht sprechen sollte in "Der Sturm"6. Jg. 1916 Nr. 23/24 S. 140
    b) H. Walden: Ein großer Traum zu meiner Freude. in "Der Sturm"7. Jg. 1916 H.2 S.23
    c) H. Walden: Noch ein Träumer. in "Der Sturm"7. Jg. Nr. 3 1916 S. 35

25) Walden, H.: Noch ein Träumer. 24 c)

26) Walden, H.: 24 b)

27) LW: Gustav Meyrink gestorben: Dt. Zeitung Bohemia vom 6.12.1932

28) Gershom Scholem: Die Vorstellung vom Golem in ihren tellurischen und magischen Beziehungen in G.S.: Zur Kabbala und ihrer Symbolik. Suhrkamp (1973) S. 209

29) Hermann Hesse: Rezension zu "Das grüne Gesicht"in der Zeitschrift "März", 1916 10. jg. Bd. IV, S. 239 f.

30) Rilkes Brief vom 15.1.1918 in: R.M. Rilke und Marie von Thurn und Taxis, Briefwechsel. hg. v. E. Zinn, Zürich 1951 Bd. II. S. 533

31) Brief v. Marie v. Thurn und Taxis vom 5. 02. 1918 Briefe Bd. II S.336

32) Rilkes Brief vom 30. 03. 1918   ebd. S. 542

33) Albert Zimmermann: Gustav Meyrink. Sonderdruck aus der Monatsschrift für das dt. Kunst- und Geistesleben. Deutschnationale Verlagsanstalt, Hamburg. S. 3

34) Das Verbot wurde in der Wiener Zeitung (Amts-
blatt) Nr. 280, Sonntag, den 3. Dez. 1916
folgendermaßen bekanntgegeben: "Erkenntnis:
Im Namen Seiner Majestät des Kaisers! Das
k. k. Landesgericht in Wien als Pressegericht
hat mit dem Erkenntnisse vom 28. Nov. 1916
Pr. XXXV. 6216, die Weiterverbreitung des
Druckwerkes Gustav Meyrinks, "Des deutschen
Spießers Wunderhorn", Gesammelte Novellen,
3 Bände, Verlag Alb. Langen, München, Pr.
63 St. G. u. nach Artikel IV des Gesetzes vom
17. Dezember 1862, R.G.Bl. Nr. 8 für 1863
verboten. Wien am 28. November 1916. zit. n.
Buskirk. S. 29

35) Zimmermann, A: op. c. Anm. 33, S. 3

36) ebd. S. 5

37) Thomas Mann: Betrachtungen eines Unpolitischen.
Berlin 1918 S. 33

38) Folgende Stelle war für den großen Wirbel der
Entrüstung um Meyrink verantwortlich: "Mit
der Freude der Gewißheit ging ich zu Rechts-
anwälten, zu Medizinern und Militär -; unter
Gymnasialprofessoren hatte ich ihn beinahe
schon gefaßt - beinahe. --
Dann kam die Zeit, wo ich endlich darauf stieß.
Nicht auf ein einzelnes Geschöpf -, nein auf
eine ganze Schicht. .....
Die Pastorenweibse! Das war es! ..
Eine, - ein pinselblondes "deutsches" Biest,
ein echtes Gewächs aus wendisch-kaschubischem
Obotritenblut, hatte ich schon unter dem Messer,
da sah ich, daß sie -- gesegneten Leibes war,
und Moses' uraltes Gesetz gebot mir Halt.
Eine zweite fing ich ein, eine zehnte und
hundertste, und immer waren sie -- gesegneten
Leibes!
Da legte ich mich auf die Lauer Tag und Nacht -
wie der Hund mit den Krebsen - und so gelang
es mir endlich, im richtigen Augenblick eine
direkt aus dem Wochenbett herauszufangen.
Eine glatt gescheitelte sächsische Betthäsin
mit blauen Gänseaugen war es." .. (Aus der
Erzählung "Der Saturnring" in der Sammlung
"Des deutschen Spießers Wunderhorn" Bd. I
S. 93 ff.

39) Zimmermann. o.c.S.8

40) Zimmermann. S. 8

41) Zweites Flugblatt von Albert Zimmermann:
Gustav Meyrink und seine Freunde. Ein Bild aus
dem dritten Kriegsjahr. Hamburg o.J.(1917)
Flugschriften der Fichtegesellschaft Nr. 6
Seite 21

42) Adolf Bartels: Deutsche Dichtung der Gegenwart. Bd. 3 Die Jüngste. H. Haessel Verlag. Leipz. 1921 S. 101 f.

43) Starnberger Zeitung. 42. Jg. Nr. 90 vom 18. Juni 1917

44) Hans von Weber: Die Meyrink-Hetze in "Der Zwiebelfisch". 9. Jg. 1918 H 1/2 S. 8

45) zit. nach Jakob Overmanns S.J.: Der Fall Meyrink. in Stimmen der Zeit Bd. 94 S. 237

46) Paul Ernst: "Zwischen Scylla und Charybdis" in Frankfurter Zeitung LXII 22, vom 22.1.18

47) Franz Graetzer: "Krieg um Meyrink" Kölner Tageblatt, Blätter für Kunst und Kritik (Sep. 30, 1917)

48) Hans v. Weber: Zur Meyrink-Hetze in "Der Zwiebelfisch", 9. Jg. 1918 H. 4/5 S. 115

49) Kurt Tucholsky: Gesammelte Werke. Rowohlt (1960) Bd. II S. 240/41

50) Julius Bab: Gustav Meyrink - in "Das literarische Echo" 20. Jg. Heft 2 vom 15. Okt. 1917 S. 73-79

51) ebd. S. 73

52) ebd. S. 79

53) ebd. S. 73

54) Im Nachwort (von Kurt Pintus) zu G.M.: Gesammelte Werke Bd. 6 Leipzig Kurt Wolff (1923) S. 333

55) Hermann Sinsheimer: Gustav Meyrinks Weltanschuung. Rede anläßlich d. 50. Geburtstagsfeier in "Der Zwiebelfisch" IX Jg. Heft 3 April 1918 S. 57-65

56) Albert Soergel: Dichtung und Dichter der Zeit. S. 68

57) Gustav Kauder: Meyrink gestorben. Berliner Zg. am Mittag vom 5. XII 1932

58) Manfred Sperber: Motiv und Wort bei Gustav Meyrink in der Reihe Studien zur Literatur- und Sprachpsychologie. Leipzig 1918 S. 7

59) C.G. Jung: Gestaltungen des Unbewußten. Zürich 1950

60) C.G. Jung: Psychologie und Alchemie. Zürich 1944

61) Brief Marie von Thurn und Taxis (14.IV.1918) an Rilke. Rilkes Briefe Bd. II S. 547

62) Herbert Fritsche: An der Bahre des Meisters aus dem Haus zur letzten Latern" Privatdruck 1933

63) Herbert Fritsche: August Strindberg - Gustav Meyrink Kurt Aram - Drei magische Dichter und Deuter. Prag - Smichov 1935 S. 21

64) ebd. S. 22

65) Selbstbeschreibung des Autors G.M. in "Der Zwiebelfisch" 19. Jg. (1926) H. 1 S. 25 ff.

66) Robert Cermak: Der magische Roman. Hans Heinz Ewers, Gustav Meyrink, Franz Spund. Wien Phil. Diss. 1949 S. 141

67) Marga Eveline Thierfelder: Das Weltbild in der Dichtung Gustav Meyrinks. Diss. München 1952 S. 35

68) Hermann Hesse: "Meyrink" in Vossische Zg. Berlin v. 17.1.18

69) William R. van Buskirk: "The basis of satire in Gustav Meyrinks Work" Diss. University of Michigan 1957 S. 221

70) ebd. S. 28

71) Siegfried Schödel: Studien zu den phantastischen Erzählungen G. Ms. Diss. Erlangen 1965 S. 180

72) Bezeichnend dafür ist Schödels Beitrag: "Gustav Meyrink und die phantastische Literatur" in dem Sammelband Studien zur Trivialliteratur. S. 209-224

73) Christine Rosner: "Grotesque elements in selected prose works of Gustav Meyrink" S.149

74) Helga Abret: Gustav Meyrink conteur. in d. Reihe - Europäische Hochschulschriften. Bern/ Fft a. M 1976

75) Walter Claes: Der Individuationsprozeß in G.M.'s Romanen "Der Golem" und "Das Grüne Gesicht" s. bibl. Ang.

76) s. bibl. Angaben u. Frank, Eduard.

77) Die Monographie besteht aus drei Teilen: L'ecrivain S. 21-112 - Les sciences occultes S. 113-212 und Miroirs S. 213-266

II DIE LEBENSDATEN EINES AUßENSEITERS

1) Der Zwiebelfisch. 19. Jg. 1925 S. 26

2) Gesammelte Werke. Bd. VI S. 252

3) Nachruf von Thomas Theodor Heine in Münchner Sonntagsanzeiger (Süddeutsche Sonntagspost) vom 11.12.32

4) Nachruf von Viktor Schweizer: Der Bürgerschreck von Prag. Hannoversches Tageblatt vom 7.12.1932

5) s. u. a. d. Nachruf unter 4) oder Gustav Kauder: Meyrink gestorben. BZ. am Mittag 5. XII. 32

6) Brief vom Auswärtigen Amt vom 6. Juli 1918.
   Ebenfalls in den Briefen vom RA L. Katz aus
   Prag in Meyrinkiana I, 1

7) Hans Arnold Plöhn: G.M. ein Fall von soziologisch uneinheitlicher Abstammung in: Blätter
   für Württembergische Familienkunde. Heft 86/88
   Bd. VIII vom Mai 1939 S. 17-19. In"soziologisch
   uneinheitlicher Abstammung"meint Plöhn nämlich
   "einen Schlüssel zu der merkwürdigen Persönlichkeit" Meyrinks gefunden zu haben.

8) Eduard Frank: G.M. S. 10

9) Die biographischen Daten über Meyrinks Vater
   sind einem ausführlichen Aufsatz entnommen,
   der im Bd. 39 der Allgemeinen Deutschen Biographie (ADB) steht. S. 492-496

10) Eine Kopie dieser Chronik in Schreibmaschinen-
    schrift befindet sich in Meyrinkiana XVI.

11) Francis: Meyrink erzählt von seinem Leben.
    Interview in Hannov. Anzeiger vom 18. Okt.1931

12) Das betreffende Dokument befindet sich in
    Meyrinkiana XVII und hat folgenden Wortlaut:
    "Seine Majestät der König haben unterm
    8. Juli 1917 Allerhöchst zu genehmigen geruht,
    daß die auf der folgenden Seite benannten
    Personen der Rechte Dritter unbeschadet den
    dort angegebenen Familiennamen annehmen und
    fortan führen." Meyrink stellte daraufhin am
    8.8.1917 einen Antrag für einen neuen Staats-
    angehörigkeitsausweis. Kopie des Antrages ist
    in Meyrinkiana I,3.

13) Familienchronik. siehe Anm. 10) S. 85

14) Diese Angaben sind ebenfalls d. Familien-
    chronik entnommen.

15) zitiert nach Eduard Frank. S. 19

16) Max Pulver: Erinnerungen an eine europäische
    Zeit. S. 72

17) Walpurgisnacht. S. 215

18) Dr. Eduard Frank: Gustav Meyrinks Leben und
    Werk im Lichte der Grenzfragenpsychologie.
    In: Neue Wissenschaft (Basel), 5. Jg.(1955),
    H. 5/6

19) Der weiße Dominikaner. S. 126

20) Meyrinkiana XVII

21) So trägt der Nachruf seines Prager Freundes
    Gustav Kauder den Titel "M. gestorben - Der
    Roman eines Lebens. und Vik. Schweizer: Der
    Bürgerschreck von Prag - Das abenteuerliche
    Leben Gustav Meyrinks. s. Anm. 4) und 5)

22) Akte über diese Vermögenswerte und über die
Vormundschaft von Meyrink sind in Meyrinkiana
XVI,3 vorhanden. Nach einer Aufstellung aus
dem Jahre betrug ihr Wert auf 18.250 Mark.
Mit der Verwaltung dieser Wertpapiere und Vormundschaft war der Münchener Notar Wilhelm von
Vincenti beauftragt, der erst mit der Volljährigkeit Meyrinks aus diesem Verhältnis
entlassen wurde.

23) Eduard Frank: G.M. S. 11

24) Friedrich Alfred Schmidt Noerr: Erinnerungen
an G.M. in: Die Einkehr, Unterhaltungsbeilage
der Münchener Neuesten Nachrichten 14. Jg.
Nr. 10 vom 5. März 1933

25) Deutsches Wörterbuch von Jacob und Wilhelm
Grimm Leipzig 1949 4. Bd. I Ab. 4. Teil
Spalte 7477

26) Des Deutschen Spießers Wunderhorn
Bd. II S. 111- 116

27) Meyrink: Wie ich Schriftsteller wurde. p. VIII

28) Frank, E.: G.M. S. 11

29) Meyrink: Das Haus zur letzten Latern. S. 286

30) Frank, E.: G.M. S. 48-49 im Zusammenhang von
Meyrinks Gottesvorstellung.

31) Meyrink: Der Lotse in: Das Haus der letzten
Latern. S. 287

32) Die Verwandlung des Blutes. S. 7 in Meyrinkiana.

33) Meyrink: An der Grenze des Jenseits in:
Das Haus zur letzten Latern. S. 372

34) Da ist einmal der ebenerwähnte Aufsatz (Nr.33).
Hinzu kommen eine Reihe autobiographischer
Aufsätze zu okkultistischen Themen, die in der
Sammlung "Das Haus zur letzten Latern"erschienen
sind. Ein beträchtlich großer Teil der im Nachlaß erhaltenen Briefe stammt von den Geheimorden. Obwohl die entsprechenden Briefe Meyrinks
dazu fehlen, kann man dennoch aus dem Inhalt
der Briefe seiner Adressaten in etwa erraten,
was Meyrink geschrieben haben kann. Und schließlich sind zahlreiche Erinnerungsberichte seiner
Bekannten und Freunde in Büchern und Zeitungen
überliefert, die gerade diese geheimnisvolle
Seite von Meyrink interessant fanden und bei
ihren Erinnerungen bestrebt waren, gerne zu
diesem Thema etwas beizutragen.

35) Aufsatz über Blavatzky in Encyclopedia
Britannica.

36) Annie Besant: Theosophical Society. in:
Encyclopedia of Religion and Philosophy.

37) Frank, Ed.: G.M. S. 15/16

38) Briefe von Yarker in Meyrinkiana. I, 1

39) Brief von Tryar vom 7.9.1892 in Meyrinkiana.
I.1

40) Brief von Eastern School of Theosophy in
Meyrinkiana. I,1

41) Brief von G.R.S. Mead in Meyrinkiana. I,1

42) Die Urkunden darüber befinden sich in
Meyrinkiana XV, 1a

43) Briefe von Westcott, W.Wynn in Meyrinkiana,
I,1

44) Briefe von Yarker. ebd.

45) Briefe von Charubel. ebd.

46) Hinzu kämen noch der Orden der Illumination,
die Bruderschaft der Alten Riten vom Heiligen Gral im Großen Orient von Patmos, die
Altgnostische Kirche von Eleusis und The
Aquarian Foundation.

47) Meyrink: Wozu dient eigentlich weißer Hundedreck? in Des Deutschen Spießers Wunderhorn
Bd. II S. 24

48) 41 Briefe sind in Meyrinkiana vorhanden.

49) Die Verwandlung des Blutes. S. 7

50) ebd.

51) Der Okkultist Meyrink - eine Unterredung
mit Paul Leppin. in: Deutsche Zeitung Bohemia
vom 6.12.1932

52) Meyrink: An der Grenze des Jenseits in: Das
Haus zur letzten Latern. S. 376

53) Brief v. Charubel in Meyrinkiana I,1

54) Das Haus zur letzten Latern. S. 287

55) Meine Erweckung zur Seherschaft. Merlin
Folge 3 Hamb. (1949)

56) Die Verwandlung des Blutes. S. 7 (undatiert)
Meyrinkiana VI,14

57) zitiert nach Buskirk S. 16, nach einer Aussage von Mena Meyrink.

58) Buskirk. S. 16

59) Zahlreich sind die spättischen Anspielungen
auf den Beruf der Ärzte. s. Der Heiße Soldat,
das Gehirn oder Dr. Flugbeil in dem Roman
"Walpurgisnacht".

60) Die Verwandlung des Blutes S. 38

61) Meyrinkiana XVIII (Acte über die Prager
Affaire) u.a.

62) ebd.

63) Prager Tageblatt Nr. 17 vom 21. Jan. 27
    "Der Prager Bankier G. Meyer. Zur Erinnerung
    an eine Verhaftung".

64) "Verhaftung des Bankgeschäftsinhabers Meyer".
    in Bohemia vom 19. Januar 1902

65) Paul Leppin: Bankier Meyer, Erinnerung an
    Gustav Meyrinks Prager Zeit. in Zeit im Bild
    Nr. 8, 9. Jg. vom 15.12.32

66) Anm. 64)

67) Ein am 16.3.1906 ausgestelltes Amtszeugnis
    bestätigt dies: "Herrn Gustav Meyer .. wird
    amtlich bestätigt, daß die gegen ihn am
    18. Januar 1902 wegen des Verbrechens des Be-
    trugs eingeleitete Voruntersuchung auf Grund
    der Erklärung der k.k. Staatsanwaltschaft in
    Prag, daß sie keinen Grund zur weiteren Ver-
    folgung finde, am 2. April 1902 ... eingestellt
    wurde".
    Meyrinkiana XVII

68) s. Das ganze Sein ist flammend Leid. in
    Des Deutschen Spießers Wunderhorn. Bd.II S.72

69) u. 70) Politik. vom 22. April 1902 zitiert
    nach s. Anm. 63)

71) Die Verwandlung des Blutes. S. 5

72) s. Anm. 65 P. Leppin

73) Über die Begegnung schreibt Meyrink: "er sagte
    mir, als ich ihm ein paar merkwürdige Erleb-
    nisse schilderte, die mir zugestoßen waren:
    "Warum schreiben Sie das nicht?" - "Wie macht
    man das?" fragte ich. "Schreiben Sie ganz ein-
    fach so wie Sie reden!" riet er mir. Ich setzte
    mich hin und verfaßte die Novelle "Der heiße
    Soldat", schickte sie dem "Simplicissimus"
    und sie wurde sofort angenommen".
    (Wie ich Schriftsteller wurde VIII). in:
    Deutsche Zeitung Bohemia vom 10.12.1931

74) s. Schmidt Noerr, Buskirk und Frank.

75) Strelka, J.: S. 115

76) Meyrinkiana. XVII

77) Der liebe Augustin H. 1. S. 8 vom April 1904

78) ebd.

79) Der liebe Augustin H. 17, S. 259

80) ebd.

81) Lube, M. S. 21

82) Lube, M. S. 23

83) Erich Mühsam: Namen und Menschen - Unpoli-
    tische Erinnerungen. S. 113 f.

84) ebd. S. 225

85) Hermann Sinsheimer: Gelebt im Paradiese -
    Erinnerungen und Begegnungen. S. 157-58

86) Roda-Roda: Roman. S. 591

87) Es handelt sich um folgende Stelle aus
    "Tonio Kröger": - "Man weiß, daß Künstler
    leicht verletzlich sind - nun, man weiß auch,
    daß dies bei Leuten mit gutem Gewissen und
    solid gegründetem Selbstgefühl nicht zuzu-
    treffen pflegt ... Sehen Sie, Lisaweta, ich
    hege auf dem Grunde meiner Seele - ins
    Geistige übertragen - gegen den Typus des
    Künstlers den ganzen Verdacht, den jeder meiner
    ehrenfesten Vorfahren droben in der engen Stadt
    irgendeinem Gaukler und abenteuernden Artisten
    entgegengebracht hätte, der in sein Haus ge-
    kommen wäre. Hören Sie folgendes. Ich kenne
    einen Bankier, einen ergrauten Geschäftsmann,
    der die Gabe besitzt, Novellen zu schreiben.
    Er macht von dieser Gabe in seinen Mußestun-
    den Gebrauch, und seine Arbeiten sind manch-
    mal ganz ausgezeichnet. Trotz - ich sage "trotz"
    - dieser sublimen Veranlagung ist dieser Mann
    nicht völlig unbescholten; er hat im Gegen-
    teil bereits eine schwere Freiheitsstrafe zu
    verbüßen gehabt, und zwar aus triftigen
    Gründen. Ja, es geschah ganz eigentlich erst
    in der Strafanstalt, daß er seiner Begabung
    inne wurde, und seine Sträflingserfahrungen
    bilden das Grundmotiv in allen seinen Pro-
    duktionen. Man könnte daraus mit einiger Keck-
    heit folgern, daß es nötig sei, in irgendeiner
    Art von Strafanstal zu Hause zu sein, um zum
    Dichter zu werden. Aber drängt sich nicht der
    Verdacht auf, daß seine Erlebnisse im Zuchthaus
    weniger innig mit den Wurzeln und Ursprüngen
    seiner Künstlerschaft verwachsen gewesen sein
    möchten als das, was ihn hineinbrachte? - Ein
    Bankier, der Novellen dichtet, das ist eine
    Rarität, nicht wahr? Aber ein nicht krimineller,
    ein unbescholtener und solider Bankier welcher
    Novellen dichtete, - das kommt nicht vor ... ".
    Thomas Mann: Werke S. Fischer Verlag
    1958 Bd. 7 S. 198 f.

88) Brief von Johannes (Sommer 1903)in Meyrinkiana I

89) Brief Meyrinks an Langen-Verlag vom 14.7.1907
    in d. Monacensia-Abt. Stadtbibliothek München

90) "Und selbst Herr Meyrink hat nicht umhin können,
    in eine seiner novellistischen Skizzen ... die
    neue Automobilmarke einzuführen" S. 131
    Karl Kraus: Grimassen in Ausgewählte Werke B.1

91) Der Brief vom 8.2.1907 befindet sich im Kubin-
Archiv in Hamburg. Der Text ist jedoch in
Lubes Dissertation abgedruckt. zitiert nach
Lube S. 337

92) Pan I. Jg. 1911, Nr. 22 S. 716-728

93) Die Sklavin aus Rhodus. S. 13 u. S.17

94) Kurt Wolff: Vom Verlegen im allgemeinen ..
In u.a.: Expressionismus - Aufzeichnungen und
Erinnerungen, Hrg. Paul Raabe. Olten u. Freiburg.
1963 S. 287

95) Brief Meyrinks vom 17.9.21 in öst. Nationalbibliothek, Wien.

96) s. Briefe von Schwarz u. RA Katz in
Meyrinkiana I

97) nach der Korrespondenz in Yale Library etwa
30 000 M.

98) Im Vertrag ist lediglich die Summe von
110 000 M angegeben, von der 47498,82 als be-
zahlt gelten, die übrige Summe wäre in zwei
gleichen Raten von K. Wolff Verlag am 1.Mai 23
bzw. 24 zu zahlen gewesen. s. die Unterlagen
in Yale.

99) Die Gesamtinvestition des Verlegers belief sich
auf 53000 Mark (Honorar: 15000, Herstellungs-
kosten des "Engels"19000 und 19000 für die alten
Bestände).Verkauft wurden etwa 3500 Exempl.

100) s. Brief Nr. 4 vom 16.9.27 v. Grethlein in
Meyrinkiana I

101) s. Brief 17 vom 21.8.31 von Schünemann in
Meyrinkiana I

102) Der Zwiebelfisch. 20. Jg. (1926) S. 28

103) Brief an Eyk. vom Juli 1932 in Meyrinkiana I

104) s. Frank u.a. Der Bericht Buskirks lautet folgendermaßen: "To the end he refused narcotics
to relieve the fearful agony of his ordeal.
On the morning of December 4, 1932, he went
into his living room, sat in an armchair
crosslegged, stripped to the waist, looking
to the east. In full consciousness he faced
the final experience of physical man".
Buskirk. S. 37

105) "'Es ist der Anfang einer anderen Weltperiode!"
sagte er mir einmal. "Kein guter Anfang. Aber
wer kann es ändern? ... Ich sterb' rechtzeitig.
Und ich weiß, daß das eine Gnade ist."Gustav
Meyrink ging 1932. Er hatte recht." S. 114
Annie Francé-Harrer: So wars um Neunzehnhundert.
München-Wien Langen Müller (1962)

106) s. Kasimir Edschmid: Lebendiger Expressionismus.
S. 20

III MEYRINKS SIMPLICISSIMUS-SATIREN

UND IHRE ANGRIFFSZIELE

1) s. Briefe an den Langen Verlag. In: der Monacensia Abt.

2) O.J. Bierbaum: Rezension zu Meyrinks Orchideen
   in: Die Zeit vom 6. November 1904

3) Julius Bab: Gustav Meyrink in das lit. Echo
   20. Jg. Heft 2 vom 15. Oktober 1917 S. 75

4) Des deutschen Spießers Wunderhorn
   Bd. III S. 100

5) ebd. Bd. I S. 27

6) ebd. Bd. III S. 43

7) in d. "Neuen Hamburger Zeitung". Hier zitiert
   nach einem Verlagsprospekt für das "Wachsfigurenkabinett" in Meyrinkiana XX 2, a)

8) Max Brod: "In memoriam Gustav Meyrink"
   Frankfurter Zeitung vom 11. Dez. 1932

9) Paul Leppin: Rezension zu "Gustav Meyrink:
   Orchideen"in: Deutsche Arbeit vom 1.10.1904

10) s. Buskirk. S. 221

11) D.d.S. Wunderhorn Bd. II S. 124

12) ebd. Bd. II S. 51

13) s.u.a. Rezension zu Meyrinks "Wachsfiguren-
    kabinett" in:'Bund'- Bern vom 26.4.1908

14) Hans Ulrich Wehler: Das Deutsche Kaiserreich
    1871 - 1918 Bd. 9 d. Deutschen Geschichte
    hrg. v. J. Leuschner, Göttingen 1973

15) Hermann Sinsheimer: Gelebt im Paradies. S.235

16) D.d.S. Wunderhorn Bd. I S. 42

17) s. Anm. 4 und 6 des gleichen Kapitels.

18) D. d. S. Wunderhorn Bd. II S. 102-110

19) ebd. S. 102

20) ebd. S. 106

21) ebd. S. 106

22) Vorwort zu C. Zuckmayer: Der Hauptmann von
    Köpenick. Fft/M 1961

23) D. d. S. Wunderhorn Bd. II S. 106

24) ebd. S. 71

25) s. Tucholsky: Werke Bd. I S.834 Bd. III
    S. 464

26) D. d. S. Wunderhorn. Bd. I S. 131

27) ebd. S. 132-133

28) ebd. S. 134

29) Gerhard A. Ritter: (hrg.) Das deutsche
    Kaiserreich 1871-1914 ein historisches Lese-
    buch. Göttingen 1975 2. Aufl. S. 92

30) Buskirk. S. 137

31) Brief Meyrinks an Herrn Langen vom
    14.6.1908 in d. Monacensia Abt. der
    Stadtbibliothek München

32) D. d. S. Wunderhorn Bd. I S. 52

33) ebd. S. 53

34) Gustav Meyrink und Roda-Roda: Bubi-Lust-
    spiel in drei Akten. Berlin u. Leipzig
    Schuster und Loeffler Verl. 1912 S. 106/7

35) Francis: Meyrink erzählt von seinem Leben.
    Hannoverscher Anzeiger Nr. 743 vom
    18. Oktober 1931

36) D. d. S. Wunderhorn S. 122

37) D. d. S. Wunderhorn S. 83

38) ebd.

39) D. d. S. Wunderhorn Bd. III S. 122/123

40) ebd. S. 122

41) d. Erzählung "Das Wildschwein Veronika"
    in: D. d. S. Wunderhorn. I. S. 33

42) D. d. S. Wunderhorn Bd. II S. 84

43) ebd. S. 93

44) ebd. S. 96

45) ebd. S. 96

46) Werke Bd. VI S. 248

47) ebd. S. 260

48) D. d. S. Wunderhorn Bd. I S. 34

49) ebd. S. 37

50) ebd. S. 41

51) D. d. S. Wunderhorn Bd. I S. 131

52) ebd. Bd. III S. 124

53) ebd. Bd. I S. 36

54) ebd. S. 35

55) ebd. S. 33, 34

56) ebd. S. 39-41

57) Werke Bd. VI S. 209/10

58) Brief Meyrinks vom 18/III/1914 an
    K. Wolff. in: Wolff Archiv. Yale.

59) s. Lube. S. 70/71

60) Tucholsky, K.: Ein neuer Klassiker in:
    Werke Bd. I S. 139

61) Der Golem. Werke Bd. I. S. 250

62) D. d. S. Wunderhorn Bd. II S. 112

63) ebd. Bd. III S. 54

64) ebd. S. 55

65) ebd. S. 57

66) ebd. S. 61

67) ebd. Bd. II S. 26

IV MEYRINKS BEZIEHUNG ZU PRAG UND
SEINE "PRAGER" ROMANE

1) Walpurgisnacht Werke Bd. III S. 198

2) "Die Stadt mit dem heimlichen Herzschlag"
   in Gartenlaube November 1928, hier zit.
   nach "Das Haus zur letzten Latern"S.157

3) ebd. S. 159

4) "Die geheimnisvolle Stadt" in: Hannoverscher Anzeiger 1929 zit. nach "Das Haus
   zur letzten Latern" S. 162

5) K. Wagenbach: Kafka - die Biographie seiner
   Jugend. S. 68

6) Gustav Janouch: Franz Kafka und seine Welt.
   Wien - Stuttgart - Zürich 1965 S.11/12

7) zit. nach Wagenbach S. 72

8) G. M. in Des Deutschen Spießers Wunderhorn
   Bd. III S. 137

9) Peter Demetz: René Rilkes Prager Jahre.
   S. 105 ff.

10) Max Brod: Prager Kreis. S. 37

11) s. Wagenbach S. 77 und 97 u. Helmut Thomke:
    Die Prager Literatur um die Jahrhundert-
    wende in: H.T. - Hymnische Dichtung im Ex-
    pressionismus. Bern und München Francke
    Verlag 1972 S. 205-229

12) Gustav Janouch: Gespräche mit Kafka. S. 42

13) Walpurgisnacht. Werke Bd. III S. 61

14) Walpurgisnacht. S. 57 siehe auch Meyrinks
    Aufsätze unter Anm. Nr. 2) und 4).
    In dem erstgenannten Aufsatz wiederholt
    Meyrink die Behauptung dieses Zitats.
    "Das Haus zur letzten Latern" S. 158

15) Prager Tageblatt vom 2. Juni 1922
    zit. nach Buskirk S. 198/199

16) Paul Leppin: Bankier Meyer - Zur Erinnerung
    an G. M. Prager Zeit in: Zeit im Bild
    Nr. 8 Jg. 9 vom 15.12.32

17) Lube hat der Entstehungsgeschichte ein
    eigenes Kapitel gewidmet, in dem er sich mit
    allen widersprüchlichen Aussagen der Zeugen
    auseinandersetzt. s. Lube S.171-205

18) Der Brief und die Postkarte von Meyrink
    befinden sich im Kubin-Archiv, Hamburg.

19) Alfred Kubin: Wie ich illustrierte. In:
    "Aus meiner Werkstätte" S. 73

20) Max Krell: Das alles gab es einmal. S. 45

21) Wilhelm Kelber: Besuch bei der Witwe G.Ms.
    in: Christengemeinschaft, 28. Jg. (1956)
    H. 3 S. 318

22) F.A. Schmidt Noerr: Die Geschichte von
    Golem in: Münchner Merkur vom 16.1.1948

23) In d. Monacensia Abt. d. Stadtbibliothek
    München

24) Meyrinks bereits zitierte Aussage:"Es ver-
    drießt mich nämlich, daß, seit Deutschland
    "liest", Kunstwerke im Winkel sterben,
    während ein beliebiger Alpendreck mit Ekstase
    gefressen wird" in: Pan. I. Jg. Nr. 22
    S. 716 ff.

25) Der Brief an K. Wolff vom 25.2.14 zit.
    nach Lube S. 202

26) "Vorbemerkungen, Stil, Diktion" zum Roman-
    fragment "Das Haus zum Pfau" zit. nach
    "Das Haus zur letzten Latern" S. 125

27) Paul Leppin: Das Gespenst der Judenstadt.
    in: Der Sturm 5. Jg. Nr. 2 S. 13 (1914)

28) Der Golem. Werke Bd. I S. 27

29) ebd. S. 42

30) ebd. S. 179/180

31) ebd. S. 181

32) ebd. S. 272

33) ebd. S. 277

34) Gershom Scholem hat in einem sehr aufschlußreichen Aufsatz die Überlieferung der Sage geschildert. Danach nahm die Golemsage ihren
Ursprung aus der talmudischen Überlieferung
der Schöpfungsgeschichte, worin mit dem Begriff
"Golem" in der Bedeutung des Formlosen die Vorstufe von Adam bezeichnet wird. Erst zur Zeit
der alchemistischen Idee von Homunculus und
in Verbindung mit ihr verdichtet sich die Sage
im 16. und 17. Jht. dahingehend, daß solche
Wesen auch tatsächlich erschaffen worden
seien. Ein in der früheren Überlieferung vorhandenes Moment der Gefahr für den Schöpfer
des Golems, weil in solcher magischen Handlung etwas Verbotenes im Sinne der Nachahmung
Gottes lag, wird in der Sage jetzt auf den
Golem selbst übertragen. Scholem schreibt:
"Jetzt hat er plötzlich ungeheure Kräfte, er
wächst über alles Maß, zerstört gar die Welt,
richtet jedenfalls großes Unheil an. ...
Das Unheimliche, von dem die alten Golemvor-
stellungen überhaupt nichts wissen, begleitet
nun die Gestalt". S. 257
Aus dem Aufsatz: "Die Vorstellung vom Golem
in ihren tellurischen und magischen Beziehungen"
in: Gershom Scholem, Zur Kabbala und ihrer
Symbolik. Suhrkamp 1973 S. 209-259.

35) Der Golem - Werke Bd. I S. 49

36) Beate Rosenfeld hat die Verwendung dieser
Sage bei 29 Autoren im 19. Jht. und zu Beginn
d. 20. Jht. untersucht. Beate Rosenfeld:
Die Golemsage und ihre Verwertung in der
deutschen Literatur. Diss. 1934, Breslau.

37) Golem - Werke Bd. I S. 55

38) ebd. S. 29

39) ebd. S. 127/128

40) ebd. S. 1

41) ebd. S. 273

41a) ebd. S. 320

42) Neue Rundschau. Berlin Jg. 1916 S. 44/45

43) Meyrinkiana XI S. 12

44) Walpurgisnacht - Werke Bd. III S. 2

45) ebd. S. 42

46) K. Wolff: Briefwechsel eines Verlegers.
S. 286 u. S. 577

47) Walpurgisnacht - Werke Bd. III S. 177

48) ebd. S. 269

49) Das grüne Gesicht - Werke Bd. II S. 151

50) Nachwort zu Walpurgisnacht von Gerhard
    Fritsch in der Ausgabe aus d. Jahre 1968
    München - Wien: Langen Müller S. 226

51) Walpurgisnacht - Werke Bd. III S. 231

V DER ZUSAMMENHANG VON KRITISCHER WELTSICHT UND OKKULTISTISCHER MYSTIK IN MEYRINKS ROMANEN

1) In der Zeitschrift "März" vom April bzw.
   August 1907

2) "Das Haus zur letzten Latern" S. 372/373

3) An der Grenze des Jenseits. in: "Das Haus
   zur letzten Latern". S. 389/90

4) Meyrinkiana Briefe I

5) siehe Lube S. 85 ff. Für Meyrinks Polemik
   siehe: Meine Qualen und Wonnen im Jenseits,
   Werke Bd. VI S. 203 und "Der heimliche
   Kaiser" Werke Bd. VI S. 246

6) Das Automobil. Des deutschen Spießers
   Wunderhorn. Bd. I S. 8

7) Max Brod: In memoriam G.M. Frankfurter
   Zeitung vom 11.12.1932

8) Eduard Frank: G.M. Werk und Wirkung S.14

9) Brief Meyrinks vom 3.12.1917 an Baron
   Freiherr von Tautphoeus in der Monacensia
   Abt. der Stadtbibliothek München

10) Bo yin Ra: "Im Spiegel" (Eine notwendige
    Erklärung) in der Zeitschrift: Die Säule
    XIV. Jg. 1933/2, S. 46/47

11) Golem - Werke Bd. I S. 69/70

12) Das grüne Gesicht - Werke Bd. II S. 106

13) ebd. S. 9

14) ebd. S. 9/10

15) Golem - Werke Bd. I S. 6

16) Der weiße Dominikaner. S. 237

17) Walpurgisnacht - Werke Bd. III S. 202

18) Golem - Werke Bd. I S. 83

19) Das grüne Gesicht - Werke Bd. II S. 129

20) Werke VI S. 38

21) Das grüne Gesicht - Werke Bd. II S. 13

22) ebd. S. 21

23) ebd. S. 59/60

24) Werke VI S. 45/46

25) Das grüne Gesicht - Werke Bd. II. S. 138

26) Der weiße Dominikaner. S. 167

27) Das grüne Gesicht - Werke Bd. II. S. 150

28) Walpurgisnacht - Werke Bd. III S. 151 f.

29) Das grüne Gesicht - Werke Bd. II S. 151

30) Eduard Frank: G. M. Werk und Wirkung. S.48 ff.
    Die Frage von Meyrinks persönlichem Glauben
    ist ziemlich schwierig. Nimmt man z. B. den
    Begriff des "Lotsen", auf den sich Frank be-
    ruft, so verrät der Schluß des kleinen auto-
    biographischen Aufsatzes eine ganz andere
    Haltung. Der wichtige Passus lautet folgender-
    maßen: "Der Lotse, der mich über den Styx
    steuert, auf besondere Art, wird mir helfen,
    hoffte ich jedesmal, wenn ich im äußeren
    Leben keine Rettung mehr sah. Und je glühen-
    der ich hoffte, desto sicherer versagte er!
    Das war das Furchbarste.
    Menschen, die ein großes Erdbeben miterlebt
    haben, erzählten mir, es gäbe nichts Entsetz-
    licheres, Mark und Bein Versengenderes, als:
    Die Erde, an die man als etwas Unerschütter-
    liches von Kindheit an geglaubt hat, unter
    seinen Füßen wanken zu fühlen. --
    Doch, es gibt etwas noch viel Furchtbareres:
    Es ist das Fahlwerden der letzten grünen
    Hoffnung."
    Das Haus zur letzten Latern. S. 292.
    Bereits sein mystischer Lehrer fand es immer
    wieder bedauernswert, daß "Meyrink nicht an
    Christus" glaubte. (Brief Nr. 33 v. Johannes
    in Meyrinkiana I).
    Noch im Juli schrieb Bittner an Meyrink:"Vor
    einiger Zeit schrieb mir Herr Werle, daß ich
    Ihnen mit dem Ausdruck "Gottsucher" ...
    Unrecht getan habe, daß Sie ein "Gottverlierer"
    seien."(Meyrinkiana I, 1).
    Öffentlich bekannte sich Meyrink zum Buddhismus.
    (s. Selbstbeschreibung in: Der Zwiebelfisch
    19. Jg. (1925) S. 26 ff.)...
    Auch Kasimir Edschmid berichtet von Meyrinks
    Übertritt vom Protestantismus zum Mahajana-
    Buddhismus. Lebender Expressionismus. S. 223

31) zitiert nach Buskirk S. 87

32) Werke VI S. 57/58

33) Das grüne Gesicht - Werke Bd. II S. 165

34) ebd. S. 40

35) (Kurt Pinthus): Nachwort z. Gesamtausgabe
    Bd. VI S. 374 f.

36) Der weiße Dominikaner. S. 240

37) Das grüne Gesicht - Werke Bd. II S. 16

38) Der Golem - Werke Bd. I S. 289

39) An der Grenze des Jenseits. in: "Das Haus zur letzten Latern". S. 378

40) ebd. S. 392/93

41) Wie ich Schriftsteller wurde. VIII - vgl. S. 214

42) Vorwort zum Gespensterbuch. S. 7

43) Das Haus zur letzten Latern. S. 374

44) Vorwort Meyrinks zu der Reihe "Bücher und Romane über Magie".

45) Der Golem - Werke Bd. I S. 172 f.

46) ebd. S. 171

47) ebd. S. 166

48) Die Verwandlung des Blutes. Meyrinkiana. VI, 14

49) Das Haus zur letzten Latern. S. 426

50) Der Astrolog. in Simplicissimus XXVI Jg. Nr. 6 vom 10.Mai 1926 S. 79

51) Das Haus zur letzten Latern. S. 427

52) Der Fluch der Kröte. in: Des deutschen Spießers Wunderhorn. Bd. III S. 113

53) Das Haus zur letzten Latern. S. 145

54) Notizen zu dem Roman "Das grüne Gesicht" in der Monacensia Abt. der Stadtbibliothek München.

55) Fritz Mauthner: Der letzte Tod des Gautama Buddha in F.M.: Ausgewählte Schriften Stuttgart und Berlin Bd. 5 S. 83/84

B I B L I O G R A P H I E

I QUELLENMATERIAL

a) Der Nachlaß von Gustav Meyrink in der Bayerischen Staatsbibliothek, München,(Meyrinkiana
I-XXV)

b) Andere Standorte des Quellenmaterials:

1. Monacensia-Abteilung der Stadtbibliothek,
München.

2. Yale University Library, New Haven.

3. Österreichische Nationalbibliothek, Wien.

4. Wiener Stadtbibliothek.

5. Schiller-Nationalmuseum, Marbach.

6. Das Kubin-Archiv v. Dr. Kurt Otte, Hamburg.

II MEYRINKS WERKE

a) Gesamtausgabe.

b) Erstveröffentlichungen in Buchform.

c) Veröffentlichungen in Zeitschriften
und Zeitungen

d) Beiträge zu Anthologien

e) Meyrink als Herausgeber und Übersetzer

III SEKUNDÄRLITERATUR

a) Literatur über Meyrink und sein Werk:

1. Literaturwissenschaftliche Arbeiten
und größere Schriften

2. Kleinere Aufsätze und Zeitungsartikel:

i) Rezensionen
ii) Schriften zur Meyrink-Debatte 1917/18
iii) Aufsätze zu einzelnen Themen
iv) Allgemeine Würdigungen
v) Nachrufe
vi) Erinnerungen und biographische
Mitteilungen

b) Sonstige Literatur

I Quellenmaterial

a) <u>Der Nachlaß von Gustav Meyrink in der Bayerischen Staatsbibliothek, München</u>
<u>"Meyrinkiana" I-XXV</u>
(Ein 14-seitiges Verzeichnis der Dokumente,
die in vier großen Schachteln aufbewahrt werden,
ist in der Handschriftenabteilung der Bibliothek
vorhanden.)

<u>I. PRIVATBRIEFE</u> (im wesentlichen an G.Meyrink) -
Briefe von folgenden Personen handeln von
Okkultismus bzw. Geheimsekten: Charubel (4),
Herbert Fritsche (1), Franz Hafen (2), Richard
Hummel(1), Albert Kniepf (2), Christian Leik (1),
G.R.S. Mead (2), E.C.H. Peithmann (3), Meredith
Starr (9), J. Thomas (2), Tränker (1), Robert
A. Tryar (1), Wynn W. Westcott (1), A.E.Wilson
(1), John Yarker (18), sowie die unter <u>I.</u>2
klassifizierten Briefe einer pietistischen
Brüdergemeinde in Dreieichenhain (in der Nähe
von Darmstadt) aus d. Jahren 1893-1903. Ihre
Anzahl beträgt (54).

<u>II. GESCHÄFTSBRIEFE</u> - Darunter befinden sich
folgende Briefe von Meyrinks Verlegern:
Grethlein & Co. (16), Rikola (25), Carl Schüne-
mann (23), und Abschriften von Meyrinks
Briefen an diese Verleger: Grethlein (6),
Rikola (4), Schünemann (3).

<u>III. BRIEFE UND DOKUMENTE</u> , die die Erbschafts-
angelegenheit Paul Würz betreffen. -
Eine ziemliche skurrile Geschichte um einen
verborgenen Schatz in Holland und seinen recht-
mäßigen Erwerb.

<u>IV. ROMANE</u> - enthält in erster Linie verschie-
dene Abschriften des Romanfragmentes "Das Haus
zum Pfau",das inzwischen in dem Sammelband
"Das Haus zur letzten Latern" erschienen ist.

<u>V. ERZÄHLUNGEN</u> - die Akten enthalten Schreib-
maschinenabschriften sowie Zeitungsabdrucke von
kleinen Erzählungen aus den zwanziger Jahren.
Die unveröffentlichten Manuskripte sind
folgende: Nr. 4 Der Club Amintra (Der Cardi-
nal), 14. Der Lausdämon, 25. Blasius Stibral.

<u>VI. ESSAYISTISCHE SCHRIFTEN</u> - (ebenfalls Typo-
skripte und Zeitungsabdrucke). Die unveröffentlichten Manuskripte sind folgende:
Omar al Raschid Bey, 10. Tonleiter der Willens-
kraft, 12. Die Tretmühle, 14. Die Verwandlung
des Blutes, 16. Weltgeschichte.

VII. AUTOBIOGRAPHISCHE ENTWÜRFE - Beide Entwürfe sind in dem Sammelband "Das Haus zur
letzten Latern" unter den Titeln "Der Lotse"
sowie "Aus einem Tagebuch" erschienen.

VIII. FILM- UND FUNKVORLAGEN - 1. Grünes
Gesicht, 2. Der Madonnenmaler, 3. Medini,
die Wasserträgerin;(nach "Der Mann auf der
Flasche" bearb. v. Alfred Schirokauer)
4. Zwei Paar Schuhe, 5. Der Albino. Hörspiel.

IX. POLEMIK - 1. An den Drachen, 2. Antwort
auf einen Angriff im "Neuen Wiener Journal"
vom 29.4.26, 3. Antwort auf den Vorwurf d.
Plagiats (betr. Goldmachergeschichten).

X. HANDSCHRIFTLICHE BRUCHSTÜCKE - Notizen und
Entwürfe zu den literarischen Arbeiten.

XI. NOTIZBÜCHER - 3 (undatiert).

XII. ÜBERSETZUNGEN vom Meyrinks Werk ins
Italienische (3 Zeitungsabdr.)

XIII. ÜBERSETZUNG aus dem Englischen
(1 Manuskript).

XIV. SCHRIFTLICHE ÄUßERUNGEN - auf Umfragen.

XV. VON MEYRINKS GESAMMELTE, mit seinem
Schaffen in Zusammenhang stehende Materialien
üb. geheime Gesellschaften, religiöse und
okkultwissenschaftliche Schriften, Horoskope,
Zeitungsausschnitte.

XVI. FAMILIENURKUNDEN, Aufzeichnung über die
Familie Meyer - im Jahre 1865 zusammengestellt
von Heinrich Meyer (92 Seiten Typoskript).
Vormundschaftsdokumente des Notars Wilhelm
von Vincenti.

XVII. ZEUGNISSE UND URKUNDEN der Familie

XVIII. DOKUMENTE zu Prozessen Meyrinks.
Prager Affäre und Prozeß gegen Bartel
(1930/31) auf Schadenersatz.

XIX. NACHRUFE auf Meyrinks Mutter (2 Zeitungsabdr.) und auf den Sohn Harro (1 Typoskript)

XX. GESCHÄFTSPAPIERE, Verlagsverträge und einige
Kontoauszüge.

XXI - XXIV. SAMMLUNG von Pressestimmen über
Meyrink und seine Werke.

XXV. BILDER von Meyrink.

b) <u>Andere Standorte des Quellenmaterials:</u>

(Die Arbeit von Manfred Lube enthält ein
detailliertes Verzeichnis dieses Materials.
Ich beschränke mich daher auf summarische
Angaben. s. Lube. S. 367-377).

1. <u>Monacensia-Abteilung der Stadtbibliothek
München</u>

20 Briefe sowie 2 Postkarten Meyrinks an den
Langen-Verlag (an Albert Langen bzw. Korfiz
Holm adressiert) - Vereinzelte Briefe Mey-
rinks an Fa. Hesse & Becker, Anton Noder,
Hans v. Weber, Kurt Martens, Johanna Kanoldt,
Freiherr von Tautphoeus, Kurt Schade.

Die Sammlung enthält außerdem folgende Handschriften: Das grüne Gesicht, Walpurgisnacht,
An der Grenze einer sichtbaren Welt, Der
Maskenball des Prinzen Daraschekoh (Dramatisierung v. Der Mann auf der Flasche) Tiefseefische (bei Lube S. 350-355; der Originaltext
mit Varianten), Der Albino (Dramatisierung),
Tut sich - macht sich - Prinzess (Dramatisierung), J. H. Obereits Besuch bei den
Zeitegeln, Schweizer Mysterien, Die heimtückischen Champignons, Amadeus Knödlseder -
der unverbesserte Lämmergeier, Material und
Bruchstücke zu dem Roman "Das grüne Gesicht".

2. <u>Yale University Library</u>, New Haven

18 Briefe von Meyrink an Kurt Wolff (bzw.
den Verlag) sowie 16 Briefe oder Briefkon-
zepte vom K. Wolff-Verlag an Meyrink.
Das K. Wolff-Archiv enthält eine 22-seitige
Handschrift "Der ewige Jude" (Textvar.
z. I. Kapitel von d. "Das grüne Gesicht).

3. <u>Österreichische Nationalbibliothek, Wien</u>

In d. Handschriftensammlung: 31 Briefe oder
Postkarten Meyrinks an Roda-Roda aus den
Jahren 1912-14 und 2 Briefe und 1 Postkarte
Mena Meyrinks an Roda-Roda. 3 Autographen
Meyrinks.
In der Theatersammlung: 3 Briefe Meyrinks
an Richard Tescher.

4. <u>Wiener Stadtbibliothek</u>

1 Postkarte Meyrinks an Viktor Schufinsky,
1 Brief Meyrinks an Adolf Loos sowie das
Schlußkapitel von dem Roman "Das grüne
Gesicht".

5. Schiller Nationalmuseum in Marbach/Neckar

Manuskripte Meyrinks f. d. "Golem"
(Athanasius Pernath der Gemmenschneider)
und "Meister Leonhard".

6. Kubin-Archiv in Hamburg

3 Briefe und 3 Postkarten Meyrinks an
Alfred Kubin, 5 Photos von Meyrink und
seiner Familie.
Das 2. Kapitel für d. Romanfragment "Das
Haus zum Pfau", "Biographisches über Gustav
Meyrink" v. Sybille Meyrink. (2 Seiten Typo-
skript).

II MEYRINKS WERKE

a) Gesamtausgabe

Gesammelte Werke. Leipzig-München, Kurt
Wolff-Albert Langen, o. J. (1917)
Bd. 1: Der Golem
Bd. 2: Das grüne Gesicht
Bd. 3: Walpurgisnacht - Phantastischer Roman
Bd. 4: Des deutschen Spießers Wunderhorn
        - Erster Teil -
Bd. 5: Des deutschen Spießers Wunderhorn
        - Zweiter Teil -
Bd. 6: Fledermäuse (Ein Geschichtenbuch) +
        Anhang (Der heimliche Kaiser, Tiefsee-
        fische, Fakire, Fakirpfade, Meine Qua-
        len und Wonnen im Jenseits, Der Kommer-
        zienrat Kuno Hinrichsen und der Büßer
        Lalaladschpat-Rai) sowie
        das anonym erschienene Nachwort von
        Kurt Pinthus.

(In einigen Auflagen dieser Gesamtausgabe
fehlen im Bd. 4: Die Erstürmung von Serajewo,
Der Saturnring, Schöpsoglobin und
im Bd. 5: Das verdunstete Gehirn, Petroleum -
Petroleum).

b) Erstveröffentlichungen in Buchform

Der heiße Soldat und andere Geschichten. -
München, A. Langen 1903
Orchideen, Sonderbare Geschichten -
München, A. Langen 1904
Das Wachsfigurenkabinett, Sonderbare Ge-
schichten - München, A. Langen 1907

Jörn Uhl und Hilligenlei. Gustav Meyrink
contra Gustav Frenssen. 2 Parodien -
München, A. Langen 1907.

Der Sanitätsrat. Eine Komödie .in 3 Akten
(zusammen mit Roda-Roda)-
Berlin, Schuster und Löffler 1912.

Bubi. Ein Lustspiel in 3 Akten (zusammen
mit Roda-Roda)
Berlin, Schuster und Löffler 1912.

Die Sklavin aus Rhodus. Ein Lustspiel in
3 Akten (nach Terentius)(zusammen mit
Roda-Roda)
Berlin, Schuster und Löffler 1912.

Des deutschen Spießers Wunderhorn.3 Bände.
München, Albert Langen 1913.

Die Uhr. Ein Spiel in 2 Akten (zusammen mit
Roda-Roda)
Berlin, Schuster und Löffler 1914.

Der Kardinal Napellus.
München, Bachmaier Verlag 1915.

Der Golem. Roman.
München, K. Wolff, 1915.

Fledermäuse. 7 Geschichten.
Leipzig, Wolff 1916.

Das grüne Gesicht. Roman.
Leipzig, Wolff 1916.

Walpurgisnacht. Phantastischer Roman.
Leipzig, Wolff 1917.

Der weiße Dominikaner. Aus dem Tagebuch eines
Unsichtbaren.
Wien, Berlin, Leipzig, München, Rikola Ver-
lag 1921.

An der Grenze des Jenseits.
Leipzig, Dürr und Weber 1923.

Die heimtückischen Champignons und ander
Geschichten.
Berlin, Ullstein 1925.

Goldmachergeschichten.
Berlin, Scherl 1925.

Der Engel vom westlichen Fenster.
Leipzig und Zürich, Grethlein 1927.

Posthum erschienen:

Das Haus zur letzten Latern. Nachgelassenes
und Verstreutes.
Herausgegeben von Eduard Frank
München, Wien, Langen-Müller 1973 .

c) Veröffentlichungen in Zeitschriften und Zeitungen

Simplicissimus VI Jg.:

Der heiße Soldat.
Nr. 29, 29. Okt. 1901, S. 226.

Das Gehirn.
Nr. 44, 3. Febr. 1902, S. 346.

Simplicissimus VII. Jg.:

Izzi Pizzi.
Nr. 5, 5. Mai 1902, S. 34.

Der violette Tod.
Nr. 8, 26. Mai 1902, S. 58.

Der Schrecken.
Nr. 12, 23. Jun. 1902, S. 90.

Thut sich - macht sich Prinzeß.
Nr. 18, 4. Aug. 1902, S. 138.

Das ganze Sein ist flammend Leid.
Nr. 24, 15. Sept. 1902, S 186.

Bocksäure.
Nr. 32, 10. Nov. 1902, S. 250.

Petroleum, Petroleum.
Nr. 35, 1. Dez. 1902, S. 274.

Der Fluch der Kröte - Fluch der Kröte.
Nr. 47, 23. Febr. 1903, S. 370.

Die Königin unter den Bregen.
Nr. 51, 23. März 1903, S. 402.

Simplicissimus VII. Jg.:

Jörn Uhl.
Nr. 2, 13. Apr. 1903, S. 10.

Die schwarze Kugel.
Nr. 5, 4. Mai 1903, S. 34.

Das Präparat.
Nr. 12, 22. Juni 1903, S. 90.

Das dicke Wasser (Spezial-Nummer:Sport).
Nr. 14, 6. Juli 1903, S. 107.

Dr. Lederer.
Nr. 24, 14. Sept. 1903, S. 186

Der Opal.
Nr. 27, 5. Okt. 1903, S. 210

Blamol. Eine Weihnachtsgeschichte.
(Spezialnummer Weihnachten).
Nr. 39, 28. Dez. 1903, S. 306.

Der Mann auf der Flasche.
Nr. 47, 22. Febr. 1904, S. 370

Der liebe Augustin I. Jg.:

Der Wahrheitstropfen.
Nr. 9, 1904, S. 135.

Der Untergang.
(Orient-Nummer)
Nr. 12, 1904, S. 177.

Simplicissimus IX. Jg.:

Honny soit qui mal y pense.
Nr. 4, 25. April 1904, S. 32.

Das - - allerding.
Nr. 33, 14. Nov. 1904, S. 322.

Die Pflanzen des Doktor Cinerella.
Nr. 43, 23. Jan. 1905, S. 422.

Simplicissimus X Jg.:

Tschitrakarna, das vornehme Kamel.
Nr. 17, 24. Juli 1905, S. 194.

Die Geschichte vom Löwen Alois.
Nr. 31, 30. Okt. 1905, S. 364.

Die Urne von St. Gingolph.
Nr. 42, 15. Jan. 1906, S. 496.

Das Geheimnis des Schlosses Hathaway.
Nr. 48, 26. Febr. 1906, S. 572.

Simplicissimus XI. Jg.:

Schöpsoglobin.
Nr. 7, 14. Mai 1906, S. 106.

Der Buddha ist meine Zuflucht.
Nr. 16, 16. Juli 1906, S. 252.

Hilligenlei.
Nr. 24, 24. Sept. 1906, S. 376.

Das verdunstete Gehirn.
(Spezial-Nummer: Köpenick).
Nr. 33, 12. Nov. 1906, S. 531.

Der Saturnring.
Nr. 44, 21. Jan. 1907, S. 707.

Die Weisheit des Brahmanen- Weisheit
des Brahmanen.
Nr. 48, 25. Febr. 1907, S. 778.

März I. Jg.:

Montreux - Ein pessimistisches Reisebild.
1. Band, 1907, S. 170 ff.

Prag - Eine optimistische Städteschilderung.
1. Band, 1907, S. 350 ff.

Gerhart Hauptmanns "Auf Freiersfüßen in
Bischofsberg".
1. Band, 1907, S. 89 ff.

März I. Jg.:

Fakire (Essay).
1. Band, 1907, H. 8, S. 165 ff.

Fakirpfade (Essay).
1. Band, 1907, H. 16, S. 270 ff.

März II. Jg.:

Die Erstürmung von Serajewo.
3. Band, 1908, S. 137 ff.

Simplicissimus XII. Jg.:

Das Automobil (Automobil-Nummer)
Nr. 11, 10. Juni 1907, S. 165.

Wie das Buch Hiob ausgefallen wäre, wenn es
Pastor Frenssen und nicht Luther übersetzt hätte.
Nr. 22, 26. Aug. 1907, S. 342.

Das Wachsfigurenkabinett.
Nr. 35, 25. Nov. 1907, S. 556.

Das Fieber.
Nr. 44, 27. Jan. 1908, S. 720.

Das Wildschwein Veronika.
Nr. 52, 23. März 1908, S. 856.

Simplicissimus XIII.Jg.:

Wozu dient eigentlich weißer Hundedreck.
Nr. 15, 6. Juli 1908, S. 256.

Berliner Tageblatt:
Kritik zu F. Dulbergs "Cardenia".
vom 15. April 1912.

Die weissen Blätter:
Der Golem. Roman.
I. Jg., 1913/14, H 4 - H 11/12

Simplicissimus XIX. Jg.:
Meine Qualen und Wonnen im Jenseits.
Nr. 13, 29. Juni 1914, S. 200.

Simplicissimus XX. Jg.:
Wie Dr. Hiob Paupersum seiner Tochter rote
Rosen brachte.
Nr. 20, 7. Aug. 1915, S. 230.

Das Grillenspiel.
Nr. 23, 7. Sept. 1915, S. 266.

Amadeus Knödelseder, der unverbesserliche
Lämmergeier.
Nr. 30, 26. Okt. 1915, S. 350.

J.H. Obereits Besuch bei den Zeitegeln.
Nr. 47, 22. Feb. 1916, S. 554.

Simplicissimus
Antwort auf eine Rundfrage: (Wie denken Sie
über den Simplicissimus?)
XXV. Jg. Nr. 1, 1 April 1920

Der Drache: (Eine ungemütliche sächsische
Wochenzeitschrift)

An den Drachen.
II. Jg.(1921) H. 26, S. 11 f.

Simplicissimus XXXI. Jg.:
Der Urmacher.
Nr. 1, 5. Apr. 1926, S. 3.

Der Astrolog.
Nr. 6, 10. Mai 1926, S. 79.

Die Keimdrüse des Herrn Kommerzienrates
Nr. 26, 27. Sept. 1926, S. 334.

Der Zwiebelfisch:
Selbstbeschreibung des Autors Gustav Meyrinks.
19. Jg., 1926, S. 25 f.

Eine Münchner Zeitung sowie
Deutsche Zeitung Bohemia:
Unsterblichkeit.
1926, und v. 15.Sept. 1935.

Der Zwiebelfisch:
Stellungnahme zu München als Kunststadt.
20. Jg. 1926/27, S. 28.

Der Bücherwurm:
Mein neuer Roman. (betr. "D. Engel v.
westlichen Fenster")
XII. Jg., H. 8 1927

Süddeutsche Sonntagspost:
Die stille Stunde, Mondschein über Berlin.
Jan. 1927

Prager Tagblatt:
Haschisch und Hellsehen.
17. Juli 1927

Allgemeine Zeitung Chemnitz:
Hochstapler der Mystik.
12. Juli 1928 ff. (5 Teile)

Sport im Bild:
Sonnenspuk.(Mit Zeichnungen von Alfred Kubin)
Nr. 35, 1929.

Deutsche Zeitung Bohemia:
Telephonverbindung mit Traumland.
5. Jan. 1928.

Allgemeine Zeitung Chemnitz:
Meine merkwürdigste Vision.
vom 15. Jan. 1928.

Süddeutsche Sonntagspost:
Magie und Hassard.
15. Jan. 1928

Die Gegenwart: Literatur- und Unterhaltungs-
blatt der Saarbrücker Zeitung.
Magie im Tiefschlaf.
vom 18. Febr. 1928

Das Stachelschwein:
Alchemie.
März 1928.

Münchner Neueste Nachrichten:
Das Zauberdiagramm.
2. Juni 1928.

Die Norag:
Wie ich in Prag Gold machen wollte.
27. Okt. 1928.

Die Gartenlaube:
Die Stadt mit dem heimlichen Herzschlag.
Nr. 44, 1928.

Tempo:
Meine einzige politische Chance.
Aus den Erinnerungen eines Wüstengreises.
Nr. 44 (2. Beilage) 1929.

Badische Presse:
Unsichtbares Prag.
31. März 1929.

Sport im Bild:
Unermeßlich reich - Ein phantastischer Monolog.
Nr. 5, 1929.

Zaba.(Mit Aquarellen v. F.Taussig)
Nr. 18, 1929.

Dr. Haselmeyer weißer Kakadu.
(Mit Abb. v. F. Sedlacek)
Nr. 7, 1929.

Der schwarze Habicht.
Nr. 10, 1929

Die Woche:
Spuk im Keller - Der Fetisch.
Eine Erinnerung an Castans Panoptikum.
(Abb. von Wachsfiguren).
1929

Traum. (Mit Zeichnungen v. Ch.Girod).
6. Sept. 1930.

Sport im Bild:
Das Nachtgespräch des Kameralrat Blaps.
Nr. 7, 1930.

Der Jazz-Vogel.
Nr. 24, 1930.

Südseemasken.
Nr. 24, 1930.

Neues Wiener Journal:
Das Resümee ihres Lebens. Lebensweisheit be-
rühmter Persönlichkeiten.(Eine Rundfrage
v. E. Gömöri)
19. Juli 1931.

Sport im Bild:
Frau ohne Mund.(Mit 2 Abb.v.Gemälden
von Graf Gyula Batthany.)
Nr. 15, 1931.

Allensteiner Zeitung:
Der Sulzfleck im Karpfenwinkel.
2. April 1931.

Münchner Neueste Nachrichten:
Dämonenfang in Tibet.
17. Oktober 1931.

Deutsche Zeitung Bohemia:
Wie ich Schriftsteller wurde.
10. Dez. 1931.

Münchner Neueste Nachrichten:
Vor kommendem Brand.
13. Febr. 1932.

Hannoverscher Anzeiger:
Tantrikyoga.
28. Febr. 1932 (Aus Zeit und Leben -
Wochenbeilage).

Münchner Neueste Nachrichten:
Das Tor zum Phönix.
18. März 1932.

Posthum erschienen:

Großmutter Wasserdampf.
In: Die Einkehr. Unterhaltungsbeilage
der Münchner Neuesten Nachrichten
vom 5. März 1933.

Meine Erweckung zur Seherschaft (?).
In: Merlin, Folge 3, 1949.

Seltsame Erlebnisse mit einem tibetanischen
Zauberdiagramm.
In: Merlin, Folge 1, 1949

Der Lotse.
In: Mensch und Schicksal VI. Jg.
Nr. 18, 1. Dez. 1952.

Aus dem Tagebuch G. Meyrinks (?).
In: Mensch und Schicksal IV.Jg.
Nr. 18, 1. Dez. 1952.

Bilder im Luftraum.
In: Mensch und Schicksal IX. Jg.
Nr. 7, 1955.

d) Beiträge zu Anthologien
   "Reservat" polizeilich.
   In: Albert Langens Verlagskatalog
   1894-1904, München 1904, S. 106 ff.

   (Das 12. Kapitel)
   In: Der Roman der XII von H. Bahr,
   O.J. Bierbaum, O. Ernst, H. Eulenberg,
   H.H.Evers(sic), G. Falke, G. Hirschfeld,
   F.Holländer, E.v. Wolzogen, G. Meyrink,
   G. Reuter, O.Wohlbrück) u.d.Titel: Der
   heimliche Kaiser in G.M.: Werke VI, S.228 ff)
   Berlin 1909.

Das Präparat und Vorwort.
In: Das Gespensterbuch (hrg. v. F.Schloemp)
München, Georg Müller 1913.

Die Pflanzen des Doktor Cinderella.
In: Das unheimliche Buch (hrg. v. F.Schloemp,
Illust. v. Alfred Kubin).
München, Georg Müller, 1914.

Die vier Mondbrüder, eine Urkunde.
In: Der Gespensterkrieg - Unheimliche Geschichten (hrg. v. H.Eulenberg, Illustr.
v. Alfred Kubin)
Stuttgart 1915.

Das Geheimnis des Schlosses Hathaway
u. Vorwort.
In: Das lustige Gespensterbuch(hrg. von
F.Schloempf)
München, Georg Müller, 1915.

Die Erzählung vom Rechtsgelehrten
Dr. Hulbert und seinem Bataillon.
(Aus "GOLEM").
In: Vom jüngsten Tag. Ein Almanach neuer
Dichtung
Leipzig, Wolff 1916.

Lazarus Eidotter (aus d. Roman "Das grüne
Gesicht")
In: Der neue Roman. Ein Almanach.
Leipzig, Wolff, 1917 S. 138-162.

H.J. Obereits Besuch bei den Zeit-Egeln.
In: Das neue Geschichtenbuch.Ein Almanach.
Leipzig, 1918 S. 140-155.

Der Mann auf der Flasche.
In: Deutsche Dichter aus Prag. Ein Sammel-
buch (Hrg. Oskar Wiener).
Wien, Leipzig 1919.

Die Trommel Luzifers (Aus d. Roman "Walpurgisnacht")
In: Madame Guillotine. Revolutionsgeschichten.
(hrg. von C.Moreck - Illustr. v. W.Thöny)
München, Georg Müller, 1919.

e) Meyrink als Herausgeber und Übersetzer

Der liebe Augustin. hrg. von der Öster-
reichischen Verlags-Anstalt F.u.O. Greipel.
Berlin, Leipzig und Wien, I. Jg., 1904 ab H.6
Redaktion: G. Meyrink.

Camille Flammarion - Die Rätsel des Seelen-
lebens. Übersetzt und mit einem Vorwort versehen von G. Meyrink,
Stuttgart, J. Hoffmann 1909.

Charles Dickens: Ausgewählte Romane und Ge-
schichten. Übersetzt und herausgegeben von
Gustav Meyrink, München, A. Langen
Bd. I: Weihnachtsgeschichten 1909
Bd. II - Bd. IV: David Copperfield 1910
Bd. V - Bd. VIII: Beakhaus 1910
Bd. IX - Bd. X: Die Pickwickier 1910
Bd. XI - Bd. XII: Nikolaus Nickleby 1911
Bd. XIII - Bd. XV: Martin Chuzzlewit 1912
Bd. XVI: Oliver Twist 1914

Bo yin Ra (Pseudon. f. J.Schneider-Franken).
Das Buch vom lebendigen Gott.
München, Wolff 1919 Vorwort v. G.Meyrink.

Romane und Bücher der Magie hrg. von G.Meyrink
Wien, Berlin, Leipzig, München -Rikola-Verlag
Bd. I. Carl Vogl: Sri Ramakrischna, Der letzte
Prophet. Vorwort v. G. Meyrink 1921.

Bd. II. R.H. Laarss, Eliphas Lévi, Der große
Kabbalist und seine magischen Werke.
Vorwort v. G. Meyrink 1922.

Bd. III.P.B. Randolph, Dhoula Bel. Ein Rosen-
kreuzer-Roman.Aus dem englischen Manuskript
übertragen und eingeleitet von G. Meyrink 1922.

Bd. IV. Franz Spunda, Der gelbe und der weiße
Papst. Eingeleitet v. G. Meyrink 1923.

Bd. V. Franz Spunda, Das ägyptische Totenbuch.
Ein nekromantischer Roman. Vorwort von
G. Meyrink 1924.

L. Bechstein: Hexengeschichten hrg. v.G.Meyrink.
Wien, Berlin, Leipzig, München - Rikola Verlag
1922, Vorwort von G. Meyrink.

Thomas von Aquino: Abhandlung über den Stein der
Weisen.Übersetzt und eingeleitet v. G. Meyrink.
München-Planegg, Barth-Verlag 1925.

Lafcadio Hearn: Japanische Geistergeschichten.
Übersetzt und hrg. von G. Meyrink.
Berlin, Propyläen, 1925.

Carl Weisflog: Das große Los. Hrg. vonG.Meyrink.
München, Hans von Weber,1925.

Rudyard Kipling: Ausgewählte Werke - Dunkles
Indien. Übersetzt von G. Meyrink.
Leipzig, Paul List, 1926.

Ludwig Lewisohn: Das Erbe im Blut. Übersetzt
von G. Meyrink.
Leipzig, Paul List, 1929.

Georg Sylvester Viereck und P. Eldrige:
Meine ersten 2000 Jahre. Autobiographie des
Ewigen Juden. Übersetzt v. G. Meyrink.
Leipzig, Paul List, 1928.

Stanley, Henry Morton: Mein Leben. 2 Bände.
Übersetzt v. Achim v. Klösterlein u.G.Meyrink.
München, Die Lese-Verlag, 1911.

III SEKUNDÄRLITERATUR

a) Literatur über Meyrink und sein Werk

1. Literaturwissenschaftliche Arbeiten und größere Schriften:

Abret, Helga:
Gustav Meyrink conteur. I.d.Reihe -
Europäische Hochschulschriften.
Bern. Fft/M 1976.

Buskirk, William R. van:
The bases of Satire in Gustav Meyrinks Work.
(Masch.) Diss. Michigan Univ. 1957.

Caroutche, Yvonne (Hrg.):
Gustav Meyrink. Paris. 1976.

Claes, Walter:
Het individuatieprocess in de Romans Der
Golem en Das grüne Gesicht van Gustav Meyrink
en de Verhouding ervan tot de externe Realiteit.
(Masch.) Lizentiat-Arbeit d. Rijksuniversiteit
Gent 1971-72.

Cermak, Robert:
Der Magische Roman. Hanns Heinz Ewers,
Gustav Meyrink, Franz Spund. (Masch.)
Wien Diss. 1946.

Frank, Eduard: Gustav Meyrink - Werk und Wirkung. Büdingen-Gettenbach, Avalun-Verlag 1957.

Fritsche, Herbert:
August Strindberg, Gustav Meyrink, Kurt Aram.
Drei magische Dichter und Deuter.
Prag, Smichov, 1935.

Keyserling, Arnold:
Die Metaphysik des Uhrmachers von Gustav
Meyrink. Verlag der Palme, Wien, 1966.

Lube, Manfred:
Beiträge zur Biographie Gustav Meyrinks
und Studien zu seiner Kunsttheorie.(Masch.)
Graz. Diss. 1970.

Rosner, Christine:
Grotesque Elements in selected prose work of
Gustav Meyrink. (Masch.) Univ. of Connecticut,
Diss. 1974.

Schödel, Siegfried:
Studien zu den phantastischen Erzählungen G.
Meyrinks. Erlangen-Nürnberg, Diss. 1965.

Schuetz, Verna:
The bizzare literature of Hanns Heinz Ewers,
Alfred Kubin, Gustav Meyrink und Karl H.Strobl.
University of Wisconsin, Diss. 1974.

Thierfelder, Marga E.:
Das Weltbild in der Dichtung Gustav Meyrinks.
München, Diss. 1952

Sperber, Hans:
Motiv und Wort bei Gustav Meyrink
(Studien zur Literatur- und Sprachpsychologie)
Leipzig, 1918.

Zornhoff, H.E.:
Gedanken über Meyrink und die metaphysische
Dichtung. Leipzig, 1918.

2. Kleinere Aufsätze und Zeitungsartikel

i) Rezensionen:

Anonym:
Der liebe Augustin (? 1904) Zeitungsabd. in
Meyrinkiana XXI, 6.

Anonym:
Wachsfigurenkabinett. Bund, Bern v. 26.4.1908.

Anonym:
Wachsfigurenkabinett. In Dresdner Anzeiger
vom 29.7.1908.

Anonym:
Albino-Aufführung. Fremdenblatt,
Wien, 3.3.1909.

A.L.:
Albino-Aufführung in Mün. Pester Lloyd
30.1.1910.
A.M.:
Albino-Aufführung. Vossische Zeitung v.1.2.1910.

Anonym:
Die "Wiener Hölle" - Zur Albino Aufführung
Staatsbürg. Zeitung, Berlin 8.5.1910.

Anonym: Meyrinks Übersetzung v. Dickens:
Nikolas Nickleby.
Die Aktion 2 (1912) Sp. 792-793.

Anonym:
Meyrinks Übersetzung v. Dickens:Die Pickwickier.
Die Aktion 2 (1912) Sp. 665.

Anonym: The Golem. (Rez. d. englischen Ausgabe
in d. Übersetzung von Madge Pemberton)
The Times Literary Suppl. 12. Juli 1928.

Bierbaum:
Otto Julius: Orchideen.
Die Zeit, Wien, 6.11. 1904.

Czibulka, Alfons v.:
Der Engel vom westlichen Fenster - ein neuer
Gustav Meyrink.
Münchner Neueste Nachrichten
80. Jg. Nr. 159 v. 13. Juni 1927.

E.: Albino-Aufführung.
Münchner Neueste Nachrichten vom 28.1.1910.

Geller, Oskar:
Walpurgisnacht.
Hamburger Correspondent v. 19. Jan. 1918.

Grosberg, Oskar:
Der Roman der Zwölf.
St. Petersburger Zg. vom 12.11.1909.

Hermann-Neisse, Max:
Der Golem.
Sirius 1, 1915/1916 S. 83-84.

Hesse, Hermann:
Das grüne Gesicht.
März vom 23.12.1916 S. 239 f.

Hesse, Hermann:
Orchideen.
Neue Züricher Zg. 20.8.1904.

Hoffmann Camil:
Meyrink. Der neue Roman (Walpurgisnacht)
des Fünfzigjährigen.
Berliner Zg. am Mittag. 19.1.1918.

J. V. Der Roman der Zwölf.
Hamburger Correspondent 26.11.1909.

Kienzl, Hermann:
Der Roman der Zwölf.
Grazer Tag. 7.12.1909.

Langen Verlag:
Sonderbare Geschichten von Gustav Meyrink -
Verlagsprospekt zu Meyrinks Novellen-
sammlungen (enthält Auszüge a.d.Rezensionen)
in Meyrinkiana XXI, 2, a.

Loerke, Oskar:
Visionäre Bücher (u.a. Der Golem)
Neue Rundschau 1916 S. 127 ff.

Pulver, Max: Ein neuer Roman v. G.M.(Engel)?
Zeitungsabdruck in Meyrinkiana XXI, 1, b.

R.S.: Ein neuer Meyrink. (Engel).
Schlesische Volkszg. 3.7.1927.

Saudek, Robert:
Der Roman der Zwölf.
Revalsche Zg. 29.11.1909.

Scheller, Will:
Der weiße Dominikaner.
Kassler Allgemeine Zeitung Nr.33 v. 2.2.1922.

Seelig, Carl W.:
Der Golem.? (1917)
Zeitungsabd. in Meyrinkiana XXI, 1, c.

Siemsen, Hans:
G.M. Der Golem.
Zeit-Echo 2 1915/1916 S. 95-96.

Spunda, Franz:
Der weiße Dominikaner.
Der Deutsche, Bln. vom 17.2.1922.

Teddy (psydonym):
Gustav Meyrinks Rache.
Deutsche Zeitung Bohemia Nr. 55 S.17
vom 24. Febr. 1907.

Teßmer, Hans:
Der neue Meyrink (Engel) und anderes:
Dresdner Nachrichten vom 23. Juni 1927.

Wagner, Hedda:
G. Ms. neuer Roman. (Engel).
Linzer Tagblatt vom 5. Sept. 1928.

Wenz, Richard:
Der Roman der Zwölf.
Rhein. Westph. Zeitung vom 20.11.1909

Wolf, C.A.:
G. M. und sein neuer Roman (Engel).
Hannoverscher Anzeiger vom 20. Dez. 1927.

W. T.: Wachsfigurenkabinett.
Breslauter Zeitung vom 8.12.1907.

W. T.: G. Ms. neuer Roman. (Engel).
Süddeutsche Sonntagspost, Jan. 1927.

Zippert, Henny:
G. M. Des deutschen Spießers Wunderhorn.
Der Kritiker 1. 1919 Nr. 9 S. 19.

ii) Zur Meyrink-Debatte 1917/1918

Anonym: Modergestank.
Land- u. Seebote-Starnberger Zeitung.
42. Jg. Nr. 90 v. 18. Juni 1917.

Ernst, Paul: Zwischen Scylla und Charybdis.
Frankfurter Zeitung LXII 22, 1 vom 22.1.1918.

Grätzer, F.: Der Fall Meyrink.
Glocke, Mün. 3. Jg. Bd. 2, 1918, S. 922-925.

Kiefer, Wilhelm: Der Fall Meyrink.
Bühne und Welt, 19. Jg. (1917) S. 491-97.

Overmans, Jakob: Der Fall Meyrink.
Stimmen der Zeit. Bd. 94 S. 236-239.

Schumann, W.: Neue Meyrinkiaden.
Deutscher Wille (Der Kunstwart),
38. Jg. (1917), S. 38 ff.

Storck, Karl: Der Fall Meyrink.
Der Türmer, 1917, S. 37-41.

Weber, Hans v.: Die Meyrink-Hetze.
Der Zwiebelfisch. 9. Jg. (1918) H.1/2, S. 7-11.

Weber, Hans v.: Zur Meyrink-Hetze.
(Zum offenen Brief von Albert Zimmermann).
Der Zwiebelfisch, 9. Jg. (1918) H.4/5,S.111-15.

Zimmermann, Albert:
Gustav Meyrink. Bühne und Welt (Deutsches
Volkstum), 19. Jg. (1917), S. 161-167.
- auch als Pamphlet erschienen -.

Zimmermann, Albert:
Gustav Meyrink und seine Freunde.
Ein Bild aus dem dritten Kriegsjahr.
Hamburg, Deutschnationale Verlagsanstalt,1917.

iii) Zu einzelnen Themen

Abret, Helga:
Gustav Meyrink in Frankreich.
Österreich in Geschichte und Literatur.
17. Jg. 1973 H. 3.

Bo-Yin-Ra (J. Schneider-Franken):
Im Spiegel. Eine notwendige Aufklärung über
Gustav Meyrinks "Walpurgisnacht".
Die Säule, 14. Jg. 1933, S. 44-47.

Ficker, Friedbert:
Zwei frühe Zeichnungen Alfred Kubins.
Zugleich zur Erinnerung an G.M.
Die Weltkunst, München 43. Jg.Nr. 3 1973,S.132.

"Francis": G.M. über die Gabe des "inneren"
Gesichts.
Neues Wiener Journal v. 6.12.1932.

Frank, Eduard:
John Dee und Gustav Meyrinks "Der Engel vom
westlichen Fenster".
Neue Wissenschaft. Basel 6. Jg.(1956)H. 8/9.

Frank, Eduard:
"Vom Stand d. G.M.-Forschung".
Sudentenland, München 13.Jg.(1971) H4 S.290-2.

Frank, Eduard:
"Meyrinkiana", Neue Forschungsergebnisse zur
Biographie G. Ms.
Sudentenland 14.Jg. H.2 (1972) S.97-102.

Friedell, Egon: Meyrink als Dramatiker.
(1909/10 ?).
Zeitungsabdruck in Meyrinkiana XXI, 3.

Gerhardt, A.:
Runkel und sein Friedhof in einer Meyrink'schen
Novelle.
Nassausche Monatsschrift für ländl.Wohlfahrts-
und Heimatpflege. 13. Jg. 1933.

Gross, C.: G.Ms. Stellung zur deutschen
Literatur.
Natur und Gesellschaft, (Berlin)
5. Jg. 1924 S. 12-15.

Haage, Peter:
Berühmte Geister aus Golems Gassen.
Epocha, 1967 H. 5 S. 66 - 69.

Hablitz, J.J.:
Die Charakteranalyse auf psychologischer
und kosmobiologischer Grundlage
Zürich 1949. (S. 146-149 ü. Meyrink).

Jansen, B.:
Über den Okkultismus in Meyrinks Roman
"Der Golem".
Neophilologus 7, 1921/22.

Kramer, Robert R.:
Das Rätsel im Haus. Zur letzten Latern.
Neue Illustrierte Wochenschau,
Wien 1952 Nr. 50, 14. Dez. 1952.

Kircheldorf, H.: G.M. Der Golem.
Das Neue Deutsche Heft, Gütersloh-B.
12. Jg. 1965 Heft 108.

Lennhoff, Rudolf:
Gustav Meyrink und die Schwestern Blaschek.
Die Medizinische Welt, 1933   S.35 f.

Loder, D.:
Anklage gegen Meyrink (betr.Dickens Übers.).
Volkstum. Hamburg 1928 10. Jg. S. 174.

Lube, Manfred:
Zur Entstehungsgeschichte von G.Ms.
Roman "Der Golem".
Österreich in Geschichte und Literatur,
15. Jg. Heft 9, 9 Nov. 1971 S. 521-41.

Lube, Manfred:
Tiefseefische - Der erste (und bisher
unbekannte) Text von G.M. .
Österreich in Geschichte und Literatur,
15. Jg. 1971 Bd. 9 S. 275-81.

Nösselt, H.:
Gestirn Gustav Meyrinks.
Astrologische Rundschau 24. Jg. (1933)
S. 326 und 355-358.

ru.: Meyrink englisch. (Glosse)
Pan 2, 1911/12 S. 35.

Scheller, Will:
Meyrink und der Okkultismus.
Die Lichtung vom 27. Okt. 1924.

Schipkowensky, Nikola:
Latrogenie in Gustav Meyrinks "Golem".
Ciba-Symposium, 1968 Bd. 16 H. 1, S. 27-32.

Schmid Noerr, F.A.:
Meyrink und die Besessenen.
Münchner Neueste Nachrichten vom 2./3.3.1925.

Schmid Noerr, F.A.:
Die Geschichte vom Golem.
Münchner Merkur vom 16.1.1948.

Stein, Ernst:
Knistern im morschen Gebälk.
Meyrinks "Golem" nach 50 Jahren.
Die Zeit Nr. 46 vom 12.11.65.

Tschertkow, Leonid:
G.M. und Leo Perutz in Rußland.
Literatur und Kritik (1975) S. 290-95.

Walden, Herwarth:
Ein großer Traum zu meiner Freude.(Glosse).
Der Sturm 7, 1916/17, S. 22-23.

Walden, Herwarth:
Wovon man nicht sprechen sollte.(Glosse).
Der Sturm 6, 1915/16, S. 140.

Walden, Herwarth:
Zu leicht befunden. (Glosse).
Der Sturm 6, 1915/16, S. 140.

Walden, Herwarth:
Noch ein Träumer.(Polemik).
Der Sturm 7, 1916/17,S. 35.

Wolfram, K.:
G. M. und Edgar Allen Poe.
St. Petersburger Zeitung (1909) S. 276.

iv) Allgemeine Würdigungen

Alker E.: Gustav Meyrink.
Schweizerische Rundschau, 28. Jg.(1928)
S. 366-371.

Alt Wilhelm: Gustav Meyrink.
Wiener Zeitung, 1952 S. 283.

Anonym: Wer ist G. M. ?.
Allgemeine Rundschau, 14. Jg. (1918)S.632.

Anonym: Gustav Meyrink.
Leipzig. Jüd. Zeitsch. 8. Jg. (1932)
Nr. 48, S. 1.

Anonym: Gustav Meyrink.
Christengemeinschaft, 4. Jg. (1928) S.382.

Anonym:
Das Echo der Zeitgenossen über Gustav Meyrink.
Das literarische Echo (Die Literatur) 35. Jg.
(1933), S. 272.

A.T.W.: Gustav Meyrink.
Die Frau der Gegenwart,Breslau 15.1.1918.

Aurich.M.: Gustav Meyrink.
Magische Blätter (D.Säule),14.Jg.(1933)
S.27-31.

Bab, Julius: Gustav Meyrink.
Das literarische Echo, 20. Jg.(1917)
Sp. 73-79.

Behrsing, Kurt:
Die Brücke vom Diesseits zum Jenseits.
Zum 90. Geburtstag Gustav Meyrinks.
Die Anregung, 10. Jg. (1958).

Bittner, Karl Gustav:
Gottsucher Meyrik zum 60. Geburtstag.
Freie Welt (Reichenberg),1928, 182.H. S.75-82.

Brod, Max:
Höhere Welten.
Pan 1., 1910/11, S. 538-545.

Eisner, Paul: Gustav Meyrink.
Prager Rundschau, 2. Jg. (1932).

Ficker, Friedbert:
Der Golem und sein Meister - Vor 40 Jahren
starb G. M. in Starnberg.
Unser Bayern, München 21. Jg. Nr. 12
Dez. 1972, S. 94/5.

Frank, Eduard: Gustav Meyrink.
Mensch und Schicksal, 11. Jg. (1957)
Nr. 12, S. 1-4.

Frank, Eduard: Gustav Meyrinks Leben
und Werk im Lichte der Grenzfragen-
psychologie.
Neue Wissenschaft, Basel 5. Jg. 1955 H. 5/6.

Frank, Eduard:
Das Haus zur letzten Latern. Der Visionär
Gustav Meyrink.
Sudetenland, 3. Jg. 1961, S. 17-20.

Fritsche, Herbert: Gustav Meyrink.
Glocke. Okkultistische Monatsschr.(Trautenau),
12. Jg. (1932) und 14. Jg. (1934).

Fritsche, Herbert:
Zum "innersten Osten"-Meyrinks Weg und Werk.
Die Zeit, 3. Jg. 1948 Nr. 3 S. 5.

G. Fs.: G. M. 60 Jahre alt.
Rote Fahne, Nr. 16, 1928.

"gob": Der Vater des Golem. Zum 100. Geburtstag des Dichters Gustav Meyrink.
Kurier, Wien, v. 19.1.1968.

Gorm, Ludwig: G. M. Zum 60. Geburtstag.
Das literarische Echo, 30. Jg. 1928, S. 336

Hesse, Hermann: Meyrinck(sic).
Vossische Zeitung, 17.1.1918.

Hesse, Hermann: G.M. Jubiläumsprospekt zu seinem
60. Geburtstag für den Verlag
Grethlein & Co., Leipzig-Zürich 1928.

H.N.: G. M. Zu seinem 50. Geburtstag.
Abendzeitung, Leipzig, v. 18.1.1918

Hofmiller, J.: Literatur. Österreicher I.
Süddeutsche Monatshefte, 5. Jg.(1908)
2. Bd, S. 341 ff.

"ip": G. M., der Dichter des Golem.
Mittelbay. Zeitung (Regensburg) vom 21.11.1957.

Kristeller, Hans:
Die Wandlung des Gustav Meyrink.
Der Drache, 2. Jg. (1921), H.26, S. 9 f.

Lehmke, Karl:
Der Deutschböhme Meyrink.
Der geistige Arbeiter (Berlin), 8 Jg. 1928,
Nr. 2, S. 7-10.

(Pinthus, Kurt) Anonym: Zu G.Ms. Werken.
Als Nachwort zur Gesamtausgabe.
Bd. 6, S. 329 - 382 (1917).

Rainalter, Erwin H.:
G.N. Zu seinem 50. Geburtstag.
Berliner Börsen Zeitung vom 19.1.1918.

Rieß, Richard:
G. M. Zum 50. Geburtstag.
Breslauer Morgen Zeitung vom 15.1.1918.

Scheller, Will: Meyrink und die Deutschen.
Die literarische Gesellschaft,
(Hamburg-Golgau), S. 281 - 286.

Scheller, Will: G. Ms. Verwandlungen.
Weser Zeitung (Bremen) vom 24.5.1927.

Scheller, Will: Gustav Meyrink.
Pan 2 (1911-12) S. 391-395.

Scheller, Will:
Der Dichter des Golem.
Die literarische Gesellschaft, 1917 S.12-18
und S. 54-60.

Schmid Noerr, Friedrich Alfred:
Gustav Meyrink und sein Werk.
Hannoverscher Anzeiger v. 1.3.1925.

Schödel, Siegfried:
Über G.M. und die phantastische Literatur.
Studien zur Trivialliteratur (Hrg. H.O.Bürger,
1968, S. 209-224).

Schwarz, Theodor:
Die Bedeutung des Phantastisch-Mystischen
bei Gustav Meyrink.
Weimarer Beiträge, 12. Jg. (1966) H. 4,
S. 716 - 719.

Sinsheimer Hermann:
Gustav Meyrinks Weltanschauung - Einleitende
Worte zur Feier v. Meyrinks 50. Geburtstage
im Münchner Schauspielhause.
Der Zwiebelfisch, 9. Jg. (1918) H.3, S.57-65.

Strelka, Joseph:
Einleitung zu der Ausgabe "Der Engel vom
westlichen Fenster".
Graz-Wien-Köln 1966 - Stiasny-Bücherei 156

Weissmann, Maria Luise:
Gustav Meyrink. Zu seinem 60. Geburtstag am
19. Januar 1928.
M.L.Weissmann:Gesammelte Dichtungen,Pasing b/Mün-
chen, 1932 S. 158 f.

Wiegler, Paul: Gustav Meyrink.
Die literarische Welt, 8 Jg.(1932)Nr.51 S. 1 f.

Wünsch, Marianne: Auf der Suche nach der ver-
lorenen Wirklichkeit. Zur Logik einer fantastischen
Welt. Als Nachwort zur Neuausgabe v. Meyrinks
Roman "Der Engel vom westlichen Fenster".
München-Wien, Langen-Müller 1975 S. 528-68.

Zivier, G.: Gustav Meyrink - Mystiker und Spötter.
Eine Erinnerung.
Frankfurter Allgemeine Zeitung v. 3.3.1958.

v) Nachrufe

Anonym: G. M. Anläßlich seines Todes.
Literarische Rundschau vom 16.12. 1932.

Anonym: G. M. gestorben.
Deutsche Zeitung Bohemia. 6.12.1932.

Anonym: Zum Tod Meyrinks.
Die Welt am Abend, Berlin 7.12.1932.

Baum, L.R.: Gustav Meyrink gestorben.
Prager Abendzeitung vom 5.12.1932.

Beth, K.: Meyrink als Okkultist.
Neues Wiener Tagblatt Nr. 339 vom 8.12.1932.

Brandt, N.: Aus Meyer wird Meyrink.
Welt am Sonntag, München v. 11.12.1932.

Brod, Max: In memoriam Gustav Meyrink.
Frankfurter Zeitung vom 11.12.1932.

Elster, Hanns Martin: Gustav Meyrink.
Saarbrücker Zeitung vom 8.12.1932.

Frank, Hans: Gustav Meyrink[†] .
Berliner Börsen Zeitung vom 5.12.1932.

Fritsche, Herbert:
An der Bahre des Meisters aus dem Hause zur
letzten Latern.
Privatdruck 1932 in Meyrinkiana XXIII, 3.

Heine, Thomas Theodor:
Der geheimnisvolle Meyrink.
Münchner Sonntagsanzeiger - Südd. Sonntags-
post vom 11.12.1932.

Kauder, Gustaf: Meyrink gestorben - Der Roman
eines Lebens.
Berliner Zeitung am Mittag vom 5.XII 1932.

Leppin, Paul: Bankier Meyer. Erinnerungen an
Gustav Meyrinks Prager Zeit.
Zeit im Bild, 9. Jg. (1932) Nr. 8, S. 4 f.

Leppin, Paul: Der Okkultist Meyrink.
Deutsche Zeitung Bohemia vom 6.12.1932.

"o.p.": Gustav Meyrink gestorben.
Prager Presse v. 6.12.1932.

Roda-Roda: Gustav Meyrink.
Prager Tagblatt vom 6.12.1932.

Scheller, Will: Gustav Meyrink[†] .
Kasseler Post Nr. 337 vom 6.12.1932.

Schmid Noerr F.A.: G.M. zum Gedächtnis.
Stuttgarter Neues Blatt vom 8.12.1932.

Schwarz, Gregor: G. M.[†] .
Der Seher I, Jg. Nr. 24 (1932 ?)

Schweizer, Viktor: Der Bürgerschreck von Prag -
Das abenteuerliche Leben Gustav Meyrinks.
Hannoversches Tageblatt vom 7.12.1932.

Talhoff, Albert: G.M. Der Mensch.(Typoskript)
Meyrinkiana XXIII, 3, c.

"W.": Gustav Meyrink.
Deutsche Allgem.Zeitung Berlin
vom 5.12.1932.

Wolfskehl, Karl:
G.M. aus meiner Erinnerung.
Münchner Neueste Nachrichten v.28.12.1932.
Dasselbe in:
Wolfskehl, K.: Briefe und Aufsätze.
München 1925 - 1933. Hamburg 1966.

vi) Erinnerungen und biographische
   Mitteilungen

Anonym: Verhaftung des Bankgeschäftsinhabers Meyer.
Deutsche Zeitung Bohemia, 19. Jan. 1902.

Anonym: Ein tschechischer Revolutionär
(über d. Polizeirat Olič).
Schlesische Zeitung vom 6.12.1932.

Anonym: Olic und Gustav Meyrink.
? Zeitungsabd. in Meyrinkiana XXIV, 7.

Beckh,Hermann:
Mein Erlebnis mit Gustav Meyrink.
Christengemeinschaft, 10.Jg.(1933)
S. 369 - 373.

Binder, Lambert:
In memoriam Gustav Meyrink.
Mensch und Schicksal, 6. Jg.(1952)
Nr. 18, S. 3-7.

Bittner, Karl Gustav:
Dem Andenken Gustav Meyrinks.
(Unveröffentl. Aufsatz in d. Meyrink-
Sammlung v. Ing. Lamb. Binder, Wien).

Brod, Max:
Streitbares Leben.(Autobiographie)
München 1960
(Bekanntschaft mit G.Meyrink S.291-305).

Castonier, Elisabeth:
Erinnerungen an Gustav Meyrink.
Baseler Nachrichten, 1938, Nr. 16.

Castonier, Elisabeth:
Stürmisch bis heiter. Memoiren einer
Außenseiterin.
München 1964 (S. 137 üb. Meyrink).

Eberlein, Elsbeth:
Historische und Zeitgenössische
Charakterbilder.
Freiburg Zodiakus Verlag 1931 (S. 230-258
über Meyrink).

France-Harrar, Annie:
So war's um Neunzehnhundert.
Mein Fin de Siècle.
München-Wien 1962 (S.110-14 üb. Meyrink).

"Francis":
Meyrink erzählt aus seinem Leben.
Hannoverscher Anzeiger vom 18.10.1931.

Frank, Eduard:
Paul Leppin und Gustav Meyrink.
Eine Begegnung im alten Prag.
Sudetenland, 7. Jg. 1965 H.1, S. 20-27.

Frank, Ladislaus:
Eine Meyrink-Geschichte um Meyrinks Tod.
Er nimmt seinen Todfeind mit in den Tod.
Das 12 Uhr-Blatt, Berlin vom 6.12.1932.

Fritsche, Herbert:
Das Leben eines magischen Meisters in
unserer Zeit.
Die Glocke 14. Jg. (1934) H. 2

Fritsche, Herbert:
Aus München Gästebuch. Gustav Meyrink.
Süddeutsche Zeitung vom 3.9.1958.

Fritsche, Herbert:
Der ocker gelbe Herr aus Prag. (G. M.)
Die andere Welt, Freiburg, 10. Jg. H. 2,
1959 S. 11-15.

Geller, Oskar:
Ein Tag bei G.M.
Der Begründer der okkulten Literatur.
AZ Nr. 149 vom 5.5.193? .
Zeitungsabdruck in Meyrinkiana XXIV, 5.

Hadamowsky, Franz (hrg.):
Richard Teschner und sein Figurenspiegel.
Die Geschichte eines Puppentheaters.
Wien - Stuttgart 1956.

Herzmanovsky-Orlando, Fritz von:
Eine Meyrink-Anekdote.
F.v.H.-O. - Gesammelte Werke.
München-Wien 1957 Bd. 4, S. 60-62.

Kelber, Wilhelm: Besuch bei der Witwe
Gustav Meyrinks.
Christengemeinschaft, 28. Jg.(1956) H.3, S.317 f.

Krell, Max:
Das alles gab es einmal.
Frankfurt /Main 1961.

Kubin, Alfred:
Vom Schreibtisch eines Zeichners. In:
A.Kubin - Aus meiner Werkstätte.

Kuh, Anton:
G. M. und das deutsche Prag.
Weltbühne, 28. Jg. 1932, Bd. 2 S. 903-906.

Lehmke, Karl:
Gustav Meyrink. Ein Gedenkblatt.
Münchner Kultur-Pressedienst v. 3.8.1946.

Leppin, Paul:
Besuch bei Meyrink.
Prager Tagblatt vom 8.9.1923.

Leppin, Paul:
Spiritismus bei Meyrink.
Prager Tagblatt vom 25.5.1926.

Mangoldt, Ursula von:
Auf der Schwelle zwischen Gestern und Morgen.
Begegnungen und Erlebnisse.
Weilheim 1963.

Plöhn, Hans Arnold:
Gustav Meyrink, ein Fall von soziologisch
uneinheitlicher Abstammung.
Blätter für württembergische Familienkunde.
1939, H. 85/86, S 17-19 Bd. VIII.

Plöhn, Hans Arnold:
Gustav Meyrink und seine Hamburger
Verwandten.
Zeitsch. für niederdeutsche Familienkunde.
40. Jg. (1965), H. 3, S. 78-80.

Plöhn, Hans Arnold:
Zur achtzigsten Wiederkehr des Geburtstages
Gustav Meyrink am 19. Januar 1948.
Der Zwiebelfisch, 25. Jg. 1948/49 H.8, S.7-9.

Pulver, Max:
Erinnerungen an eine europäische Zeit.
Begegnung mit Rilke, Kafka, Klee, Meyrink u.a.
Zürich 1953.

Reimann, Hans:
Mein blaues Wunder.
München 1959 (S. 180-82 und S. 424 über M.).

Reimann, Hans:
Die 3. Literazzia.
München 1954 (S. 224-229 über M.).

Schmid Noerr, Friedrich Alfred:
Erinnerungen an G.M. .
Münchner Neueste Nachrichten v. 5.3.1933.

Schmid Noerr, Friedrich Alfred:
Nachtgespräch mit Gustav Meyrink.
Süddeutsche Zeitung vom 17.4.1948.

Schmitz, Oskar A.H.:
Dämon Welt. Jahre der Entwicklung.
München 1926 (S. 264-266 üb. Meyrink).

Sinsheimer, Hermann:
Gelebt im Paradies.
Erinnerungen und Begegnungen.
München 1953 (S. 154-58 über Meyrink).

Skallberg, O.:
Seltsame Geschichten eines Pseudonyms.
Kölner Volkszeitung 1933 Nr. 16.

Uhde-Bernays, Hermann:
Gustav Meyrink.
Kölner Zeitung 1932 Nr. 670.

Uhde-Bernays, Hermann:
Im Lichte der Freiheit.
Erinnerungen aus den Jahren 1880-1914
Wiesbaden 1947.

Uhde-Bernay, Hermann:
Eine "Deutsche Akademie".
Festschrift für Hans Ludwig Held,
München 1950, S. 24 f.

Weber, Carlo Mor von:
Ein Brief an Gustav Meyrink.
Der Zwiebelfisch, 25. Jg. 1948, H.8
S. 10 f.

Weinfurter, Karl:
Der brennende Busch. Der entschleierte
Weg der Mystik. Aus dem Tschechischen
übersetzt von Major Edm. Kobsa und
Clara Adalberta Schmidt, Lorch 1949.

Weiss, Adolf:
Meyrinks alchemistisches Debut.
Prager Tagblatt vom 14.11.1926.

Wolff, Kurt:
Vom Verlegen im allgemeinen und von der
Frage: Wie kommen Verleger und Autoren
zusammen? .
U. a. Expressionismus - Aufzeichnungen und
Erinnerungen der Zeitgenossen.
Olten u. Freiburg 1965 (S.286-88 üb. Meyrink).

Mayer, Paul:
Ernst Rowohlt in Selbstzeugnissen und
Bilddokumenten.
Renbeck 1967 Bd. 139 d. row.monographien

"mor":
Die Mena wird 90. Besuch bei Gustav
Meyrinks Witwe.
Abendzeitung, München v. 9/10.11.1963.

Mühsam, Erich:
Namen und Menschen. Unpolitische Erinnerungen.
Leipzig 1949.

b) Sonstige Literatur

Anz, Thomas:
Literatur der Existenz - Literarische Psycho-
pathographie und ihre soziale Bedeutung im
Frühexpressionismus, Stuttgart 1977.

Aram, Kurt (d. i. Hans Fischer):
Magie und Zauberei in der alten Welt.
Berlin 1927.

Aram, Kurt:
Magie und Mystik.
Berlin 1929.

Aram, Kurt:
Neue deutsche Erzählungsliteratur.
Frankfurter Zeitung, Nr. 321 v. 18.Nov. 1904.

Arnold, Arnim:
Die Prosa des Expressionismus. Herkunft,
Analyse, Kommentar.
Stuttgart 1972.

Arntzen, H.:
Deutsche Satire im 20. Jahrhundert.
Friedmann u. O. Mann (Hgg.): Deutsche
Literatur im 20. Jht. Bd. I - Strukturen.
Heidelberg 1961, 4. Auflage.

Bartel, Adolf:
Deutsche Dichtung der Gegenwart.
Bd. 3 - Die Jüngste. Leipzig 1921.

Bingenheimer, Heinz:
Katalog d. deutschsprachigen utopisch-
phantastischen Literatur.
Friedrichsdorf. 1959/60.

Block, Chajim:
Der Prager Golem - Von seiner Geburt bis
zu seinem Tod. Berlin 1920.

Brod, Max: Der Prager Kreis.
Stuttgart, Berlin, Köln, Mainz 1966.

Caspari, H.:
E.A. Poes Verhältnis zum Okkultismus.
Eine literarhistorische Studie. Hannover 1923.

Conrad, Horst:
Die literarische Angst.
Das Schreckliche in Schauerromantik und
Dedektivgeschichte. Düsseldorf 1974.

Cysarz, Herbert:
Prag im deutschen Geistesleben.
Mannheim-Sandhofe, 1961.

Demeter, Karl:
Das deutsche Offizierskorps in Gesellschaft
und Staat. Frankfurt/M. 1962.

Demetz, Peter:
René Rilkes Prager Jahre.
Düsseldorf 1953.

Dimić, C.:
Das Groteske in der Erzählung des Expressionismus. Diss. Freiburg (1960).

Dreitzel, Hans Peter:
Die gesellschaftlichen Leiden und das Leiden
an der Gesellschaft. Vorstudien zu einer Patho-
logie des Rollenverhaltens. Stuttgart 1972.

Edschmidt, Kasimir:
Die doppelköpfige Nymphe. Aufsätze über die
Literatur und die Gegenwart. Berlin 1920.

Edschmidt, Kasimir:
Lebendiger Expressionismus - Auseinander-
setzung, Gestalten, Erinnerungen.
Wien, München, Basel 1961.

Eisner, L.:
Dämonische Leinwand.
Wiesbaden-Biebrich 1955.

Ewers, H.H.:
Edgar Allen Poe.
Berlin, Leipzig o.J. (1906).

Ewers, H.H.:
E.A. Poe und sein Einfluß.
Berliner Tagblatt. Der Zeitgeist
vom 18. Jan. 1909.

Expressionismus - Literatur und Kunst
1910 - 1923 Kat. Nr. 7 d. Sonderaus-
stellung d. Schiller-Nationalmuseums.
hrg. v. B.Zeller, München 1960.

Fischer, Arthur:
Die Entfremdung des Menschen in einer
heilen Gesellschaft. München 1970.

Flechtner, H.J.:
Die phantastische Literatur. Eine
literarästhetische Untersuchung.
Zeitschrift für Ästhetik und Allgemeine
Kunstwissenschaft. XXIV. Bd. I H. 1930.

Fließbach, Holger:
MECHTILDE LICHNOWSKY - Eine monographische
Studie. Dissertation d. Univ. München 1973.

Frenzel, Elizabeth:
Stoffe der Weltliteratur. Stuttgart 1962.

Freud. S.: Das Unheimlich.
Gesammelte Werke Bd. 12 London 1947 S. 229.

Fuchs, Georg:
Sturm und Drang in München um die
Jahrhundertwende. München 1936.

Ganeschan, Vridhagiri:
Das Indienbild deutscher Dichter um 1900.
Bonn 1975.

Geiger, H.:
Es war um die Jahrhundertwende -
Gestalten im Banne des Buches. München 1953.

Gradmann, E.:
Phantastik und Komik. Bern 1957.

Hach, Arno:
"Literarische Outsider".
Chemnitzer Tagblatt v. 14.3.1909.

Haman, Richard und Jost Hermand:
Stilkunst um 1900. Bd. 4 d. Reihe -
Deutsche Kunst und Kultur von der Gründer-
zeit bis zum Expressionismus. Berlin 1959.

Hauser, Otto:
Die Juden und Halbjuden der deutschen Literatur.
Danzig-Leipzig 1933.

Held, Hans Ludwig:
Das Gespenst des Golem - Eine Studie aus der
hebräischen Mystik mit einem Exkurs über das
Wesen des Doppelgängers. München 1927.

Hodgart, Mathiew:
Die Satire. München 1969.

Hoffmann, Dierk:
Paul Leppin - Ein Beitrag zur Prager deutschen
Literatur der ersten Hälfte des 20. Jht.
Clausthal - Zellerfeld, 1973.

Holm, Korfiz:
ich - kleingeschrieben.
Heitere Erlebnisse eines Verlegers.
München 1932.

Janouch, Gustav:
Franz Kafka und seine Welt.
Wien, Suttgart, Zürich 1965.

Janouch, Gustav:
Gespräche mit Kafka. Aufzeichnungen und Er-
innerungen.Erweiterte Auflage Frankfurt/M. 1968.

Jentsch:
Psychologie des Unheimlichen.
Psyh.neurolog.Wissenschaft, 1906, 22.

Jobling, Ann Allen:
A Playful Judgement.
Satire and Society in Wilhelmine Germany.
Diss. Columbia Univ. 1974 (Typos.).

Jung, C.G.:
Psychologie und Alchemie.
Zürich 1944.

Jung, C.G.:
Gestaltungen des Unbewußten.
Zürich 1956.

Kabel, Rainer:
Die verzerrte Welt. Zur grotesken Prosa
des Expressionismus.
Deutsche Rundschau 89 (1963) S. 40-45.

Kayser, Wolfgang:
Das Groteske. Seine Gestaltung in Malerei
und Dichtung.
Reinbeck b. Hamburg 1960 rde. 107.

Kraus, Karl:
Ausgewählte Werke Bd. I 1902-14 Grimassen.
München 1971.

Krolop, Kurt:
Zur Geschichte und Vorgeschichte der Prager
deutschen Literatur.
Literatur und Kritik. I. Jg.(1966). H2, S.1-14.

Kühnelt, H.:
Deutsche Erzähler im Gefolge v. E.A. Poe.
Revista di Letterature 1951, 6, S.457 ff.

Kühnelt, H.:
Die Aufnahme und Verbreitung von E.A. Poes
Werken im Deutschen.
Festschrift für W. Fischer.
Heidelberg, 1959 S. 195 ff.

Kühnelt, H.: E.A. Poe und die phantastische
Erzählung im österreichischen Schrifttum
von 1900-1920.
Festschrift für M. Enzinger.
Innsbruck 1953 S. 131 ff.

Lang, S.:
E.A. Poe und die neuere Dichtung.
Neue Schweizer Rundschau, 21. Jg.
1928 S. 188 ff.

Mann, Thomas:
Stockholmer Gesamtausgabe. Bd. VII (1958)
und Bd. XI, Frankfurt/M. (1956).

Michel, W.: Das Teuflische und Groteske
in der Kunst.
München, 1911 2. Aufl.

Montesi, G.:
Unheimliches Österreich.
Wort und Wahrheit, 5, 1950, S. 153 ff.

Mühlher, Robert:
Dichtung der Krise. Mythos und Psychologie
in der Dichtung d. 19. u. 20. Jht. Wien 1951.

Oesterreich, T.K.:
Der Okkultismus im modernen Weltbild.
Dresden. 1823 3. Auflage

Paffrath, G.:
Surrealismus im deutschen Sprachgebiet.
Bonn Diss. 1953.

Petriconi, H.:
Das Reich des Untergangs.
Hamburg 1958.

Poritzky, J.E.:
Dämonische Dichter - Probleme und Portraits.
München 1921.

Praz, Mario:
Liebe, Tod und Teufel. Die schwarze Romantik.
München 1963.

Prel, C. du:
Die Entdeckung der Seele durch die Geheim-
wissenschaften.
2 Bde. Leipzig 1910/22.

Pross, Harry:
Literatur und Politik. Geschichte und
Programme der politisch-literarischen Zeit-
schriften im deutschen Sprachgebiet seit 1870.
Olten, Freiburg 1963.

Raabe, P. (Hrg.):
Expressionismus - Aufzeichnungen und Er-
innerungen der Zeitgenossen.
Olten u. Freiburg, 1965.

Raabe, P.:
Alfred Kubin. Leben, Werk, Wirkung.
Hamburg 1957.

Racker, M.:
Gestalt und Symbolik des künstlerischen
Menschen in der Dichtung des 19. und
20. Jhts.
Diss. Wien 1932.

Reinert, Claus:
Das Unheimliche und die Detektivliteratur.
Bonn 1973.

Ritter, Gerhard A. (Hrg.):
Das deutsche Kaiserreich 1871-1914 -
ein historisches Lesebuch.
Göttingen 1975 2. Aufl.

Rosenfeld, Beate:
Die Golemsage und ihre Verwertung in der
deutschen Literatur.
Breslau 1934.

Rossbacher, Karlheinz:
Heimatkunstbewegung und Heimatroman.
Zu einer Literatursoziologie der Jahr-
hundertwende.
Stuttgart 1975.

Roth, Eugen: Simplicissimus. Ein Rückblick
auf die satirische Zeitschrift.
Hannover 1954.

Schlawe, Fritz:
Lit. Zeitschriften. 2 Bde.
Stuttgart 1965/72

Schlenstedt, Dieter;
Konferenz über die Prager deutsche Literatur.
Weimarer Beiträge. 12. Jg.(1966) H.1 S.105 ff.

Scholem, Gershom:
Die Vorstellung vom Golem in ihren tellurischen
und magischen Beziehungen.
Zur Kabbala und ihrer Symbolik.
Suhrkamp 1973.

Schütze, Christian (Hrg.:):
Das Beste aus dem Simplicissimus.
Eingeleitet von Golo Mann.
München,Wien 1976.

Skala, Emil:
Das Prager Deutsch.
Zeitschr. für deutsche Sprache Bd. 22
(1966) S. 84 ff.

Slepcevic, P.:
Der Buddhismus in der deutschen Literatur.
Wien 1920.

Söhn, U.:
Probleme der Kultur im Spiegel des
"Simplicissimus".
München, Diss. 1947.

Soergel, A.:
Dichtung und Dichter der Zeit.
Leipzig 1925.

Spunda, Franz:
Der magische Dichter.
Leipzig 1923.

Stölzl, Christoph:
Kafkas böses Böhmen - Zur Sozial-
geschichte eines Prager Juden.
München 1975.

Thomke, Helmut:
Hymnische Dichtung im Expressionismus.
Bern und München 1972.

Tucholsky, Kurt:
Gesammelte Werke. 3 Bde.
Reibeck b. Hamburg 1960.

Vaclavek, Ludvik:
Der deutsche magische Roman.
Philologia Pragensia, 13. Jg. Bd 3 S.144-56.

Vitta, Silvio und Hans Georg Kemper:
Expressionismus. München 75

Viviani, Annalisa:
Der expressionistische Raum als
verfremdete Wel.
ZdPh. 91. 1972 S. 498-527.

Wagenbach, K.:
Franz Kafka - Eine Biographie seiner Jugend
1883 - 1912.
Bern 1958.

Wehler, Hans Ulrich:
Das Deutsche Kaiserreich. 1871-1918
Bd 9 d Deutschen Geschichte hrg. v. J.
Leuschner.
Göttingen 1973.

Welzig, F.:
Die phantastischen Romane und Erzählungen
in der deutschen Literatur v. 1900
bis zur Gegenwart.
Diss. Wien 1941.

Welzig, Werner:
Der deutsche Roman im 20. Jht.
Stuttgart 1967.

Wiener, Oskar:
Altprager Guckkasten - Wanderungen durch
das romantische Prag.
Prag-Wien-Leipzig 1922.

Witterlin, Friedrich:
Friedrich Karl Gottlob Freiherr Varnbüler
von und zu Hemmingen.
Allgemeine Deutsche Biographie.
Bd. 39 Leipzig 1895.

Wolff, Kurt:
Der Briefwechsel eines Verlegers.
hrg von Bernhard Zeller, Frankfurt/M. 1966.

Wolff, Kurt:
Vom Verleger im allgemeinen und von der
Frage: Wie kommen Verleger und Autoren
zusammen?
(u.ä.) Expressionismus. hrg. v. P.Raabe.
Olten und Freiburg 1965.

Zinn, E. (Hrg.):
R.M. Rile und Marie v. Thurn und Taxis.
Briefwechsel.
Zürich 1951.

Zirus, W.:
Ahasverus. Der ewige Jude.
Berlin-Leipzig 1930.

Zuckmayer, Carl:
Der Hauptmann von Köpenick.
Frankfurt/M. 1961.

SAG 31: **Glen A. Dolberg,** The Reception of Johann Joachim Winckelmann in Modern German Prose Fiction. 1977, 165 Seiten, kart.,
ISBN 3-88099-030-1 DM 28.—

SAG 32: **Anthony J. Harper,** „David Schirmer — a Poet of the German Baroque"
1977, 262 Seiten, kart., ISBN 3-88099-031-X DM 40.—

SAG 33: **Martin Hüttel,** Marxistisch-leninistische Literaturtheorie: Die theoretische Bedeutung der Literaturkritik von Marx, Engels und Lenin. 1977, 164 Seiten, kart., ISBN 3-88099-032-8 DM 20.—

SAG 34: **Jens Rieckmann,** Der Zauberberg: Eine geistige Autobiographie Thomas Manns. 1977, 186 Seiten, kart., ISBN 3-88099-033-6 DM 29.—

SAG 35: **Beth Bjorklund,** A Study in Comparative Prosody: English and German Iambic Pentameter. 1978, 494 Seiten, kart.,ISBN 3-88099-034-4 DM 68.—

SAG 36: **Karl-Heinz Köhler,** Poetische Sprache und Sprachbewußtsein um 1900: Untersuchungen zum frühen Werk Hermann Hesses, Paul Ernsts und Ricarda Huchs. 1977, 302 Seiten, kart.,ISBN 3-88099-035-2 DM 42.—

SAG 37: **Nancy Lukens,** Büchner's Valerio and the Theatrical Fool Tradition. 1978, 232 Seiten, kart., ISBN 3-88099-035-0 DM 25.—

SAG 38: **Alan Corkhill,** The Motif of „Fate" in the Works of Ludwig Tieck. 1978, 240 Seiten, kart., ISBN 3-88099-039-5 DM 42.—

SAG 39: **Vicki Hill,** Bertolt Brecht and the Post-War French Drama 1978, 350 Seiten, kart., ISBN 3-88099-040-9 DM 42.—

SAG 40: **Sibylle Mulot,** Der junge Musil. Seine Beziehung zur Literatur und Kunst der Jahrhundertwende. 1977, 284 Seiten, kart.,
ISBN 3-88099-041-7 DM 38.—

SAG 41: **Giuseppe Dolei,** L'arte come espiazione imperfetta: Saggio su Trakl. 1978, 186 Seiten, kart., ISBN 3-88099-042-5 DM 22.—

SAG 42: **Naomi Ritter,** House and Individual: The House Motif in German Literature of the 19th Century. 1978, 210 Seiten, kart.,
ISBN 3-88099-043-3 DM 34.—

SAG 43: **William H. Wilkening,** Otto Julius Bierbaum: The Tragedy of a Poet. A Biography, 1978, 216 Seiten, kart.,ISBN 3-88099-044-1 DM 45.—

SAG 44: **Michael Wulff,** Konkrete Poesie und sprachimmanente Lüge. Von Ernst Jandl zu Ansätzen einer Sprachästhetik. 1978, 650 Seiten, kart.,
ISBN 3-88099-045-X DM 85.—

SAG 45: **Werner Brändle,** Die dramatischen Stücke Martin Walsers. Variationen über das Elend des bürgerlichen Subjekts. 1978, 250 Seiten, kart.
ISBN 3-88099-046-8 DM 34.—

SAG 46: **Wolfgang Lechner,** Mechanismen der Literaturrezeption in Österreich am Beispiel Ödön von Horvaths. 1978, 568 Seiten, kart.,
ISBN 3-88099-047-6 DM 78.—

SAG 47: **Theodor Mechtenberg,** Utopie als ästhetische Kategorie. Eine Untersuchung der Lyrik Ingeborg Bachmanns. 1978, 140 Seiten, kart.,
ISBN 3-88099-048-4 DM 18.—

SAG 48: **Ekkehard Gühne,** Gottscheds Literaturkritik in den „Vernünfftigen Tadlerinnen" (1725/1726). 1978, 470 Seiten, kart.,
ISBN 3-88099-049-2 DM 65.—

SAG 49: **Carolyn Thomas Dussere,** The Image of the Primitive Giant in the Works of Gerhart Hauptmann. 1978, 263 Seiten, kart.,
ISBN 3-88099-050-6 DM 35.—

SAG 50: **Hans Höller,** Kritik einer literarischen Form: Versuch über Thomas Bernhard. 1979, ca. 140 Seiten, kart.,
ISBN 3-88099-051-4 DM 32.—

SAG 51: **Manfred Lefevre,** Von der proletarisch-revolutionären zur antifaschistisch-sozialistischen Literatur. Die Entwicklung der Literaturkonzeption deutscher kommunistischer Schriftsteller von der End-Phase der Weimarer Republik bis zum Jahr 1935. 1979, ca. 450 Seiten, kart.,
ISBN 3-88099-052-2 ca. DM 62.—

SAG 52: **Erhard Jöst,** Agitation durch Kriegslyrik. Ein Unterrichtsmodell für den Deutschunterricht auf der Sekundarstufe II. 1978, 117 Seiten, kart.,
ISBN 3-88099-053-0 DM 10.—

SAG 53: **Maria-Eva Jahn,** Techniken der fiktiven Bildkomposition in Heinrich Heines Reisebildern. 1978, 80 Seiten, 8 Abb.,
ISBN 3-88099-054-9 DM 26.—

SAG 54: **Mary Gerhart-Weber,** The Question of Belief in Literary Criticism: An Introduction of the Hermeneutical Theory of Paul Ricoeur. 1979, ca. 250 S., kart., ISBN 3-88099-055-7 ca. DM 40.—

SAG 55: **Heike Mück,** Unterrichtseinheit Lustspiel: Gerhart Hauptmann. Der Biberpelz. 1979, ca. 100 Seiten, kart., ISBN 3-88099-056-5 ca. DM 10.—

SAG 56: **Gordon Browning,** Tristan Tzara: The Genesis of the Dada Poem or from Dada to AA. 1979, 200 Seiten, kart., ISBN 3-88099-057-3 DM 35.—

SAG 57: **Sabine D. Jordan,** Ludwig Ferdinand Huber (1764—1804). His Life and Works. 1979, 307 Seiten, kart., ISBN 3-88099-058-1 DM 48.—

SAG 58: **Erich Mayser,** Heinrich Heines „Buch der Lieder" im 19. Jahrhundert. 1979, 286 Seiten, kart., ISBN 3-88099-059-X DM 40.—

SAG 59: **Günther Gottschalk,** Dichter und ihre Handschriften: Betrachtungen zu Autographen des jungen Hermann Hesse im Marbacher Archiv. 1979, ca. 100 Seiten, kart., ISBN 3-88099-060-3 DM 26.—

SAG 60: **Elisabeth Welzig,** Literatur und journalistische Literaturkritik: Untersucht an den steirischen Tageszeitungen 1945—1955. 1979, 232 Seiten, kart.,
ISBN 3-88099-061-1 DM 38.—

SAG 61: **W. B. Mullan,** Grillparzer's Aesthetic Theory: A Study with Special Reference to his Conception of the Drama as "eine Gegenwart". 1979, 200 Seiten, kart., ISBN 3-88099-062-X DM 32.—

SAG 62: **Karl-Friedrich Dürr,** Opern nach literarischen Vorlagen. Shakespeares: The Merry Wives of Windsor in den Vertonungen von Mosenthal — Nicolai: Die lustigen Weiber von Windsor und Boito — Verdi: Falstaff. 1979, 283 Seiten, kart., ISBN 3-88099-063-8   DM 40.—

SAG 63: **Albrecht Staffhorst,** Die Subjekt-Objekt-Struktur. Ein Beitrag zur Erzähltheorie. 1979, 275 Seiten, kart., ISBN 3-88099-064-6   DM 46.—

SAG 64: **Mustafa Maher,** Das Motiv der orientalischen Landschaft in der deutschen Dichtung von Klopstocks „Messias" bis zu Goethes „Diwan", 1979, 160 Seiten, kart., ISBN 3-88099-065-4   DM 32.—

SAG 65: **Uwe Wolff,** Thomas Mann. Der erste Kreis der Hölle — Der Mythos im Doktor Faustus —. 1979, 204 Seiten, kart., ISBN 3-88099-066-2   DM 24.—

SAG 66: **Italo Michele Battafarano,** Von Andreae zu Vico. Untersuchungen zur Beziehung zwischen deutscher und italienischer Literatur im 17. Jahrhundert. 1979, 270 Seiten, kart., ISBN 3-88099-067-0   DM 49.—

SAG 67: **Malcolm Pender,** Max Frisch — His Work and its Swiss Background. 1980, 350 Seiten, kart., ISBN 3-88099-068-9   DM 48.—

SAG 68: **Keith Bullivant,** Between Chaos and Order: The Work of Gerd Gaiser. 1980, ca. 200 Seiten, kart., ISBN 3-88099-069-7   ca. DM 35.—

SAG 69: **Baher M. Elgohary,** Joseph Freiherr von Hammer-Purgstall (1774—1856). Ein Dichter und Vermittler orientalischer Literatur. 1979, 250 Seiten, kart., ISBN 3-88099-070-0   DM 45.—

SAG 70: **Uwe Wolff,** Goethes Paradies in Rätseln: Die 'Natürliche Tochter' im Spiegel der Wassermetaphorik. 1980, 100 Seiten, kart., ISBN 3-88099-071-9   DM 22.—

SAG 62: **Karl-Friedrich Dürr,** Opern nach literarischen Vorlagen. Shakespeares: The Merry Wives of Windsor in den Vertonungen von Mosenthal — Nicolai: Die lustigen Weiber von Windsor und Boito — Verdi: Falstaff. 1979, 283 Seiten, kart., ISBN 3-88099-063-8 — DM 40.—

SAG 63: **Albrecht Staffhorst,** Die Subjekt-Objekt-Struktur. Ein Beitrag zur Erzähltheorie. 1979, 275 Seiten, kart., ISBN 3-88099-064-6 — DM 46.—

SAG 64: **Mustafa Maher,** Das Motiv der orientalischen Landschaft in der deutschen Dichtung von Klopstocks „Messias" bis zu Goethes „Diwan", 1979, 160 Seiten, kart., ISBN 3-88099-065-4 — DM 32.—

SAG 65: **Uwe Wolff,** Thomas Mann. Der erste Kreis der Hölle — Der Mythos im Doktor Faustus —. 1979, 204 Seiten, kart., ISBN 3-88099-066-2 — DM 24.—

SAG 66: **Italo Michele Battafarano,** Von Andreae zu Vico. Untersuchungen zur Beziehung zwischen deutscher und italienischer Literatur im 17. Jahrhundert. 1979, 270 Seiten, kart., ISBN 3-88099-067-0 — DM 49.—

SAG 67: **Malcolm Pender,** Max Frisch — His Work and its Swiss Background. 1980, 350 Seiten, kart., ISBN 3-88099-068-9 — DM 48.—

SAG 68: **Keith Bullivant,** Between Chaos and Order: The Work of Gerd Gaiser. 1980, ca. 200 Seiten, kart., ISBN 3-88099-069-7 — ca. DM 35.—

SAG 69: **Baher M. Elgohary,** Joseph Freiherr von Hammer-Purgstall (1774—1856). Ein Dichter und Vermittler orientalischer Literatur. 1979, 250 Seiten, kart., ISBN 3-88099-070-0 — DM 45.—

SAG 70: **Uwe Wolff,** Goethes Paradies in Rätseln: Die 'Natürliche Tochter' im Spiegel der Wassermetaphorik. 1980, 100 Seiten, kart., ISBN 3-88099-071-9 — DM 22.—